국립중앙도서관 출판시도서목록(CIP)

```
(point up) 3-step 왕초보 영단어 / 감수 : 이승원, 이해정
  ─ 서울 : 창, 2008
    p. ;   cm
색인수록
권말부록 : 로마자 한글 표기법 등
ISBN  978-89-7453-149-2 10740 : ₩8000
744-KDC4
428-DDC21    CIP2008000572
```

Point Up 3스텝 왕초보 영단어

2008년 2월 25일 1쇄 발행
2025년 9월 25일 38쇄 발행

감수자 | 이승원 · 이해정
펴낸이 | 이규인
편 집 | 박선영
펴낸곳 | 도서출판 **창**
등록번호 | 제15-454호
등록일자 | 2004년 3월 25일

주소 | 서울특별시 영등포구 문래북로116, 903호(문래동3가 트리플렉스)
전화 | (02) 322-2686, 2687 / **팩시밀리** | (02) 326-3218
홈페이지 | http://www.changbook.co.kr
e-mail | changbook1@hanmail.net

ISBN 978-89-7453-149-2 10740

정가 8,000원

*잘못 만들어진 책은 〈도서출판 창〉에서 바꾸어 드립니다.

*이 책의 저작권은 〈도서출판 창〉에 있습니다.
 저작권법에 의해 보호를 받는 저작물이므로 무단 전재와 복제를 금합니다.

Point up

3-step 왕초보 영단어

창
Chang Books

효율적인 학습을 위해...
F·o·r·e·w·o·r·d

여러분은 지금 국제화 시대에 살고 있습니다. 여러분과 영어는 뗄래야뗄 수 없는 불가분의 관계입니다.

이러한 시대 상황을 고려하여 편집·제작된 포인트업 3스텝 왕초보영단어는 7차 교육과정의 기본 어휘를 기초로 초등 6년부터 중학교, 고등학교, 그리고 일반 대학생에 이르기까지 누구나 부담없이 공부할 수 있도록 하였으며, 또한 20년 이상 각종 시험자료에서 입증된 핵심단어만을 골라 2,818단어로 구성하였습니다. 영어공부에서 가장 걸림돌은 어휘 즉, 단어입니다. 그러한 어휘 학습 효과를 높이기 위해 만들어진 이 책의 특징을 살펴보면,

Part I 왕초보 1스텝 기본단어 - 초등 6년~중학 2년 단계
Part II 왕초보 2스텝 필수단어 - 중학 3년~고등 2년 단계
Part III 왕초보 3스텝 핵심단어 - 고등 3년~일반대학생 단계

이와 같이 단계별로 분류한 후, 중요도에 따라 알기 쉽게 배열·수록하였습니다. 게다가 단어를 쉽게 외울 수 있도록 생생하고 유익한 예문만을 엄선해, 최신의 주요 영영사전과 인터넷의 자료를 참조하였으며, 단어의 뜻도 영영사전에서 직접 옮겨 왔을 뿐만 아니라, 각 단어마다 정확한 한글발음을 표기하여 초보자

Foreword

도 쉽게 따라 발음할 수 있도록 하였습니다. 그러나 한글발음표기는 단어 학습을 위한 것에 지나지 않으므로 정확한 발음은 발음기호를 보고 익혀야 하며, 참고로 발음의 악센트는 고딕체로 강조하였습니다. 또한 기본뜻 외에 반의어, 동의어, 파생어 및 동사의 변화도 함께 실어 연상효과도 얻을 수 있으며, 부록은 영어학습에 필요한 알찬 내용만을 엄선하여 실었습니다. 따라서 본서에 표시되어 있는 체크박스를 체크하면서 매일 조금씩 외우다 보면 어느새 단어왕이 되어 있을 것입니다. 그리고 언제나 들고 다니면서 공부할 수 있도록 포켓용으로 만들어져 단어학습에 한층 Point up 함으로써 여러분의 영어실력을 단계별로 향상시켜 줄 것입니다.

참고로 이 책을 학습하는 데 필요한 사용 기호를 살펴보면,

명 → 명사 동 → 동사 형 → 형용사 부 → 부사 전 → 전치사
접 → 접속사 대 → 대명사 관 → 관사 활 → 동사변화(현재-과거-과거분사) (=) → 비슷한 말 (↔) → 반대말 (약자) → 약자 (복수) → 복수 형용사·부사(원급-비교급-최상급) □ → 번호순서대로 체크하면서 외우는 표시임.

c·o·n·t·e·n·t·s

차례

- Part I 왕초보 1스텝 기본단어 ⋯⋯⋯ 7
  (초등 6년~중학 2년 단계)
- Part II 왕초보 2스텝 필수단어 ⋯⋯⋯ 153
  (중학 3년~고등 2년 단계)
- Part III 왕초보 3스텝 핵심단어 ⋯⋯⋯ 299
  (고등 3년~일반대학생 단계)

〈부록〉

- 로마자 한글 표기법 ⋯⋯⋯⋯⋯⋯⋯ 508
- 수사 읽는 방법 ⋯⋯⋯⋯⋯⋯⋯⋯⋯ 509
- 형용사·부사 변화표 ⋯⋯⋯⋯⋯⋯⋯ 511
- 불규칙 동사 변화표 ⋯⋯⋯⋯⋯⋯⋯ 512
- 불규칙 복수형 명사 변화표 ⋯⋯⋯⋯ 513
- 철자와 발음법 ⋯⋯⋯⋯⋯⋯⋯⋯⋯⋯ 514
- 반의어 ⋯⋯⋯⋯⋯⋯⋯⋯⋯⋯⋯⋯⋯ 516
- 필수영어속담 ⋯⋯⋯⋯⋯⋯⋯⋯⋯⋯ 519
- 찾아보기 ⋯⋯⋯⋯⋯⋯⋯⋯⋯⋯⋯⋯ 523

Part I

3-step
1단계

기본단어

3-step  1단계

1
□ **class**

[klæs] 클래스

명 학급, 수업, 계급, 등급

❖ We have no class today.
오늘은 수업이 없다.

2
□ **downstairs**

[dáunstɛ́ərz] 다운스테어즈

명 아래층 부 아래층에 형 아래층의

❖ The man is right downstairs.
남자가 바로 아래층에 있다.

3
□ **fellow**

[félou] 펠로우

명 친구, 동료 형 동아리[동료]의

❖ He is a good fellow.
그는 좋은 친구이다.

4
□ **food**

[fu:d] 푸-드

명 식품, 먹을 것, 식량

❖ They are on the lookout for food.
그들은 먹을 것을 찾아다닌다.

5
□ **fry**

[frai] 프라이

명 튀김 동 튀기다, 프라이하다

❖ Heat the butter in a frying pan.
프라이 팬에서 버터를 가열한다.

6
□ grandfather

[grǽndfɑ̀:ðər] 그랜드파더

명 할아버지, 조부(=grandpa)

❖ They are Grandfather and grand-daughter.
그들은 할아버지와 손녀예요.

7
□ handkerchief

[hǽŋkərtʃif] 행커치프

명 손수건

❖ He presented her a handkerchief.
그는 그녀에게 손수건을 선물했다.

8
□ milk

[milk] 밀크

명 우유, 젖 동 젖을 짜다

❖ Cows make milk.
암소들이 우유를 만들어낸다.

9
□ pencil

[pénsəl] 펜슬

명 연필 동 연필로 쓰다

❖ I like to draw with a pencil.
나는 연필로 그림 그리는 걸 좋아한다.

10
□ ring

[riŋ] 링

명 반지, 고리 동 둘러싸다, 울리다

❖ This ring is worth 10 dollars.
이 반지는 10달러의 가치가 있다.

11
□ should

[ʃud] 슈드

조 ~일 것이다, ~하여야 한다

❖ You should love your neighbor.
사람은 이웃을 사랑해야 한다.

기본단어 | **9**

12
□ visitor
[vízitər] 비지터

명 방문자, 관광객

❖ She welcomed her visitor.
그녀는 방문객을 환영했다.

13
□ lie
[lai] 라이

동 눕다, 드러눕다, 놓여 있다, 위치하다 활 lie-lay-lain

❖ He lay down on the grass.
그는 잔디 위에 누웠다.

14
□ enter
[éntər] 엔터

동 들어가다, 입학하다, 들다

❖ They entered the room one after another. 그들은 차례로 방에 들어갔다.

15
□ please
[pliːz] 플리-즈

동 기쁘게 하다 부 부디, 제발

❖ We can't please everybody.
모든 사람을 다 만족시킬 수는 없다.

16
□ learn
[ləːrn] 런-

동 배우다, 익히다, 알다, 듣다

❖ We learn English at school.
우리들은 학교에서 영어를 배웁니다.

17
□ advise
[ædváiz] 애드바이즈

동 충고하다, 조언하다, 권하다

❖ I advise you to be cautious.
조심하시도록 충고[말씀]드립니다.

18
□ cook

[kuk] 쿡

[동] 요리하다 [명] 쿡, 요리사

❖ I'm not much of a cook.
나는 요리 솜씨가 별로다.

19
□ show

[ʃou] 쇼우

[동] 보이다, 전시하다 [명] 전람회

❖ The mountain shows purple from here.
그 산은 여기서는 자줏빛으로 보인다.

20
□ open

[óupən] 오우펀

[형] 열린, 공개된 [동] 열다, 공개하다

❖ The shop is not open yet.
가게는 아직 열리지 않았다.

21
□ see

[siː] 시–

[동] 보(이)다, 구경하다, 알다, 만나다
[활] see–saw–seen

❖ I saw her go out.
그녀가 외출하는 걸 보았다.

22
□ come

[kʌm] 컴

[동] 오다, 가다, 일어나다, (상태) 되다
[활] come–came–come

❖ Spring has come.
봄이 왔습니다.

23
□ seem

[siːm] 심–

[동] ~처럼 보이다, ~인 것 같다

❖ He seems to have lived here then.
그는 당시 여기 살았던 것 같다.

24
□ **swim**
[swim] 스윔

[동] 헤엄치다, 수영하다 [명] 수영

❖ Let's go swimming.
헤엄치러 가자.

25
□ **call**
[kɔːl] 콜-

[동] 부르다, 전화를 걸다, 방문하다

❖ The man is making a phone call.
남자가 전화를 걸고 있다.

26
□ **put**
[put] 풋

[동] 놓다, 두다, 넣다, 움직이다

❖ He put the book on the table.
그는 책을 탁자 위에 놓았다.

27
□ **rain**
[rein] 레인

[명] 비, 강우 [동] 비가 오다

❖ The rain began to fall.
비가 내리기 시작했다.

28
□ **go**
[gou] 고우

[동] 가다, 나아가다, 작동하다, 진행되다 [활] go-went-gone

❖ When does the train go?
기차가 언제 출발합니까?

29
□ **tire**
[taiər] 타이어

[동] 피곤하게 하다, 지치다, 싫증나다

❖ The long lecture tired the audience.
긴 강연은 청중을 싫증나게 했다.

30
□ feel [동] 느끼다, 만지다 [동] 감각이 있다

[fiːl] 필–

❖ The doctor felt my pulse.
의사는 내 맥을 짚어 보았다.

31
□ phone [명] 전화, 전화기 [동] 전화하다

[foun] 포운

❖ Please phone me again.
다시 전화해 주십시오.

32
□ do [조] ~하다 [활] do–did–done

[duː] 두

❖ He did his best.
그는 최선을 다하였다.

33
□ skate [명] 스케이트 [동] 스케이트를 타다

[skeit] 스케이트

❖ I like to skate on the ice.
나는 얼음 위에서 스케이트 타는 것을 좋아합니다.

34
□ pay [동] 지불하다, 수지 맞다 [명] 지불, 급료

[pei] 페이

❖ I paid money to him.
그에게 돈을 치렀다.

35
□ visit [동] 방문하다, 구경 가다 [명] 방문

[vízit] 비짓

❖ She often visits here in autumn.
그녀는 가을에 여기 자주 온다.

36 light
[lait] 라이트

명 빛, 불빛 동 밝게 하다 형 밝은

❖ The light of his eyes died.
눈의 빛이 사라졌다.

37 love
[lʌv] 러브

명 사랑, 애정 동 사랑하다, 애호하다

❖ Mother loves her baby.
어머니는 아기를 사랑한다.

38 look
[luk] 룩

동 보다, 응시하다 명 표정, 용모

❖ You're looking very well.
당신 아주 건강해 보이는군요.

39 face
[feis] 페이스

명 얼굴, 표정, 체면 동 ~을 향하다

❖ The ball hit him in the face.
공이 그의 얼굴을 때렸다.

40 speak
[spiːk] 스피크

동 이야기하다, 말하다, 연설하다
활 speak-spoke-spoken

❖ Please speak more slowly.
좀 더 천천히 말씀해 주세요.

41 use
[juːs] 유-즈

동 쓰다, 사용[이용]하다 명 사용(법)

❖ May I use your phone?
댁의 전화 좀 써도 될까요?

42
plan

[plæn] 플랜

명 계획, 설계도, 도면 동 계획하다

❖ Everything went according to plan. 모든 것이 계획대로 되었다.

43
play

[plei] 플레이

동 놀다, 경기를 하다 명 놀이, 경기

❖ He can play the violin very well.
그는 바이올린을 아주 잘 켠다.

44
snow

[snou] 스노우

명 눈 동 눈이 내리다

❖ It is snowing.
눈이 오고 있다.

45
think

[θiŋk] 싱크

동 생각하다, 숙고하다, 예상하다
활 think-thought-thought

❖ What do you think has happened?
무엇이 일어났다고 생각하나?

46
eat

[i:t] 이-트

동 먹다, 식사를 끝내다
활 eat-ate-eaten

❖ The people are going to eat.
사람들이 식사를 하려고 한다.

47
smile

[smail] 스마일

동 미소 짓다, 생글거리다 명 미소

❖ She smiled to see the sight.
그녀는 그 광경을 보고 미소지었다.

기본단어 | **15**

48
□ **brake**

[breik] 브레이크

명 브레이크 동 브레이크를 걸다

❖ She put on the brake suddenly.
그녀는 갑자기 브레이크를 걸었다.

49
□ **sweat**

[swet] 스웨트

명 땀 동 땀을 흘리다, 습기가 차다

❖ We sweat when it is hot.
더울 때는 땀을 흘린다.

50
□ **melt**

[melt] 멜트

동 녹다, 누그러지다, 누그러뜨리다

❖ The fog melted away.
안개가 걷혔다.

51
□ **bark**

[bɑːrk] 바크

동 (개 등이) 짖다 명 짖는 소리

❖ A dog barked at the beggar.
개가 거지에게 짖어댔다.

52
□ **try**

[trai] 트라이

동 노력하다, 시도하다 명 시도

❖ I'll give it a try.
내가 그걸 한 번 시도해 볼게.

53
□ **jump**

[dʒʌmp] 점프

동 뛰(어오르)다, 뛰어넘다 명 도약

❖ The dog jumped over the stream.
개는 내를 뛰어 건넜다.

54
kill
[kil] 킬

동 죽이다, 죽다, 헛되이 보내다

❖ A cat killed a rat.
그 고양이가 쥐를 죽였다.

55
keep
[ki:p] 키프

동 보유하다, 지키다, 계속하다

❖ I want to keep this with me.
이것을 가지고 싶다.

56
sit
[sit] 싯

동 앉다, 착석하다 명 착석

❖ Please sit down.
앉으세요.

57
thank
[θæŋk] 생크

동 감사하다, 사례하다 명 감사

❖ Thank you for helping me.
도와 주셔서 감사합니다.

58
die
[dai] 다이

동 죽다, 시들다

❖ The flower died at night.
그 꽃은 밤에 시들었다.

59
test
[test] 테스트

명 시험, 검사 동 시험하다

❖ I tested the machine.
나는 기계를 시운전했다.

60
□ **cry**

[krai] 크라이

동 울다, 소리치다 명 우는 소리

❖ He cried with pain.
그는 아파서 소리질렀다.

61
□ **dance**

[dæns] 댄스

동 춤추다 명 댄스, 춤

❖ They are dancing merrily.
그들은 즐겁게 춤추고 있다.

62
□ **cut**

[kʌt] 컷

동 베다, 자르다 명 베기, 절단
활 cut-cut-cut

❖ I had my hair cut.
나는 머리를 깎았다.

63
□ **set**

[set] 셋

동 두다, 만들다 명 한 세트, 한 벌

❖ I set a vase on the table.
책상 위에 꽃병을 놓았다.

64
□ **teach**

[tiːtʃ] 티-치

동 가르치다 동 교사를 하다

❖ Mother teaches us to cook.
어머니는 우리에게 요리하는 법을 가르쳐 줍니다.

65
□ **colo(u)r**

[kʌ́lər] 컬러

명 색깔, 색채 동 색칠하다, 물들다

❖ They colored eggs.
그들은 달걀에 색칠을 하였다.

66
□ **name**

[neim] 네임

몡 이름, 성명, (물건의) 명칭

❖ My name is Peter.
내 이름은 피터이다.

67
□ **talk**

[tɔːk] 토-크

동 이야기하다, 말하다 명 이야기

❖ He was talking to a friend.
그는 친구와 이야기하고 있었다.

68
□ **live**

[liv] 리브

동 살다, 생활하다, 생존하다

❖ Where do you live?
어디에 사세요?

69
□ **listen**

[lísən] 리슨

동 귀를 기울이다, 듣다

❖ Listen to me.
내 말을 들으시오.

70
□ **rebuild**

[riːbíld] 리-빌드

동 재건하다(=reconstruct), 개축하다

❖ The palace was rebuilt in 1897.
그 왕궁은 1897년에 재건되었다.

71
□ **have**

[hæv] 해브

동 가지고 있다, 먹다, 얻다, 받다
활 have-had-had

❖ He has a large fortune.
그는 재산가이다.

기본단어 | **19**

72
□ dine

[dain] 다인

[동] (저녁) 식사를 하다

- Will you dine with me tomorrow?
  내일 나와 같이 식사를 하시겠습니까?

73
□ sing

[siŋ] 싱

[동] 노래하다, (새가) 지저귀다

[활] sing-sang-sung

- Please sing a song for us.
  우리에게 노래를 들려주시오.

74
□ education

[èdʒukéiʃən] 에주케이션

[명] 교육

- Education can enrich your life.
  교육은 삶을 풍성하게 할 수 있다.

75
□ liberty

[líbərti] 리버티

[명] 자유(=freedom), 해방

- Down to Liberty Square.
  자유광장 아래입니다.

76
□ comfort

[kʌ́mfərt] 컴퍼트

[명] 안락, 쾌적함

- She was a great comfort to him.
  그녀는 그에게 큰 위안이었다.

77
□ tradition

[trədíʃən] 트러디션

[명] 전통, 전설

- Korea has the greatest tradition.
  한국은 훌륭한 전통을 가지고 있다.

78
□ **subject**

[sʌ́bdʒikt] 서브직트

명 주제, 주관(↔object 객관)
- Let's change the subject.
  주제를 바꾸자.

79
□ **object**

[ábdʒikt] 아브직트

명 물건, 목적, 목표 동 반대하다
- Now he had no object in life.
  이미 그는 인생에 아무런 목적이 없었다.

80
□ **source**

[sɔːrs] 소-스

명 출처, 근원
- Greece is the source of European cultures.
  그리스는 유럽 문화의 근원이다.

81
□ **system**

[sístəm] 시스템

명 조직, 체계, 제도
- How does the system work?
  그 체제가 어떻게 작동합니까?

82
□ **triumph**

[tráiəmf] 트라이엄프

명 승리(=victory), 업적, 대성공
- The play was a triumph.
  연극은 대성공이었다.

83
□ **communication**

[kəmjùːnəkéiʃən] 커뮤-너케이션

명 전달, 통신, 교통
- All communications are down.
  모든 통신은 두절되어 있다.

84 foundation
[faundéiʃən] 파운데이션

명 기초, 토대, 설립

❖ The foundation is secure[solid].
기초가 튼튼하다.

85 glory
[glɔ́:ri] 글로-리

명 영광, 명예 형 영광스러운

❖ She got all the glory.
그녀는 모든 영예를 얻었다.

86 situation
[sìtʃuéiʃən] 시추에이션

명 위치, 사태, 상황

❖ I apprehended that the situation was serious.
사태가 심각함을 깨달았다.

87 prairie
[prɛ́əri] 프레어리

명 대초원

❖ Prairies stretch as far as the eyes can see.
대초원이 끝없이 펼쳐져 있다.

88 effort
[éfərt] 에퍼트

명 노력

❖ The success animated him to more efforts.
성공에 고무되어 그는 더 노력했다.

89 section
[sékʃən] 섹션

명 부분(=part), 구역

❖ Check Section 7.
7구역을 확인해 보세요.

90
rein
[rein] 레인

명 고삐 동 제어하다

❖ He reined up his horse.
그는 고삐를 당겨 말을 세웠다.

91
solution
[səlúːʃən] 설루-션

명 해답, 해결, 용해

❖ The extreme solution?
최후의 해결책은?

92
unity
[júːnəti] 유-너티

명 통일, 일치

❖ The story lacks unity.
그 이야기는 통일성이 결여되어 있다.

93
population
[pɑ̀pjəléiʃən] 파퓰레이션

명 인구, 주민

❖ Population tends to concentrate in large cities. 인구는 대도시에 집중하는 경향이 있다.

94
dialog
[dáiəlɔːg] 다이얼로-그

명 대화(=dialogue)

❖ Listen to each dialog and choose the appropriate advice. 각 대화를 듣고, 적절한 충고를 고르세요.

95
decrease
[díːkriːs] 디-크리-스

명 감소 동 감소하다(↔increase 증가하다)

❖ Are your sales decreasing?
당신의 판매고가 감소하고 있습니까?

96
□ **ancestor**

[ǽnsestər] 앤세스터

명 선조, 조상(↔descendant 자손)

❖ His ancestors came from Spain.
그의 선조는 스페인 출신이다.

97
□ **sculpture**

[skʌ́lptʃər] 스컬프처

명 조각, 조소

❖ The sculpture is being painted.
조각에 칠을 하고 있다.

98
□ **worth**

[wəːrθ] 워-스

명 가치 형 ~에 가치가 있는

❖ This book is worth reading.
이 책은 읽을 만한 가치가 있다.

99
□ **accident**

[ǽksidənt] 액시던트

명 사고(=incident), 사건, 우연

❖ I was there by accident.
나는 우연히 그곳에 있었다.

100
□ **view**

[vjuː] 뷰-

명 경치(=sight), 의견

❖ It has a lovely view.
아름다운 경치를 가지고 있어요.

101
□ **superstition**

[sùːpərstíʃən] 수-퍼스티션

명 미신, 미신적 습관

❖ She doesn't believe superstitions.
그녀는 미신을 믿지 않는다.

102
□ **treasure**

[tréʒər] 트레저

명 보물, 귀중품

- Look at these treasures!
  이 보물들 좀 봐!

103
□ **feast**

[fi:st] 피-스트

명 축제, 향연

- It is a rich feast.
  잔치가 걸다.

104
□ **resources**

[risɔ́:rsiz] 리-소-시즈

명 사원, 수단

- The country is rich in natural resources.
  그 나라는 천연 자원이 풍부하다.

105
□ **ruin**

[rú:in] 루-인

명 파멸, 폐허 동 파멸시키다

- Ruin stared him in the face.
  파멸이 그의 코앞에 들이닥쳤다.

106
□ **information**

[ìnfərméiʃən] 인퍼메이션

명 정보, 지식, 통지

- I have sufficient information.
  나는 충분한 자료를 가지고 있다.

107
□ **appetite**

[ǽpitàit] 애피타이트

명 식욕, 욕구

- This will spoil your appetite.
  이것은 당신 식욕을 떨어뜨릴 겁니다.

108
□ **stethoscope**

[stéθəskòup] 스테서스코우프

명 청진기

❖ The doctor examined him with a stethoscope.
그 의사가 그를 청진기로 진찰했다.

109
□ **series**

[síəri:z] 시(어)리-즈

명 연속, 시리즈

❖ What is the theme of the series?
시리즈의 주제는?

110
□ **oath**

[ouθ] 오우스

명 맹세, 선서

❖ I gave evidence under oath.
나는 선서를 하고 증언했다.

111
□ **debt**

[det] 뎃

명 은혜, 빚

❖ He is heavily in debt.
그는 빚이 엄청나게 많다.

112
□ **hydrogen**

[háidrədʒən] 하이드러전

명 수소

❖ Hydrogen combines with oxygen to form water.
수소와 산소는 화합해서 물이 된다.

113
□ **uniform**

[júːnəfɔ̀ːrm] 유-너폼-

명 제복 형 같은 모양의

❖ His uniform is old.
그의 제복은 낡았다.

114
damage

[dǽmidʒ] 대미지

명 손해, 피해 동 ~을 손상시키다

❖ The fire caused much damage.
그 화재는 많은 손해를 가져왔다.

115
traffic

[trǽfik] 트래픽

명 교통, 교통량

❖ The accident stopped the traffic.
사고가 교통을 방해했다.

116
sophomore

[sáfəmɔ̀ːr] 사퍼모어

명 2학년생

❖ The students will be promoted to the sophomores next spring.
그 학생들은 내년 봄에 대학 2학년으로 진급한다.

117
temperature

[témpərətʃər] 템퍼러처

명 온도, 기온, 체온 형 온화한

❖ The equipment shows the temperature.
이 기구는 온도를 보여주고 있다.

118
statue

[stǽtʃuː] 스태추-

명 상(像), 조상(彫像)

❖ The Statue of Liberty holds a torch.
자유의 여신상은 햇불을 들고 있다.

119
furniture

[fə́ːrnitʃər] 퍼-니처

명 가구, 세간

❖ The furniture is stacked up.
가구들이 수북이 쌓여 있다.

기본단어 | **27**

120
□ **parade**

[pəréid] 퍼레이드

명 행렬, 행진 동 행진하다

❖ There has been a parade.
행렬이 있었다.

121
□ **pilgrim**

[pílgrim] 필그림

명 순례자, 참배자

❖ Pilgrims did their homage to the tomb.
순례자들은 그 무덤에 참배하였다.

122
□ **greeting**

[gríːtiŋ] 그리-팅

명 인사, 축하

❖ They are greeting each other.
그들은 서로 인사를 나누고 있다.

123
□ **language**

[læŋgwidʒ] 랭귀지

명 언어

❖ Animals possess language.
동물에도 나름대로의 말이 있다.

124
□ **athlete**

[æθliːt] 애슬리-트

명 운동 선수, 경기자

❖ The athlete has a muscular disease. 그 선수는 근육 질환이 있다.

125
□ **spirit**

[spírit] 스피릿

명 정신(↔body 육체), 용기, 기분

❖ They are full of spirit.
그들은 용기백배하다.

126
promise
[prámis] 프라미스

명 전망, 약속 동 약속하다

❖ He promised to tell me it.
그는 나에게 그것을 말하겠다고 약속했다.

127
government
[gʌ́vərnmənt] 거번먼트

명 정치, 정부

❖ It is under government control.
그것은 정부가 통제하고 있다.

128
funeral
[fjúːnərəl] 퓨-너럴

명 장례식(=burial) 형 장례의

❖ The funeral passed like some awful dream. 그 장례식은 무시무시한 꿈처럼 지나갔다.

129
junior
[dʒúːnjər] 주-니어

명 손아랫사람, 후배 형 손아래의
(↔senior 손위의)

❖ He is my junior by three years.
그는 나보다 세 살 손아래이다.

130
admiral
[ǽdmərəl] 애드머럴

명 해군대장, 해군제독

❖ The admiral retired from the navy. 그 제독은 해군에서 퇴역했다.

131
biology
[baiálədʒi] 바이알러지

명 생물학

❖ Enough of the biology.
생물학적으로도 충분히 입증되었다.

기본단어 | **29**

132
danger

[déindʒər] 데인저

명 위험, 위험한 것

❖ This circumstance lessens danger.
이런 상황에서는 위험이 덜해진다.

133
mammal

[mǽməl] 매멀

명 포유동물

❖ Whales are mammals.
고래는 포유동물이다.

134
grade

[greid] 그레이드

명 등급, 학년, 점수(=mark)

❖ She is in the third grade.
그녀는 3학년이다.

135
score

[skɔːr] 스코-

명 점수, 득점, 20 동 득점하다

❖ Our team scored 15 points.
우리 팀은 15점을 득점했다.

136
pause

[pɔːz] 포-즈

명 중지, 중단 동 멈추다

❖ He paused to look at the view.
그는 잠깐 멈추고 풍경을 바라보았다.

137
pronunciation

[prənʌ̀nsiéiʃən] 프러넌시에이션

명 발음

❖ His pronunciation is good.
그는 발음이 좋다.

138 stress
[stres] 스트레스

명 압박, 강세 동 강조하다

❖ They laid stress on the study of a foreign language.
그들은 외국어 공부를 강조했다.

139 contest
[kántest] 칸테스트

명 경쟁, 경기, 대회

❖ The race was contested among them. 그들 사이에 경주가 벌어졌다.

140 print
[print] 프린트

명 인쇄(물), 자국 동 인쇄[출판]하다

❖ The photos have printed clearly.
이 사진은 깨끗이 인쇄되었다.

141 might
[mait] 마이트

명 힘, 세력

❖ Might is right.
힘이 정의이다.

142 trouble
[trʌ́bəl] 트러블

명 근심, 곤란, 고생 동 걱정하다

❖ Don't trouble about trifles.
사소한 일로 걱정하지 마라.

143 scar
[skɑːr] 스카-

명 상처, 흉터

❖ It leaves a scar.
상처가 남는다.

144
balance — 명 균형 동 균형을 잡다

[bǽləns] 밸런스

❖ He lost his balance and fell.
그는 균형을 잃고 넘어졌다.

145
semester — 명 학기

[siméstər] 시메스터

❖ The new semester sets in.
신학기에 들어서다.

146
election — 명 선거

[ilékʃən] 일렉션

❖ How will the election turn out?
선거가 어떻게 될까?

147
inning — 명 회(回), 차례

[íniŋ] 이닝

❖ In the first inning.
1회에 시작합니다.

148
cemetery — 명 묘지, 공동묘지

[sémətèri] 세머테리

❖ His ancestors lie in the cemetery.
그의 조상은 공동묘지에 묻혀 있다.

149
relay — 명 교대 동 교대하다

[ríːlei] 릴-레이

❖ They work in relays.
그들은 교대로 일한다.

150
□ **spot**

[spɑt] 스팟

명 반점, 장소, 지점 형 즉석의

❖ This picture spot is a dark cave.
이 사진 장소는 어두운 동굴이다.

151
□ **saying**

[séiiŋ] 세이잉

명 격언, 속담

❖ A saying goes that time is money.
시간은 금이라는 격언이 있다.

152
□ **refrigerator**

[rifrídʒərèitər] 리프리저레이터

명 냉장고

❖ The refrigerator is open.
냉장고가 열려 있다.

153
□ **crack**

[kræk] 크랙

명 갈라진 금 동 금가다

❖ There is a crack in the plate.
접시에 금이 갔다.

154
□ **slave**

[sleiv] 슬레이브

명 노예 동 노예처럼 일하다

❖ The man switched the slave with a birch. 그 사람은 자작나무 회초리로 노예를 때렸다.

155
□ **settler**

[sétlər] 세틀러

명 이주민, 개척자

❖ The early settlers in America had to fight the Indians.
미국의 초창기 이주자들은 인디언들과 싸워야만 했다.

156
□ **planet**

[plǽnət] 플래닛

명 행성, 유성

❖ Is there life on other planets?
다른 행성에도 생물체가 있을까?

157
□ **secretary**

[sékrətèri] 세크러테리

명 비서, 서기, 장관

❖ The secretary is working at her desk. 비서가 책상에서 일을 하고 있다.

158
□ **devil**

[dévl] 데블

명 악마, 화신 형 나쁜

❖ She is possessed with a devil.
그녀는 악령에 사로잡혀 있다.

159
□ **scholar**

[skálər] 스칼러

명 학자

❖ He is some scholar.
그는 대단한 학자이다.

160
□ **detective**

[ditéktiv] 디텍티브

명 탐정 형 탐정의

❖ It's a kind of detective story.
그것은 일종의 탐정 이야기입니다.

161
□ **spade**

[speid] 스페이드

명 가래, 삽

❖ They dug up the sand by spades.
그들은 삽으로 모래를 팠다.

162
fountain-pen
[fáunt*i*npen] 파운틴-펜

명 만년필

❖ I have lost my fountain-pen.
내 만년필을 잃어버렸다.

163
tool
[tu:l] 툴-

명 도구, 공구

❖ You don't need any special tools.
특별한 도구는 전혀 필요하지 않다.

164
sword
[sɔ:rd] 소-드

명 검, 칼

❖ The pen is mightier than the sword. 펜은 칼보다 강하다.

165
magazine
[mæ̀gəzí:n] 매거진-

명 잡지

❖ He is writing for a magazine.
그는 어느 잡지에 기고하고 있다.

166
stadium
[stéidiəm] 스테이디엄

명 육상경기장, 스타디움

❖ The stadium is almost empty.
경기장이 거의 비어 있다.

167
program
[próugræm] 프로우그램

명 프로그램, 계획, 예정

❖ They made a colorful program.
그들은 다채로운 프로그램을 짰다.

168
□ **museum**

[mjuːzíːəm] 뮤-지-엄

명 박물관, 미술관

❖ Museums are closed on Mondays. 박물관들은 월요일에 문을 닫는다.

169
□ **sentence**

[séntəns] 센턴스

명 문장, 판결

❖ This sentence permits no doubt.
이 문장은 의문의 여지가 없다.

170
□ **memory**

[méməri] 메머리

명 기억, 추억

❖ He has a good memory.
그는 기억력이 매우 좋다.

171
□ **skill**

[skil] 스킬

명 숙련, 기술, 솜씨

❖ The woman is brushing up on her skills.
여자가 기술을 연마하고 있다.

172
□ **hobby**

[hábi] 하비

명 취미

❖ Her hobby is watching movies.
그녀의 취미는 영화를 보는 것이다.

173
□ **president**

[prézidənt] 프레지던트

명 대통령, 사장, 총장

❖ President Kennedy was loved by many people.
Kennedy 대통령은 많은 사람들의 사랑을 받았다.

174
continent
[kántənənt] 칸터넌트

몡 대륙, 육지

* The Pacific is bigger than the continent of Asia.
태평양은 아시아 대륙보다 더 크다.

175
site
[sait] 사이트

몡 위치, 장소, 부지

* The bank has a good site in town.
은행은 시에서도 좋은 장소에 있다.

176
marble
[máːrbəl] 마블

몡 대리석

* The column was of white marble.
그 기둥은 흰 대리석으로 만들었다.

177
stem
[stem] 스템

몡 (풀, 나무의) 줄기, 대

* The stem of ivy is thick.
담쟁이덩굴의 줄기는 굵다.

178
torch
[tɔːrtʃ] 토-치

몡 햇불, 호롱등

* The Statue of Liberty holds a torch.
자유의 여신상은 햇불을 들고 있다.

179
composer
[kəmpóuzər] 컴포우저

몡 작곡가, 구성자

* As a composer, Mozart was peerless. 작곡가로서, 모차르트는 비할 데가 없다.

180
□ **invader**

[invéidər] 인베이더

명 침입자

❖ They repelled invaders.
그들은 침입자들을 쫓아 버렸다.

181
□ **castle**

[kǽsl] 캐슬

명 성(城), 성곽

❖ They built a sand castle.
그들은 모래성을 쌓았다.

182
□ **pal**

[pæl] 팰

명 친구(=friend), 동료

❖ My pals and I went bowling last night. 내 친구들과 나는 어젯밤 볼링을 하러 갔다.

183
□ **vacation**

[veikéiʃən] 베이케이션

명 휴가(=holiday), 방학

❖ How was your vacation?
휴가 어떻게 지냈습니까?

184
□ **desert**

[dézəːrt] 데저-트

명 사막 형 사막의

❖ Desert soil is usually sterile.
사막 토양은 대개 불모이다.

185
□ **theater**

[θí(ː)ətər] 시-어터

명 극장, 영화관

❖ We went to the outdoor theater.
우리는 야외극장에 갔다.

186
□ **stage**

[steidʒ] 스테이지

몡 무대, 연극

❖ A band is assembled on stage.
밴드가 무대에 모여 있다.

187
□ **error**

[érər] 에러

몡 잘못, 실수, 과오

❖ She eliminated all errors from the typescript.
그녀는 타이프 원고에서 잘못된 곳을 모두 삭제했다.

188
□ **base**

[beis] 베이스

몡 기초, 토대   동 기초를 두다

❖ The education of parents is based on love.
부모님의 교육은 사랑에 기초를 둔다.

189
□ **basement**

[béismənt] 베이스먼트

몡 지하실

❖ The steps lead to a basement.
계단은 지하실로 통한다.

190
□ **atom**

[ǽtəm] 애텀

몡 원자

❖ Water is made of atoms of hydrogen and oxygen. 물은 수소와 산소의 원자들로 구성된다.

191
□ **poet**

[póuit] 포우잇

몡 시인

❖ He professes to be a poet.
그는 시인을 자칭한다.

192
□ petal
[pétl] 페틀

명 꽃잎

❖ You're pulling petals off a flower.
당신은 꽃잎을 한 장씩 떼고 있죠.

193
□ mind
[maind] 마인드

명 마음, 기억 동 주의하다, 싫어하다

❖ You really have a beautiful mind.
넌 참으로 아름다운 마음씨를 지녔구나.

194
□ suburb
[sʌ́bəːrb] 서버-브

명 (도시의) 교외, 근교

❖ I live in the suburbs of Seoul.
나는 서울 근교에 살고 있다.

195
□ throat
[θrout] 스로우트

명 목구멍, 좁은 통로

❖ I have a cough and a sore throat.
나는 기침이 나고 목이 아프다.

196
□ voice
[vɔis] 보이스

명 목소리, 음성

❖ Please lower your voice.
목소리를 낮추세요.

197
□ puritan
[pjúərətən] 퓨어러턴

명 청교도

❖ The Puritans lived in a very strict and religious way.
청교도들은 매우 엄격하고 종교적인 방식으로 살았다.

198
feather
[féðər] 페더

명 깃털, 깃

❖ Her pet hasn't got feathers.
그녀의 애완동물은 깃털이 없다.

199
amateur
[ǽmətʃùər] 애머추어

명 아마추어(↔professional 전문가)

❖ He was just an amateur.
그는 아마추어에 지나지 않았다.

200
puzzle
[pʌ́zl] 퍼즐

명 퍼즐, 수수께끼 동 당황하다

❖ A puzzle was solved.
수수께끼가 풀렸다.

201
rear
[riər] 리어-

명 뒤쪽(=back), 배후

❖ The woman is standing at the rear of her car.
여자가 차의 뒤쪽에 서 있다.

202
shower
[ʃáuər] 샤우어

명 소나기, 샤워

❖ I must have been in the shower at the time.
그 시간엔 샤워를 하고 있었을 거야.

203
navy
[néivi] 네이비

명 해군(↔army 육군)

❖ My brother is in the navy.
나의 형은 해군에 복무하고 있다.

기본단어 | 41

204
□ **mars**

[mɑːrz] 마-즈

명 화성

❖ Is there any life on Mars?
화성에는 어떤 생물이 있느냐?

205
□ **gallery**

[gǽləri] 갤러리

명 화랑, 미술관

❖ There's nothing to see in this gallery. 이 미술관에는 볼 만한 것이 아무것도 없다.

206
□ **guest**

[gest] 게스트

명 손님, 내빈

❖ The waiter handed each guest a menu. 웨이터는 손님 각자에게 메뉴를 건네주었다.

207
□ **problem**

[prábləm] 프라블럼

명 문제, 의문

❖ This problem gets me.
이 문제에는 손들었다.

208
□ **jewel**

[dʒúːəl] 주-얼

명 보석류, 장신구

❖ Is this a real jewel or just an imitation? 이 보석은 진짜냐 가짜냐?

209
□ **garage**

[gərɑ́ːʒ] 거라-지

명 차고, 수리공장

❖ The car is in the garage.
그 차는 차고에 있다.

210
□ fault [명] 결점, 과실

[fɔːlt] 폴-트

❖ That is entirely my fault.
그것은 전적으로 내 잘못이다.

211
□ lantern [명] 랜턴, 제등

[lǽntərn] 랜턴

❖ The lantern is swinging in the wind. 랜턴이 바람에 대롱거린다.

212
□ match [명] 시합, 경기(=game)

[mætʃ] 매치

❖ There were big football matches.
큰 미식축구 경기가 벌어졌다.

213
□ stripe [명] 줄무늬, 줄

[straip] 스트라이프

❖ There are two men wearing striped shirts.
남자 두 명이 줄무늬 셔츠를 입고 있다.

214
□ pulse [명] 맥박, 진동

[pʌls] 펄스

❖ His pulse is still beating.
그의 맥은 아직 뛰고 있다.

215
□ powder [명] 가루, 분말

[páudər] 파우더

❖ The detergent is sold in powdered form.
그 세제는 가루 형태로 판다.

216
□ **bush**

[buʃ] 부쉬

명 숲, 수풀, 덤불

❖ The man is watering the bushes.
남자가 덤불에 물을 주고 있다.

217
□ **branch**

[bræntʃ] 브랜치

명 가지, 지점

❖ A bird perched on a branch.
새 한 마리가 나뭇가지에 앉았다.

218
□ **hero**

[híːrou] 히-로우

명 영웅, 남자 주인공

❖ Everybody cannot be a hero.
누구나 다 영웅이 될 수 있는 것은 아니다.

219
□ **exit**

[égzit] 에그짓

명 출구(↔entrance 입구), 퇴장

❖ The cars have blocked the exit.
차들이 출구를 가로 막았다.

220
□ **century**

[séntʃuri] 센추리

명 세기, 백년

❖ This picture is referred to the sixth century. 이 그림은 6세기의 것으로 간주되고 있다.

221
□ **coeducation**

[kòuedʒukéiʃən] 코에주케이션

명 남녀공학

❖ That college is coeducational.
저 대학은 남녀 공학이다.

222
twin
[twin] 트윈

명 쌍둥이　형 쌍둥이의

❖ The twins look exactly the same.
그 쌍둥이는 정말 똑같아요.

223
metal
[métl] 메틀

명 금속

❖ This metal contains gold.
이 금속에는 금이 함유되어 있다.

224
insect
[ínsekt] 인섹트

명 곤충　형 곤충의

❖ Ants and butterflies are insects.
개미와 나비는 곤충이다.

225
track
[træk] 트랙

명 지나간 자취, (철도) 선로

❖ The one on track seven.
7번 선로에 있는 거요.

226
guard
[gɑːrd] 가드

명 수위, 경호인　동 보호하다

❖ There were guards around the President.
대통령의 주위에는 경호인들이 배치되어 있었다.

227
cleave
[kliːv] 클리-브

동 쪼개다, 찢다

❖ Cleave this block of wood in two.
이 나무토막을 둘로 쪼개라.

228
□ **cow**

[kau] 카우

⒨ 암소(↔ox 황소)

❖ A cowboy is chasing a cow.
카우보이가 암소를 쫓고 있다.

229
□ **bear**

[bɛər] 베어

⒨ 곰 ⒟ 낳다, 나르다, 참다

㊌ bear-bore-born

❖ I can not bear him.
나는 그에 대해 참을 수가 없다.

230
□ **fire**

[faiər] 파이어

⒨ 불, 화재, 사격 ⒟ 발포하다

❖ A fire broke out last night.
어젯밤에 화재가 났다.

231
□ **giant**

[dʒáiənt] 자이언트

⒨ 거인 ⒣ 거대한

❖ Once upon a time there lived a giant.
옛날 옛적에 거인이 살고 있었다.

232
□ **headache**

[hédèik] 헤데이크

⒨ 두통, 고민

❖ The entrance examination is a big headache.
입학 시험이 큰 고민거리다.

233
□ **hay**

[hei] 헤이

⒨ 건초, 풀

❖ Chickens are scattering a bunch of hay.
닭들이 건초 더미를 허적거리고 있다.

234
□ **revival**

[riváivəl] 리바이블

명 부활, 소생

❖ There has been some revival of ancient music.
고대 음악이 부활하고 있다.

235
□ **crop**

[krɑp] 크랍

명 농작물, 수확물

❖ The storm laid the crops.
폭풍으로 농작물이 쓰러졌다.

236
□ **shade**

[ʃeid] 셰이드

명 그늘, 차양

❖ Chairs are being moved into the shade.
의자들을 그늘 쪽으로 옮기고 있다.

237
□ **company**

[kʌ́mpəni] 컴퍼니

명 회사, 동료

❖ He is a good company.
그는 좋은 동료이다.

238
□ **canal**

[kənǽl] 커낼

명 운하

❖ It was agreed that the Suez Canal should be open to all vessels.
수에즈 운하는 모든 선박을 통과시켜야 한다는 데 의견이 모아졌다.

239
□ **wagon**

[wǽgən] 왜건

명 짐마차

❖ The wagons crossed a river.
짐마차들은 넓은 강을 건넜다.

240
□ joy

[dʒɔi] 조이

명 기쁨, 환희

❖ He beamed with joy.
그의 얼굴은 기쁨으로 빛났다.

241
□ concert

[kánsə(ː)rt] 칸서-트

명 음악회, 연주회

❖ The audience liked the concert.
청중들은 그 음악회를 좋아했다.

242
□ rule

[ruːl] 룰-

명 규칙, 습관 동 다스리다

❖ Walking is his rule every morning.
아침마다 산책하는 것은 그의 습관이다.

243
□ suitcase

[súːtkèis] 슈-트케이스

명 여행가방

❖ The woman is picking out a suitcase.
여자가 여행 가방을 고르고 있다.

244
□ weight

[weit] 웨이트

명 무게, 체중

❖ What is your weight?
당신 체중은 얼마입니까?

245
□ function

[fʌ́ŋkʃən] 펑(크)션

명 기능, 작용, 함수 동 작용하다

❖ The function of education is to develop the mind. 교육의 기능은 정신을 계발하는 것이다.

246
mail

[meil] 메일

명 우편 동 우송하다

❖ Please mail this letter.
이 편지를 좀 부쳐 주십시오.

247
log

[lɔ(:)g] 로-그

명 통나무

❖ This log won't chop.
이 통나무는 잘 잘리지 않는다.

248
hut

[hʌt] 허트

명 오두막집

❖ The hut has an earthen floor and a thatched roof.
그 오두막은 흙바닥과 짚으로 이은 지붕이 있었다.

249
tax

[tæks] 택스

명 세금, 세 동 세금을 부과하다

❖ That doesn't include tax.
거기엔 세금이 포함되어 있지 않아요.

250
dye

[dai] 다이

명 물감, 염료 동 물들이다

❖ She applied the dye on her hair.
그녀는 머리에 염색약을 발랐다.

251
flame

[fleim] 플레임

명 불꽃, 화염 동 타오르다

❖ The flames licked everything.
불꽃이 모든 것을 삼켜버렸다.

기본단어 | **49**

252
chest

[tʃest] 체스트

명 가슴, 흉부

- Did you get a chest X-Ray?
  흉부 엑스레이 찍었어?

253
chain

[tʃein] 체인

명 쇠사슬, 사슬 동 사슬로 매다

- The dog is on the chain.
  개는 사슬에 매여 있다.

254
cost

[kɔːst] 코-스트

명 가격, 비용 동 비용이 들다

- What does it cost?
  그것은 비용이 얼마나 듭니까?

255
coast

[koust] 코우스트

명 해안, 연안

- A boat is cruising near the coast.
  배 한 척이 해안을 순항하고 있다.

256
kindness

[káindnis] 카인(드)니스

명 친절, 친절한 행위

- She is kindness itself.
  그녀는 매우 친절하다.

257
nature

[néitʃər] 네이처

명 자연, 성질

- The mystery of nature is wonderful.
  자연의 신비는 경이롭다.

258
tongue
[tʌŋ] 텅

명 혀, 국어

❖ Did she bite her tongue?
그녀가 자기 혀를 깨물었니?

259
trust
[trʌst] 트러스트

명 신뢰, 신용 동 신뢰하다, 맡기다

❖ He is not to be trusted.
그는 신뢰할 수 없다.

260
whisker
[hwískər] 휘스커

명 구레나룻

❖ She's cutting the whiskers.
그녀는 구레나룻을 깎고 있다.

261
prison
[prízn] 프리즌

명 교도소, 감옥

❖ They went to prison intentionally. 그들은 일부러 감옥에 들어갔다.

262
blood
[blʌd] 블러드

명 피, 혈액

❖ Blood runs from the wound.
상처에서 피가 흘러나온다.

263
fence
[fens] 펜스

명 울타리, 담

❖ The fence is around the tree.
나무 주위로 울타리가 쳐져 있다.

264
enemy

[énəmi] 에너미

명 적, 적군

❖ They opposed their enemy.
그들은 적에게 저항했다.

265
thief

[θi:f] 시-프

명 도둑, 좀도둑

❖ He is nothing but a thief.
그는 도둑에 지나지 않는다.

266
data

[déitə] 데이터

명 자료, 데이터

❖ These data are doubtful.
이 데이터는 의심스럽다.

267
soldier

[sóuldʒər] 소울저

명 군인, 병사

❖ His uncle is a retired soldier.
그의 삼촌은 퇴역 군인이다.

268
musician

[mju:zíʃən] 뮤-지션

명 음악가

❖ He is a musician by birth.
그는 타고난 음악가이다.

269
course

[kɔ:rs] 코-스

명 진로, 과정, 강좌

❖ Did you find the course difficult?
그 강좌 들어보니까 어려웠어?

270
□ **justice**

[dʒʌ́stis] 저스티스

명 정의, 공정, 공평

❖ Justice will assert itself.
정의는 반드시 밝혀진다.

271
□ **squirrel**

[skwə́:rəl] 스퀴-럴

명 다람쥐

❖ The squirrel is climbing the tree.
다람쥐가 나무를 오르고 있다.

272
□ **shadow**

[ʃǽdou] 섀도우

명 그림자

❖ Shadows fall over the statues.
그림자가 동상들 위에 드리워져 있다.

273
□ **ditch**

[ditʃ] 디치

명 도랑, 개천

❖ Workmen were digging ditches.
일꾼들은 도랑을 파고 있었다.

274
□ **crew**

[kru:] 크루-

명 탑승원, 승무원

❖ The crew is boarding the plane.
승무원이 비행기에 탑승하고 있다.

275
□ **hunger**

[hʌ́ŋgər] 헝거

명 공복, 배고픔, 굶주림

❖ Hunger is the best sauce.
시장이 반찬이다.

기본단어 | **53**

276
sign

[sain] 사인

명 기호, 신호, 표시 동 서명하다

❖ The sign says, "No Smoking."
"금연"이라는 표시가 있다.

277
stair

[stɛər] 스테어

명 계단, 층계계단

❖ Stairs lead to a hall.
계단은 홀로 통한다.

278
trip

[trip] 트립

명 (짧은)여행(=journey)

❖ How was your trip to Jejudo?
제주도 여행은 어땠니?

279
desire

[dizaiər] 디자이어

명 바람, 소망 동 바라다, 원하다

❖ Everybody desires to be happy.
누구나 행복해지기를 원한다.

280
trumpet

[trʌmpit] 트럼피트

명 트럼펫, 나팔

❖ The man is playing the trumpet.
남자가 트럼펫을 연주하고 있다.

281
speech

[spiːtʃ] 스피-치

명 말, 연설

❖ The speech was very touching.
그 연설은 정말 감동적이었어요.

282
□ horn
[hɔːrn] 혼–

[명] 뿔나팔, 경적

❖ Rhinoceros. It means 'a horn on its nose.' 코뿔소들 말야. 그 말은 '코에 난 뿔' 이란 뜻이야.

283
□ chief
[tʃiːf] 치–프

[명] 장(長), 우두머리 [형] 최고의, 주요한

❖ The doctor cured the chief of a fever. 의사는 추장의 열병을 치료했다.

284
□ trousers
[tráuzərz] 트라우저즈

[명] (남자의)바지

❖ What size trousers do you wear? 당신 바지의 치수는 얼마입니까?

285
□ challenge
[tʃǽlindʒ] 챌린지

[명] 도전 [동] 도전[신청]하다

❖ I accepted his challenge to a duel. 나는 그의 결투 신청을 받아들였다.

286
□ prince
[prins] 프린스

[명] 왕자

❖ The prince rescued the princess. 왕자는 공주를 구했다.

287
□ force
[fɔːrs] 포–스

[명] 힘, 폭력 [동] 강요하다

❖ They forced him to sign the paper. 그들은 그에게 서류에 서명하도록 강요했다.

288
space
[speis] 스페이스

명 공간, 우주

* A spaceship is traveling through space.
우주선이 우주를 여행하고 있다.

289
wool
[wul] 울

명 양털, 털실

* This blanket is made from wool.
이 담요는 양털로 만들어졌다.

290
expressway
[ikspréswèi] 익스프레스웨이

명 고속도로

* He maintained a steady speed on the expressway.
그는 고속 도로에서 일정한 속도를 유지했다.

291
science
[sáiəns] 사이언스

명 과학, 자연과학

* I got zero in science.
나는 과학에서 영점을 받았다.

292
examination
[igzæmənéiʃən] 이그재머네이션

명 시험(=exam), 조사

* The subject is asked in an examination. 그 문제가 시험에 나왔다.

293
jar
[dʒɑːr] 자-

명 병, 항아리

* The seal on the jar is tight.
병은 완전히 밀봉되어 있다.

294
salt
[sɔːlt] 솔-트

명 소금 형 짠

* She sprinkled salt on meat.
  그녀는 고기에 소금을 뿌렸다.

295
death
[deθ] 데스

명 죽음(↔life 생명), 사망

* Death is inevitable.
  죽음은 피할 수 없다.

296
saw
[sɔː] 소-

명 톱 동 톱으로 켜다

* This wood does not saw well.
  이 나무는 톱이 잘 안 받는다.

297
grain
[grein] 그레인

명 곡물, 낟알

* They are in the grain group.
  그것들은 곡물 그룹에 속해 있다.

298
eraser
[iréisər] 이레이서

명 지우개

* Can I borrow your eraser for a minute? 지우개 좀 잠깐 빌려도 될까?

299
alphabet
[ǽlfəbèt] 앨퍼벳

명 알파벳, 문자

* How is it different from the English alphabet?
  영어 알파벳과는 어떻게 다른데?

300
shoulder

[ʃóuldər] 쇼울더

(명) 어깨

❖ I patted him on the shoulder.
나는 그의 어깨를 두드렸다.

301
nephew

[néfju:] 네퓨-

(명) 조카(↔niece 조카딸), 생질

❖ She has a nephew in the navy.
그녀에게는 해군에 가 있는 조카가 있다.

302
niece

[ni:s] 니-스

(명) 조카딸(↔nephew 조카)

❖ How old is your niece?
너희 조카딸 몇 살이니?

303
giraffe

[dʒəræf] 저래프

(명) 기린

❖ Sunflowers can grow as tall as giraffes.
해바라기는 기린 키만큼 자랄 수 있다.

304
hawk

[hɔ:k] 호-크

(명) 매

❖ A hawk flew with flaps of the wings in the sky.
매는 날갯짓하며 날아갔다.

305
pigeon

[pídʒən] 피전

(명) 비둘기

❖ The pigeon flapped away.
비둘기는 날개치며 날아가 버렸다.

306
□ **bowl**

[boul] 보울

명 사발, 그릇

❖ This cup will serve as a sugar bowl. 이 컵은 설탕 그릇으로 알맞다.

307
□ **scene**

[siːn] 신-

명 장면, 현장, 풍경

❖ The scene gripped the spectators. 그 장면은 관객의 눈을 끌었다.

308
□ **respect**

[rispékt] 리스펙트

동 존경하다 명 존경

❖ Our teacher is respected by every pupil.
우리 선생님은 모든 학생에게 존경을 받고 있다.

309
□ **insult**

[ínsʌlt] 인설트

동 모욕하다, 창피를 주다 명 모욕

❖ He was insulted in public.
그는 여러 사람 앞에서 창피를 당했다.

310
□ **send**

[send] 센드

동 보내다, 파견하다

활 send-sent-sent

❖ I need to send these letters today. 이 편지들을 오늘 보내야 한다.

311
□ **pardon**

[páːrdn] 파-든

동 용서하다 명 용서

❖ I humbly beg your pardon.
제발 용서하세요.

312
□ **take**

[teik] 테이크

- 동 잡다, 가지고 가다
- 활 take-took-taken
- ❖ He took her some flowers.
  그는 그녀에게 꽃을 가져다주었다.

313
□ **deserve**

[dizə́ːrv] 디저ː브

- 동 ~할 만하다, 받을 가치가 있다
- ❖ His conduct deserves praise.
  그의 행동은 칭찬 받을 만하다.

314
□ **survive**

[sərváiv] 서바이브

- 동 살아남다 명 생존
- ❖ Few of them survive to our time.
  그들 중 오늘날까지 살아남은 사람은 거의 없다.

315
□ **describe**

[diskráib] 디스크라이브

- 동 묘사하다, 기술하다
- ❖ What does the man describe?
  남자는 무엇을 말하는가?

316
□ **select**

[silékt] 실렉트

- 동 선택하다, 고르다
- ❖ The man is selecting a hat.
  남자가 모자를 고르고 있다.

317
□ **hesitate**

[hézətèit] 헤저테이트

- 동 주저하다, 망설이다 명 주저, 망설임
- ❖ He who hesitates is lost.
  주저하는 사람은 기회를 놓친다.

318
□ declare

[동] 선언하다, 단언하다

[diklέər] 디클레어

❖ Tom declared that he would come back.
탐은 돌아오겠다고 선언했다.

319
□ pretend

[동] ~인 체하다, 가장하다

[priténd] 프리텐드

❖ They pretended not to know him. 그들은 그를 모르는 체했다.

320
□ struggle

[동] 발버둥 치다, 분투하다 [명] 발버둥

[strʌ́gəl] 스트러글

❖ I struggled in vain to escape.
나는 도망치려고 발버둥쳤으나 헛일이었다.

321
□ astonish

[동] 놀라게 하다(=surprise)

[əstɑ́niʃ] 어스타니시

❖ The news astonished her.
그 소식은 그녀를 깜짝 놀라게 했다.

322
□ attract

[동] 마음을 끌다, 매혹하다

[ətrǽkt] 어트랙트

❖ Yes, I've been attracted to her.
네, 저는 그녀에게 매혹 당했어요.

323
□ explode

[동] 폭발시키다, 파열하다

[iksplóud] 익스플로우드

❖ The defective boiler exploded.
결함 있는 보일러가 파열했다.

324
include

[inklú:d] 인클루-드

동 포함하다, 계산하다

❖ Does this price include tax?
이 가격에 세금도 포함된 건가요?

325
chase

[tʃeis] 체이스

동 추격하다, 쫓다 명 추격

❖ The police chased after the murderer.
경찰은 살인범을 추적했다.

326
scratch

[skrætʃ] 스크래치

동 할퀴다, 긁다

❖ The pin scratched my arm.
나는 핀에 팔이 긁혔다.

327
crash

[kræʃ] 크래쉬

동 충돌하다, 무너지다 명 충돌, 추락

❖ Two cars crashed on that curve.
두 대의 차가 저 커브에서 충돌했다.

328
gaze

[geiz] 게이즈

동 응시하다, 바라보다

❖ They gazed out over the open field.
그들은 광활한 들판을 바라보았다.

329
scare

[skɛər] 스케어

동 놀라게 하다, 놀라다, 겁내다

❖ I didn't mean to scare you.
너를 놀라게 하려던 게 아니야.

330
grab
[græb] 그래브

(동) 움켜잡다, 붙잡다

* He grabbed me by the collar.
그는 내 멱살을 그러잡았다.

331
discuss
[diskʌ́s] 디스커스

(동) 의논하다, 토론하다

* I discussed the problem with him. 나는 그와 그 문제를 논의했다.

332
shrug
[ʃrʌg] 쉬러그

(동) 어깨를 으쓱하다 (명) 어깨를 으쓱하기

* He just shrugs when I ask him.
그는 내가 그에게 물어볼 때 단지 어깨를 으쓱해요.

333
sniff
[snif] 스니프

(동) 냄새맡다 (명) 퀴퀴한 냄새

* The dog sniffed at the stranger.
개는 낯선 사람의 냄새를 킁킁대며 맡았다.

334
carve
[kɑːrv] 카브

(동) 새기다, 조각하다

* He carved a statue of wood.
그는 목상을 조각했다.

335
search
[səːrtʃ] 서치

(동) 찾다, 수색하다 (명) 수색

* He searched through his papers.
그는 서류를 뒤지면서 찾았다.

336
□ **abuse**

[əbjúːz] 어뷰-즈

⊙ 남용하다, 학대하다 ⊙ 남용, 오용

❖ The Mayor has abused his positions of power.
시장은 직권을 남용했다.

337
□ **owe**

[ou] 오우

⊙ 힘입다, 빚(의무)이 있다

❖ He owes much to his father
그는 부친에게 힘입은 바 크다.

338
□ **yell**

[jel] 옐

⊙ 고함치다, 외치다

❖ He yells at the children.
그는 아이들에게 호통을 친다.

339
□ **howl**

[haul] 하울

⊙ 짖다, 울부짖다 ⊙ 짖는 소리

❖ A pack of wolves are howling.
한 떼의 이리들이 울부짖고 있다.

340
□ **halt**

[hɔːlt] 홀-트

⊙ 정지하다, 멈춰서다(=stop) ⊙ 정지

❖ The train halted at the signal.
기차는 신호등에서 멈춰 섰다.

341
□ **leak**

[liːk] 리-크

⊙ 새다, 새어나오다 ⊙ 새는 구멍

❖ That pipe leaks gas.
저 파이프는 가스가 샌다.

342
□ **charge**

[tʃɑːrdʒ] 차-지

동 청구하다 명 요금, 대가, 책임

* What's the charge for parking here? 여긴 주차 요금이 얼마입니까?

343
□ **refuse**

[rifjúːz] 리퓨-즈

동 거절하다(↔ accept 받아들이다), 사퇴하다

* He refused to give us his name. 그는 이름을 알려주기를 거절했어요.

344
□ **warn**

[wɔːrn] 원-

동 경고하다, 주의하다

* I shall not warn you again! 두 번 다시 경고하지 않겠다!

345
□ **suffer**

[sʌ́fər] 서퍼

동 겪다, 괴로워하다

* The patient was suffering severely. 환자는 몹시 괴로워했다.

346
□ **whisper**

[hwíspər] 휘스퍼

동 속삭이다 명 속삭임

* He whispered to me in the class. 그는 수업 중에 나에게 속삭였다.

347
□ **prepare**

[pripέər] 프리페어

동 준비하다, 채비하다

* They're preparing the meal. 사람들이 식사를 준비하고 있다.

기본단어 | **65**

348
drag

[dræg] 드래그

(동) 끌다, 질질 끌다

❖ She dragged the heavy trunk.
그녀는 무거운 트렁크를 질질 끌었다.

349
overhear

[òuvərhíər] 오우버히어

(동) 엿듣다, 도청하다

❖ I overheard snatches of the conversation.
나는 그 대화를 군데군데 엿들었다.

350
slide

[slaid] 슬라이드

(동) 미끄러지다 (명) 미끄럼틀

❖ You have to slide one by one.
한 명씩 한 명씩 미끄럼틀을 타야 합니다.

351
suck

[sʌk] 석

(동) 빨다, 핥다

❖ Mosquitoes suck the blood of people and animals. 모기들은 사람과 동물의 피를 빨아먹는다.

352
bother

[báðər] 바더

(동) 괴롭히다, 귀찮게 하다(=annoy)

❖ Do not bother me while I work.
일하는 동안은 나를 귀찮게 하지 마라.

353
deal

[di:l] 딜-

(동) 분배하다, 다루다 (명) 거래

❖ He is hard to deal with.
그는 다루기 힘든 사람이다.

354
destroy
[distrɔ́i] 디스트로이

동 파괴하다(=ruin), 멸망시키다

❖ A match can destroy the whole forest.
성냥은 숲전체를 파괴할 수 있다.

355
remove
[rimúːv] 리무-브

동 옮기다, 벗다, 제거하다

❖ I had to remove rust from the bookshelf.
나는 책장의 녹을 제거해야만 했다.

356
obtain
[əbtéin] 업테인

동 획득하다(=acquire), 얻다

❖ His work obtained him great fame.
그 연구로써 그는 명성을 얻었다.

357
occur
[əkə́ːr] 어커-

동 일어나다, (생각이) 떠오르다

❖ A good idea occurred to me.
좋은 생각이 떠올랐다.

358
ache
[eik] 에이크

동 아프다, 쑤시다 명 아픔

❖ My head aches.
머리가 아프다.

359
pray
[prei] 프레이

동 빌다, 기도하다 명 기도

❖ He prayed for courage.
그는 용기를 달라고 기도했습니다.

기본단어 | **67**

360
□ follow

[fálou] 팔로우

[동] 따르다, 좇다

❖ A strange dog followed me.
낯선 개가 내 뒤를 따라왔다.

361
□ hate

[heit] 헤이트

[동] 미워하다(=dislike), 싫어하다
[명] 미움

❖ He hates me for it.
그는 그 일 때문에 나를 미워한다.

362
□ frighten

[fráitn] 프라이튼

[동] 깜짝 놀라게 하다

❖ Don't frighten me.
놀라게 하지 마라.

363
□ shout

[ʃaut] 샤우트

[동] 외치다 [명] 외침, 환호

❖ She shouted out in pain.
그녀는 아파서 비명을 질렀다.

364
□ borrow

[bɔ́(:)rou] 보로우

[동] 빌리다(↔lend 빌려주다), 차용하다

❖ May I borrow your umbrella?
우산 좀 빌려주시겠습니까?

365
□ earn

[əːrn] 언–

[동] 벌다, 획득하다, 얻다

❖ How much do you earn a month?
한달 수입은 얼마나 되십니까?

366
hear
[hiər] 히어

- 동 듣다, 들리다
- 활 hear-heard-heard
- ❖ Did you hear him go out?
  그가 나가는 소리를 들었니?

367
forgive
[fərgív] 퍼기브

- 동 용서하다, 면제하다
- 활 forgive-forgave-forgiven
- ❖ Forgive us our trespasses.
  우리의 죄를 용서하소서.

368
appreciate
[əprí:ʃièit] 어프리-시에이트

- 동 감사하다, 감상하다
- ❖ I appreciate your help.
  도와주신 데 대해 감사드립니다.

369
cheer
[tʃiər] 치어

- 동 갈채하다, 응원하다 명 갈채, 응원
- ❖ He spoke words of cheer.
  그는 격려의 말을 했다.

370
give
[giv] 기브

- 동 주다, 치르다, 말하다
- 활 give-gave-given
- ❖ He gave a book to me.
  그는 나에게 책을 주었다.

371
cooperate
[kouápərèit] 코우아퍼레이트

- 동 협력하다, 협동하다
- ❖ I cooperated with my friends in doing the work.
  나는 친구들과 협력해서 그 일을 했다.

기본단어 | **69**

372
□ **get**

[get] 겟

(동) 얻다, 받다, 사다, 도착하다
(활) get-got-got
* John will get the prize.
  존은 상을 탈 것이다.

373
□ **solve**

[sɑlv] 솔브

(동) 풀다, 해결하다
* We solved the puzzle together.
  우리는 같이 퍼즐을 풀었다.

374
□ **escape**

[iskéip] 이스케이프

(동) 도망하다, 모면하다 (명) 도망
* The boy struggled to escape.
  그 소년은 도망치려고 몸부림쳤다.

375
□ **perform**

[pərfɔ́ːrm] 퍼폼-

(동) 실행하다, 수행하다 (형) ~ 할수 있는
* He performed his duty without difficulty.
  그는 무난히 임무를 수행했다.

376
□ **report**

[ripɔ́ːrt] 리포-트

(동) 보고하다 (명) 보고서
* What problem is reported?
  어떤 문제가 보고되었는가?

377
□ **poor**

[puər] 푸어

(형) 가난한, 서투른, 불쌍한, 하찮은
* He was poor when he was young.
  그 사람은 어렸을 때 가난했다.

378
□ **public**

[pʌ́blik] 퍼블릭

형 공공의, 공립의(↔private 사립의) 명 공중, 대중

❖ She is using the public phone.
그녀는 공중전화를 사용 중이다.

379
□ **senior**

[síːniər] 시-니어

형 손위의, 연상의 명 연장자(↔junior 손아래의)

❖ He is two years my senior.
그는 나보다 두 살 연장입니다.

380
□ **general**

[dʒénərəl] 제너럴

형 일반적인(↔special 특별한)
명 육군 대장

❖ The general seems to be very popular.
그 장군의 인기가 대단한 것 같아요.

381
□ **principal**

[prínsəpəl] 프린서펄

형 주된, 주요한 명 교장, 단체의 장

❖ Our principal is very generous.
우리 교장 선생님은 매우 인자하시다.

382
□ **hollow**

[hálou] 할로우

형 속이 빈, 우묵한 명 움푹 들어간 곳

❖ The tree is hollow.
그 나무는 속이 비어 있다.

383
□ **patient**

[péiʃənt] 페이션트

형 인내심 강한 명 참을성, 환자

❖ Colors affect patients.
색은 환자들에게 영향을 미친다.

384
evil

[íːvəl] 이-벌

형 나쁜, 불길한 명 악

❖ The novel is about an evil king.
그 소설은 어떤 나쁜 왕에 관한 것이다.

385
easy

[íːzi] 이-지

형 안락한, 쉬운(↔difficult 어려운) 부 쉽게

❖ It is easy to read and write Hangeul. 한글을 읽고 쓰는 것은 쉽다.

386
complete

[kəmplíːt] 컴플리-트

형 완전한 동 완성시키다, 끝내다 (=finish)

❖ She is in partnership with him to complete the task.
그녀는 그와 협력하여 일을 완성할 것이다.

387
competent

[kámpətənt] 캄퍼턴트

형 유능한(=able), 충분한, 적임의

❖ He was a competent secretary.
그는 유능한 비서였다.

388
religious

[rilídʒəs] 릴리저스

형 종교적인, 신앙심이 깊은

❖ She is very religious.
그녀는 신앙심이 매우 깊다.

389
primary 형 첫째의, 주요한, 기초적인

[práimèri] 프라이메리

* His primary reason for going was to see her.
  그가 가는 주요한 이유는 그녀를 만나기 위함이었다.

390
popular 형 인기 있는, 유행의

[pápjələr] 파퓰러

* He is popular with the other children.
  그는 어린이들 사이에 인기가 있다.

391
compulsory 형 의무적인, 필수적인

[kəmpʌ́lsəri] 컴펄서리

* In many countries, military service is compulsory.
  많은 국가에서 군 복무는 의무이다.

392
independent 형 독립한(↔dependent 의지하는)

[ìndipéndənt] 인디펜던트

* Our country is an independent republic.
  우리나라는 독립 공화국이다.

393
intimate 형 친밀한(=familiar), 자세한

[íntəmit] 인터미트

* She is on intimate terms with him. 그녀는 그와 친밀한 사이이다.

394
grave
[greiv] 그레이브

형 중대한, 위대한 명 무덤

❖ Your lack of knowledge is a grave failing.
지식 부족이 너의 중대한 결점이다.

395
elementary
[èləméntəri] 엘러멘터리

형 초보의, 기본의

❖ In elementary school I had no uniform.
초등학교에서는 교복을 입지 않습니다.

396
contrary
[kántreri] 칸트레리

형 반대의 명 반대

❖ It is contrary to the facts.
그것은 사실과 반대이다.

397
straight
[streit] 스트레이트

형 곧은 부 똑바로

❖ Set your hat straight.
네 모자를 바로 써라.

398
noble
[nóubəl] 노우블

형 고귀한, 귀족의 명 귀족

❖ His spirit is noble.
그의 영혼은 고귀하다.

399
anxious
[æŋkjəs] 앵(크)셔스

형 걱정스러운 명 걱정, 근심, 열망

❖ I'm anxious about his health.
그의 건강이 걱정스럽다.

400
greedy
[gríːdi] 그리-디

⑱ 욕심 많은, 탐욕스러운

❖ The greedy man ate everything.
그 욕심 많은 남자는 모든 것을 먹었다.

401
silly
[síli] 실리

⑱ 어리석은(=stupid), 바보 같은

❖ You are very silly to go by taxi.
택시로 가다니 너도 참 어리석구나.

402
lonely
[lóunli] 로운리

⑱ 외로운, 쓸쓸한

❖ The old man was lonely.
그 노인은 외로웠다.

403
sensitive
[sénsətiv] 센서티브

⑱ 민감한, 예민한, 감성적인

❖ The eye is sensitive to light.
눈은 빛에 민감하다.

404
private
[práivit] 프라이빗

⑱ 개인의, 비밀의, 사적인(↔ public 공적인)

❖ The matter was arranged privately.
그 일은 비밀리에 준비되었다.

405
unhappy
[ʌ̀nhǽpi] 언해피

⑱ 불행한, 불운한(↔happy 행복한)

❖ She had a very unhappy childhood. 그녀는 매우 불행한 어린 시절을 보냈다.

406
□ **vain**

[vein] 베인

⟨형⟩ 헛된, 무익한

❖ All our efforts were in vain.
모든 노력이 허탕이 되었다.

407
□ **sore**

[sɔ:r] 소-

⟨형⟩ 아픈, 슬픈 ⟨명⟩ 상처

❖ You hit me on a sore spot.
아픈 곳을 찌르는구나.

408
□ **fierce**

[fiərs] 피어스

⟨형⟩ 사나운, 맹렬한

❖ They are fierce. 그들은 사나워요.

409
□ **firm**

[fə:rm] 펌-

⟨형⟩ 굳은, 단단한(↔soft 부드러운)
⟨명⟩ 회사

❖ The small shop grew into a large firm. 그 작은 가게는 발전하여 큰 회사가 되었다.

410
□ **solar**

[sóulər] 소울러

⟨형⟩ 태양의

❖ I prefer solar energy to other forms. 다른 형태보다 태양열 에너지를 더 좋아합니다.

411
□ **smart**

[smɑ:rt] 스마-트

⟨형⟩ 재치 있는, 산뜻한

❖ Smart people read it.
현명한 사람들은 그것을 읽습니다.

412
□ **single**

[síŋgəl] 싱글

형 독신의 명 한 개

❖ He was single all his life.
그는 평생을 독신으로 지냈다.

413
□ **serious**

[síəriəs] 시(어)리어스

형 진지한, 중대한, 심각한

❖ He sounded serious on the phone.
그의 전화 목소리가 심각했어요.

414
□ **mild**

[maild] 마일드

형 온순한, 온화한(↔wild 거친), 상냥한

❖ He is as mild as a lamb.
그는 양처럼 온순하다.

415
□ **charming**

[tʃɑ́ːrmiŋ] 차-밍

형 매력적인(=attractive), 아름다운

❖ Her manner was very charming.
그녀의 태도는 무척 매력적이었다.

416
□ **huge**

[hjuːdʒ] 휴-지

형 거대한(↔tiny 작은), 막대한

❖ She lives in a huge house.
그 여자는 거대한 집에서 산다.

417
□ **tiny**

[táini] 타이니

형 몹시 작은

❖ They live in a tiny mews house.
그들은 작은 마구간 집에서 산다.

418
foreign

[fɔ́(:)rin] 포-린

형 외국의(↔domestic 국내의), 외국풍의

❖ It is fun to learn a foreign language.
외국어를 배우는 것은 재미있다.

419
calm

[kɑːm] 캄-

형 잔잔한 명 고요 동 진정시키다

❖ calm yourself. 진정하십시오.

420
special

[spéʃəl] 스페셜

형 특별한(↔general 일반적인), 특수한

❖ What are your special interests?
당신의 특별한 관심거리는 무엇인가요?

421
funny

[fʌ́ni] 퍼니

형 익살맞은, 재미있는

❖ The cartoon is funny.
그 시사만화는 재미있다.

422
brave

[breiv] 브레이브

형 용감한, 씩씩한

❖ She is a brave climber.
그녀는 용감한 등산가이다.

423
mad

[mæd] 매드

형 미친, 열광적인, 성난

❖ He is clean mad.
그는 완전히 미쳤다.

424
native

[néitiv] 네이티브

형 출생의, 토착의, 타고난

❖ He has a native talent.
그는 타고난 재능을 갖고 있다.

425
attractive

[ətræktiv] 어트랙티브

형 매력 있는, 매혹적인

❖ She smiled an attractive smile.
그녀는 매력적인 미소를 지었다.

426
same

[seim] 세임

형 같은(↔different 다른) 대 동일한 것

❖ He is the same age as his wife.
그는 그의 부인과 나이가 같다.

427
perfect

[pə́:rfikt] 퍼-픽트

형 결점 없는, 완전한, 정확한

❖ The weather was perfect.
날씨는 더할 나위 없이 좋았다.

428
ill

[il] 일

형 병든(↔well 건강한), 나쁜 부 나쁘게

❖ He looks rather ill.
그는 몸이 좀 불편해 보인다.

429
sure

[ʃuər] 슈어

형 틀림없는, 확실한 부 확실히, 물론

❖ He is sure to succeed.
그가 성공할 것은 확실하다.

기본단어 | 79

430
□ **hard**

[hɑːrd] 하드

(형) 굳은, 어려운 (부) 열심히, 몹시

❖ She's a very hard worker.
그녀는 대단히 열심히 일하는 사람이다.

431
□ **pop**

[pɑp] 팝

(형) 대중적인 (명) 대중음악 (동) 탁 튀다

❖ He likes Korean pop songs very much. 그는 한국 대중가요를 매우 좋아합니다.

432
□ **mental**

[méntl] 멘틀

(형) 정신적인

❖ Praise can be a mental tonic.
칭찬은 정신적 자극이 된다.

433
□ **another**

[ənʌ́ðər] 어너더

(형) 또 하나의, 다른 하나의

❖ Would you like another cup of tea? 차 한 잔 더 드시겠어요?

434
□ **nuclear**

[njúːkliər] 뉴-클리어

(형) 핵의, 원자력의 (명) 핵무기

❖ North Korea started nuclear bomb tests.
북한은 핵실험을 개시했다.

435
□ **thirsty**

[θə́ːrsti] 서-스티

(형) 목마른, 간절히 바라는

❖ He is thirsty for riches.
그는 부를 갈망하고 있다.

436
□ **gray**

[grei] 그레이

⟨형⟩ 회색의 ⟨명⟩ 회색

❖ The gray is lighter than the black. 회색은 검정색보다 밝다.

437
□ **silent**

[sáilənt] 사일런트

⟨형⟩ 조용한, 침묵의

❖ A long silent moment passed.
긴 침묵의 시간이 흘렀습니다.

438
□ **absent**

[ǽbsənt] 앱슨트

⟨형⟩ 결석한(↔present 출석한), 부재의

❖ I thought that he was absent from school.
나는 그가 결석한 줄 알았다.

439
□ **tired**

[taiərd] 타이어드

⟨형⟩ 피로한, 지친, 물린, 싫증난

❖ He was tired from homework.
그는 숙제하느라 지쳐 있었다.

440
□ **away**

[əwéi] 어웨이

⟨부⟩ 떨어져서, 멀리

❖ It's one block away.
한 구역 떨어져 있어요.

441
□ **sincerely**

[sinsíərli] 신시얼리

⟨부⟩ 성실히, 진심으로

❖ She very sincerely wished him happy.
그녀는 진심으로 그의 행복을 빌었다.

442
fortunately

[fɔ́ːrtʃənətli] 포-추너틀리

(부) 운 좋게, 다행히(↔ unfortunately 불행하게)

❖ Fortunately I could meet him.
다행히 나는 그를 만날 수 있었다.

443
immediately

[imíːdiitli] 이미-디이틀리

(부) 곧, 즉시

❖ Immediately he got home, he went to bed.
귀가하자 곧 잠자리에 들었다.

444
hardly

[háːrdili] 하-딜리

(부) 거의 ~않다

❖ I can hardly believe it.
거의 믿어지지 않는다.

445
tightly

[táitli] 타이틀리

(부) 단단히

❖ The door was shut tightly.
문이 꼭 잠겨 있었다.

446
politely

[pəláitli] 펄라이틀리

(부) 공손히, 정중하게

❖ The waiter said politely.
웨이터는 정중하게 말했다.

447
rudely

[ruːdli] 루-들리

(부) 무례하게

❖ She is displeased with him for behaving rudely. 그녀는 그의 무례한 행동에 화가 나 있다.

448
further
[fə́ːrðər] 퍼-더

훗 그 위에, 게다가 형 그 이상의

❖ We need not enlarge further upon this point.
이 점은 더 이상 부연할 필요가 없다.

449
frankly
[frǽŋkli] 프랭클리

훗 솔직히, 숨김없이

❖ Frankly, I'd rather not go.
솔직히, 난 가지 않는 게 좋겠다.

450
properly
[prɑ́pərli] 프라퍼리

훗 적당히, 올바르게

❖ They are dressed properly for cold weather.
그들은 추운 날씨에 적당한 옷을 입고 있다.

451
hastily
[héistili] 헤이스틸리

훗 급히, 서둘러서, 바삐

❖ Do not judge others hastily.
남을 경솔하게 판단하지 마라.

452
rather
[rǽðər] 래더

훗 오히려, 얼마간

❖ I rather lean to your view.
나는 오히려 당신의 의견에 동조한다.

453
together
[təgéðər] 터게더

훗 함께, 동시에, 일제히

❖ The men are jogging together.
남자들이 함께 조깅하고 있다.

454
□ **altogether**

[ɔ́ːltəgéðər] 올-터게더

㈜ 전혀, 완전히

❖ The disease was stamped out altogether.
그 병은 완전히 종식되었다.

455
□ **between**

[bitwíːn] 비트윈-

㈜ ~의 사이에 ㈜ 사이를 두고

❖ It's between the school and the park. 학교와 공원 사이에 있어요.

456
□ **above**

[əbʌ́v] 어버브

㈜ ~보다 위에, ~ 이상인

❖ He drove just above 60 mph.
그는 시속 60마일 넘게 운전했다.

457
□ **against**

[əgénst] 어겐스트

㈜ ~에 반대하여[거슬러], ~에 부딪쳐

❖ I hit my elbow against the window. 창문에 팔꿈치를 부딪쳤다.

458
□ **after**

[ǽftər] 애프터

㈜ ~후에, ~의 뒤에(↔before 앞에)

❖ They lived happily ever after.
그들은 그 후 내내 행복하게 살았다.

459
□ **without**

[wiðáut] 위다웃

㈜ ~없이, ~이 없다면

❖ He left without saying goodbye.
그는 작별 인사도 없이 떠났다.

460
□ **whether**

[hwéðər] 훼더/웨더

졉 ~인지 어떤지, ~이든지 아니든지

❖ I am doubtful whether it is true.
사실인지 아닌지 의문이 있다.

461
□ **while**

[hwail] 화일

졉 ~하는 동안, 한편으로는

❖ He did it while I was not looking.
그는 내가 안 보는 사이에 그 짓을 했다.

462
□ **life**

[laif] 라이프

명 삶, 생명, 생활, 인생

❖ He does not want much from life.
그는 삶 속에서 많은 것을 원하지 않는다.

463
□ **earth**

[ə:rθ] 어-스

명 지구, 땅(↔heaven 하늘)

❖ The earth is round.
지구는 둥글다.

464
□ **mathematics**

[mæθəmǽtiks] 매서매틱스

명 수학(약자 math)

❖ He excels in mathematics.
그는 수학에 특히 빼어나다.

465
□ **ocean**

[óuʃən] 오우션

명 대양, 해양

❖ Go swimming in the ocean.
해수욕을 가다.

466
price

[prais] 프라이스

명 값, 가격, 대가

❖ The price is reasonable.
값은 적당하다.

467
row

[rou] 로우

명 줄, 열(=line) 동 노젓다

❖ He rowed us up.
우리를 위해 (강을) 저어 올라갔다.

468
schedule

[skédʒu(:)l] 스케줄-

명 계획, 예정표 동 ~할 예정이다

❖ I am scheduled to leave here tomorrow.
내일 여기를 떠날 예정입니다.

469
route

[ru:t] 루-트

명 도로, 길

❖ What's the best route from Seoul to Paris? 서울부터 파리까지 가장 빠른 길은 무엇입니까?

470
ivy

[áivi] 아이비

명 담쟁이덩굴

❖ The walls were covered all over with ivy.
벽은 온통 담쟁이로 덮여 있었다.

471
quarrel

[kwɔ́:rəl] 쿼-럴

명 싸움 동 싸우다

❖ Please adjust their quarrel.
그들의 싸움을 조정해 주십시오.

472
□ **joke**

[dʒouk] 조우크

명 농담 동 농담하다

❖ Don't play a joke on her.
그녀에게 농담 걸지 마라.

473
□ **age**

[eidʒ] 에이지

명 나이, 성년, 시대

❖ Old age blanches hair.
늙으면 머리가 희어진다.

474
□ **pet**

[pet] 펫

명 애완 동물 형 귀여워하는 동 귀여워하다

❖ Her pet dog was her only vanity.
그녀의 애견은 그녀의 유일한 자랑거리였다.

475
□ **period**

[píəriəd] 피(어)리어드

명 기간, 시대, 주기

❖ The heart beats by periods.
심장은 일정한 간격을 두고 고동친다.

476
□ **robber**

[rábər] 라버-

명 강도, 도둑

❖ The brave policeman caught the robber.
그 용감한 경찰이 강도를 잡았다.

477
□ **cheek**

[tʃiːk] 치-크

명 뺨, 볼

❖ She kissed him on the cheek.
그녀는 그의 뺨에 키스했다.

기본단어 | **87**

478
block

[blɑk] 블락

명 덩어리, 한 구획 동 막다, 방해하다

❖ The street is blocked to traffic.
거리는 통행이 금지되었다.

479
part

[pɑːrt] 파―트

명 부분, (책의) 부, 역할 동 나누다

❖ The film is good in parts.
그 영화는 부분적으로는 괜찮다.

480
clerk

[kləːrk] 클러―크

명 사무원, 점원

❖ The clerk is holding some documents.
점원이 약간의 서류를 들고 있다.

481
citizen

[sítəzən] 시터즌

명 시민, 국민

❖ Honesty is an attribute of a good citizen.
정직은 훌륭한 시민의 본질이다.

482
cookie

[kúki] 쿠키

명 쿠키, 맛있는 작은 과자

❖ The ants ate up the cookie bit by bit.
개미는 그 과자를 조금씩 갉아 먹었다.

483
army

[ɑ́ːrmi] 아―미

명 육군, 군대

❖ He retired from the army.
그는 군대에서 전역했다.

484
nurse

[nəːrs] 너-스

명 간호사 동 간호하다

❖ I nursed the plant along for a year. 1년 동안 그 식물을 가꾸었다.

485
community

[kəmjúːnəti] 커뮤-너티

명 지역사회, 공동체, 단체

❖ He worked for the good of the community.
그는 지역 공동 사회를 위해 일했다.

486
sheet

[ʃiːt] 시-트

명 침대의 시트, 종이 한 장

❖ She covered the sheets with a blanket.
그녀는 담요 위에 시트를 씌웠다.

487
monk

[mʌŋk] 멍크

명 승려, 수도사

❖ Monks lead a life of renunciation.
수도사는 세상을 버리는 금욕 생활을 한다.

488
teenager

[tíːnèidʒər] 틴-에이저

명 10대 소년소녀

❖ Teenagers are our hope.
10대는 우리의 희망이다.

489
closet

[klázit] 클라짓

명 벽장, 작은방

❖ She is putting shirts in the closet.
그녀는 벽장에 셔츠를 넣고 있다.

기본단어 | **89**

490
handle

[hǽndl] 핸들

명 손잡이, 핸들 동 다루다

❖ Turn the handle and open the door. 손잡이를 돌려 문을 연다.

491
bar

[ba:r] 바-

명 막대기, 빗장

❖ The workers are hanging from the bars.
일꾼들이 막대에 매달려 있다.

492
ostrich

[ɔ(:)stritʃ] 오스트리치

명 타조, 방관자

❖ An ostrich runs very quickly but cannot fly.
타조는 매우 빨리 달리지만 날지는 못한다.

493
cricket

[kríkit] 크리키트

명 크리켓 경기

❖ More people are watching cricket than ever before.
지금은 전보다 많은 사람들이 크리켓 경기를 본다.

494
deck

[dek] 덱

명 갑판, 바닥, 층

❖ There was an apple jar on the deck.
갑판에는 사과 통이 하나 있었다.

495
bit
[bit] 빗

명 작은 조각, 조금, 약간

❖ The fish is a bit off.
그 생선은 약간 상했다.

496
professor
[prəfésər] 프러페서

명 (대학) 교수

❖ The students revere the professor.
학생들은 그 교수를 존경한다.

497
silk
[silk] 실크

명 비단, 명주실

❖ Woolen outwears silk.
모직물은 명주보다 질기다.

498
jean
[dʒiːn] 진-

명 진바지, 진

❖ He was in blue jeans.
그는 청바지를 입고 있었다.

499
cotton
[kátn] 카튼

명 면화, 솜

❖ This shirt is made of pure cotton.
이 셔츠는 순면 제품이다.

500
drum
[drʌm] 드럼

명 북, 드럼 동 북을 치다

❖ The drum kills the strings.
북소리 때문에 현악기 소리가 죽는다.

501
sand

[sænd] 샌드

명 모래, 모래밭

❖ The harbor is sanded up by the current.
그 항구는 조수에 밀려 온 모래로 얕아져 있다.

502
shock

[ʃɑk] 샥

명 충격, 타격 동 충격을 주다

❖ I am shocked to hear of his death.
그의 죽음을 듣고 충격을 받았다.

503
march

[mɑːrtʃ] 마-치

명 행진 동 행진하다

❖ They marched into the town.
그들은 행진하여 마을로 들어왔다.

504
cage

[keidʒ] 케이지

명 새장, 우리

❖ The bird escaped from its cage.
새가 새장에서 도망쳤다.

505
character

[kæriktər] 캐릭터

명 성격, 등장인물, 문자, 부호

❖ She is of noble character.
그녀는 고결한 인격을 지니고 있다.

506
wife

[waif] 와이프

명 아내(↔husband 남편), 부인, 처

❖ He loves his wife and children.
그는 자신의 아내와 아이들을 사랑한다.

507
□ **change**

[tʃeindʒ] 체인지

명 변화, 거스름돈 동 변화하다, 바꾸다

❖ She has changed greatly since I saw her last.
그 여자는 요전에 만난 이후 많이 변했다.

508
□ **position**

[pəzíʃən] 퍼지션

명 위치, 지위, 입장

❖ The position is still open.
그 자리는 아직 공석이다.

509
□ **department**

[dipá:rtmənt] 디파-트먼트

명 부(部), 부문, 과

❖ What department are you in?
당신의 전문 분야는 무엇입니까?

510
□ **duty**

[djú:ti] 듀-티

명 임무, 의무(=responsibility)

❖ She was careful in the performance of her duty.
그녀는 직무 수행에 있어 신중했다.

511
□ **hospital**

[háspitl] 하스피틀

명 병원

❖ Henry is in the hospital.
Henry는 병원에 입원 중이다.

512
□ **noise**

[nɔiz] 노이즈

명 소리, 소음

❖ The noise died away.
소음이 사그라들었다.

기본단어 | **93**

513
□ **sample**

[sǽmpəl] 샘플

명 견본, 샘플

❖ She's labeling a sample.
그녀는 견본에 라벨을 붙이고 있다.

514
□ **lesson**

[lésn] 레슨

명 학과, 교훈

❖ The lesson lasted an hour.
그 수업은 1시간 동안 계속되었다.

515
□ **plenty**

[plénti] 플렌티

명 많음, 충분(↔lack 결핍) 형 많은, 충분한

❖ There is plenty of time.
시간이 충분히 있다.

516
□ **luck**

[lʌk] 럭

명 운, 행운

❖ Some people have all the luck.
어떤 사람은 운을 타고난다.

517
□ **ghost**

[goust] 고우스트

명 유령, 망령

❖ The ghost manifested itself.
유령이 나타났다.

518
□ **stream**

[stri:m] 스트림-

명 개울, 흐름 동 흐르다

❖ The street had a stream of cars. 거리에는 자동차의 물결이 그치지 않았다.

519
state

[steit] 스테이트

몡 국가, 상태, 형편

❖ They built their own State.
그들은 자기들의 나라를 세웠다.

520
temple

[témpəl] 템플

몡 절, 사원, 신전

❖ The crooked path leads you to the temple.
그 꼬부랑길을 따라가면 사원이 나온다.

521
grammar

[grǽmər] 그래머

몡 문법, 문법책

❖ Children learn things like grammar by rote.
아이들은 문법 같은 것들은 암기하여 배운다.

522
entertainment

[èntərtéinmənt] 엔터테인먼트

몡 접대, 오락, 연예

❖ Other reunions provide their own entertainment.
가족 구성원들이 직접 오락거리를 준비하는 모임도 있는데요.

523
college

[kálidʒ] 칼리지

몡 단과대학, 전문학교

❖ She majored in journalism in college.
그녀는 대학에서 언론학을 전공했다.

524
□ **husband**

[hʌ́zbənd] 허즈번드

명 남편

❖ A good husband makes a good wife.
훌륭한 남편이 훌륭한 아내를 만든다.

525
□ **daughter**

[dɔ́:tər] 도-터

명 딸(↔son 아들) 형 딸로서의

❖ He married his daughter to a banker.
그는 자기 딸을 은행가와 결혼시켰다.

526
□ **feeling**

[fí:liŋ] 필-링

명 촉감, 감각, 감정, 기분

❖ The boy doesn't know about your feeling. 그 남학생은 너의 감정을 잘 모르고 있어.

527
□ **captain**

[kǽptin] 캡틴

명 우두머리, 선장, 주장

❖ The man is the captain of the ship. 남자는 배의 선장이다.

528
□ **booth**

[bu:θ] 부-스

명 오두막집, 작은 방

❖ A huddle of booths grew to a town.
잡다한 판잣집들이 마을을 이루었다.

529
- **iceberg**

  [áisbə:rg] 아이스버-그

  명 빙산

  ❖ Icebergs lie in the course of the boat.
  빙산이 배의 진로를 가로막고 있다.

530
- **bubble**

  [bʌ́bəl] 버블

  명 거품 동 거품이 일다

  ❖ Look at the bubble.
  거품을 보세요.

531
- **literature**

  [lítərətʃər] 리터러처

  명 문학, 문헌

  ❖ She is going to study literature.
  그녀는 문학을 공부할 생각이다.

532
- **novel**

  [nάvəl] 나벌

  명 소설

  ❖ Many a person read his novel.
  수많은 사람들이 그의 소설을 읽는다.

533
- **prize**

  [praiz] 프라이즈

  명 상, 상품, 상금

  ❖ They competed for the prize.
  그들은 그 상을 타려고 경쟁을 했다.

534
- **photographer**

  [fətάgrəfər] 퍼타그러퍼

  명 사진사, 카메라맨

  ❖ She wants to be a good photographer. 그녀는 훌륭한 사진사가 되고 싶어한다.

535
reason

[ríːzən] 리-즌

명 이유(=cause), 이성, 도리, 이치

❖ She was deprived of reason.
그녀는 이성을 잃었다.

536
subway

[sʌ́bwèi] 서브웨이

명 지하도, 지하철

❖ He left his bag in the subway.
가방을 지하철에 두고 내렸습니다.

537
fog

[fɔ(ː)g] 포-그

명 안개

❖ Dense fog obscured everything.
짙은 안개가 모든 것을 가려버렸다.

538
autumn

[ɔ́ːtəm] 오-텀

명 가을(=fall), 가을철

❖ The sky is high in autumn.
가을에는 하늘이 높다.

539
dinningroom

[dáiniŋruːm] 다이닝룸-

명 식당

❖ The women are in the dining-room.
여자들이 식당에 있다.

540
heat

[hiːt] 히-트

명 열, 더위 동 가열하다

❖ It diffuses heat.
그것은 열을 발산한다.

541

plant

[plænt] 플랜트

명 식물, 공장 동 심다

❖ He planted many flower seeds in spring.
그는 봄에 꽃씨를 많이 뿌렸다.

542

lamb

[læm] 램

명 새끼 양

❖ She is as innocent as a lamb.
그녀는 양처럼 순하다.

543

rate

[reit] 레이트

명 비율, 속도

❖ The rate of economic growth has slowed.
경제 성장률이 둔화되었다.

544

turtle

[tə́ːrtl] 터―틀

명 바다거북

❖ Raising turtle is a difficult job.
거북을 기르는 것은 어려운 일이다.

545

bay

[bei] 베이

명 만, 내포

❖ Numerous islands stud the bay.
수많은 섬들이 그 만에 산재해 있다.

546
because

[bikɔ́:z] 비코-즈

접 왜냐하면 ~이므로, ~때문에

❖ He was absent because he was sick.
그는 병이 나서 결석했다.

547
center

[séntər] 센터

명 중심, 중심지

❖ London's city center is crowded with tourists. 런던의 도시 중심부는 관광객들로 북적거린다.

548
cash

[kæʃ] 캐시

명 현금 동 현금으로 하다

❖ I'm strapped for cash.
나는 돈이 다 떨어졌다.

549
wolf

[wulf] 울프

명 이리, 늑대

❖ Have you seen a wolf?
당신은 늑대를 보았는가?

550
operator

[ápərèitər] 아퍼레이터

명 교환수, 조작자

❖ All of our operators are busy.
현재 교환원들이 모두 통화중입니다.

551
owl

[aul] 아울

명 올빼미

❖ Owls sleep in the daytime.
올빼미는 낮에 잠을 잔다.

552
□ **hunter**

[hʌ́ntər] 헌터

명 사냥꾼

❖ The hunter froze to death.
그 사냥꾼은 얼어 죽었다.

553
□ **pumpkin**

[pʌ́mpkin] 펌프킨

명 호박

❖ How much does this pumpkin weigh?
이 호박의 무게는 얼마입니까?

554
handshake

[hǽndʃèik] 핸드셰이크

명 악수 동 악수하다

❖ He gave me a firm handshake.
그는 내 손을 꼭 잡고 악수를 했다.

555
bike

[baik] 바이크

명 자전거

❖ The man is on his bike.
남자가 자전거를 타고 있다.

556
□ **god**

[gɑd] 갓

명 신, 하느님

❖ God will judge all men.
하느님은 모든 사람을 심판하실 것이다.

557
□ **shell**

[ʃel] 셸

명 조가비, 껍질

❖ He's picking up a shell on the beach. 그는 바닷가에서 조개 껍질을 줍고 있다.

558
□ **business**

[bíznis] 비즈니스

명 사업, 일

❖ His business prospered.
그의 사업은 번창했다.

559
□ **restaurant**

[réstərənt] 레스터런트

명 레스토랑, 음식점

❖ Who put you onto this restaurant?
누가 당신에게 이 식당을 알려줬어요?

560
□ **sheep**

[ʃiːp] 쉬이프

명 양, 면양

❖ He stays with the sheep all day.
그는 하루종일 양들과 지냅니다.

561
□ **officer**

[ɔ́(ː)fisər] 오-피서

명 공무원, 장교

❖ The officer retired last year.
그 장교는 지난해에 은퇴했다.

562
□ **hometown**

[hóumtàun] 호움타운

명 고향, 출생지

❖ We'd been to his hometown.
우리는 그의 고향에 간 적이 있다.

563
□ **coil**

[kɔil] 코일

명 코일, 감긴 것 동 둘둘 감다

❖ He coiled a wire around a stick.
그는 막대기에 철사를 똘똘 감았다.

564
turkey
[tə́:rki] 터-키

명 칠면조

❖ Father carved the turkey.
아버지가 칠면조 고기를 얇게 써셨다.

565
towel
[táuəl] 타월

명 수건, 타월

❖ Please get me a towel.
수건 좀 가져다 줘.

566
chopstick
[tʃɑ́pstik] 찹스틱

명 젓가락

❖ He is still awkward at handling chopsticks.
그는 아직도 젓가락질이 서투르다.

567
drugstore
[drʌ́gstɔ̀:r] 드럭스토어

명 약국

❖ Is there any drugstore in this area? 이 근처에 약국이 있습니까?

568
rat
[ræt] 랫

명 쥐, 들쥐 동 쥐를 잡다

❖ The warehouse was overrun with rats.
그 창고에는 쥐가 우글거렸다.

569
butterfly
[bʌ́tərflài] 버터플라이

명 나비

❖ Butterflies play among flowers.
나비들이 꽃 사이를 날아다닌다.

570
□ **flute**

[flu:t] 플루-트

명 플룻, 피리

❖ The flute was a remembrance from his mother. 그 플루트는 그의 어머니가 준 기념품이다.

571
□ **couple**

[kʌ́pəl] 커플

명 한 쌍, 커플

❖ The couple inhabited the island. 그 부부는 그 섬에 살았다.

572
□ **beer**

[biər] 비어

명 맥주

❖ This beer tastes flat.
이 맥주는 김빠졌다.

573
□ **background**

[bǽkgràund] 백그라운드

명 배경, 바탕색

❖ The background of this country's flag is green.
이 나라 국기의 바탕색은 녹색이다.

574
□ **group**

[gru:p] 그루-프

명 그룹, 무리 동 모으다

❖ The entire group was found safe. 그룹 전원이 안전하다는 것이 확인되었다.

575
□ **village**

[vílidʒ] 빌리지

명 마을, 촌락

❖ Darkness fell upon the village.
어둠이 그 마을을 덮었다.

576
beef
[biːf] 비-프

명 쇠고기

❖ I'd like to have a beef sandwich.
쇠고기 샌드위치를 먹고 싶어요.

577
load
[loud] 로우드

명 짐, 부담 동 짐을 싣다

❖ Put down your load and rest.
짐을 내려놓고 쉬어라.

578
coin
[kɔin] 코인

명 동전, 주화 동 주조하다

❖ The mint strikes coins.
조폐국은 화폐를 주조한다.

579
bookstore
[búkstɔ̀ːr] 북스토-어

명 서점, 책방

❖ It's across the bookstore.
그것은 서점 맞은편에 있어요.

580
port
[pɔːrt] 포-트

명 항구, 항구마을

❖ The boat was scheduled to make port today.
그 배는 오늘 입항할 예정이었다.

581
quarter
[kwɔ́ːrtər] 쿼-터

명 4분의 1, 15분 동 4(등)분하다

❖ A quarter of a dollar is 25 cents.
1달러의 4분의 1은 25센트다.

582
□ sunrise
[sʌ́nràiz] 선라이즈

명 해돋이, 일출(↔sunset 일몰)

❖ The beautiful scene of the sunrise is beyond description.
해가 떠오르는 광경의 아름다움은 형언할 수 없다.

583
□ sunshine
[sʌ́nʃàin] 선샤인

명 햇빛, 양지

❖ Plants will not thrive without sunshine. 햇빛이 없으면 식물은 잘 자라지 않을 것이다.

584
□ wedding
[wédiŋ] 웨딩

명 결혼식, 혼례 형 결혼의

❖ When will the wedding be?
결혼식은 언제 거행됩니까?

585
□ crown
[kraun] 크라운

명 왕관, 왕권 동 왕위에 앉히다

❖ George VI was crowned in 193
조지 6세는 1936년에 즉위했다.

586
□ seed
[si:d] 시-드

명 씨 동 씨를 뿌리다

❖ The seed is yellow.
그 씨앗은 노랗다.

587
□ pole
[poul] 포울

명 극, 극지, 막대기, 장대

❖ The morning glory winds around a bamboo pole. 나팔꽃이 대나무 장대에 친친 감겨 있다.

588
coal
[koul] 코울
명 석탄
- This district is rich in iron and coal. 이 지방은 철과 석탄이 풍성하다.

589
comb
[koum] 코움
명 빗 동 빗질하다
- I dry my hair and comb it.
머리를 말리고 빗질한다.

590
dream
[dri:m] 드림-
명 꿈, 이상 동 꿈꾸다, 공상하다
- I dreamed of my friend last night.
어젯밤 친구의 꿈을 꾸었다.

591
drink
[driŋk] 드링크
명 음료 동 마시다
활 drink-drank-drunk
- Give me something to drink.
마실 것 좀 주세요.

592
mile
[mail] 마일
명 마일(약 1,609미터)
- It would be about a mile from here to town.
여기서 읍까지는 1마일쯤 될 겁니다.

593
flashlight
[flǽʃlàit] 플래시라이트
명 플래시, 회중 전등
- Shine your flashlight on my steps.
플래시로 발밑을 비추어 주시오.

594
vegetable
[védʒətəbəl] 베저터블

명 야채, 푸성귀

❖ She likes vegetable soup.
그녀는 야채 수프를 좋아한다.

595
mouse
[maus] 마우스

명 생쥐

❖ He has a pet mouse.
그는 애완용 생쥐를 갖고 있다.

596
wood
[wud] 우드

명 나무, 숲

❖ The wood glues well.
목재는 아교로 잘 붙는다.

597
war
[wɔːr] 워-

명 전쟁(↔peace 평화) 동 전쟁하다

❖ War brings disaster.
전쟁은 재난을 초래한다.

598
copy
[kápi] 카피

명 사본, 복사 동 복사하다, 베끼다

❖ Please make three copies of this picture.
이 사진을 세 장만 복사해 주세요.

599
tourist
[túərist] 투(어)리스트

명 여행자, 관광객

❖ The tourist has a big suitcase.
그 관광객은 큰 여행 가방을 가지고 있다.

600
□ **plate**

[pleit] 플레이트

명 접시

❖ The cat licked the plate clean.
고양이가 접시를 깨끗이 핥았다.

601
□ **stone**

[stoun] 스토운

명 돌, 석재

❖ He tripped on a stone.
그는 돌부리에 걸려 넘어졌다.

602
□ **downtown**

[dáuntáun] 다운타운

명 도심지, 상가

❖ We live two hours from the downtown. 우리는 시내에서 2시간 거리에 살고 있다.

603
□ **tooth**

[tu:θ] 투-스

명 이(빨)

❖ A tooth comes loose.
이가 흔들흔들한다.

604
□ **potato**

[pətéitou] 퍼테이토우

명 감자

❖ He stuck his fork into the potato.
그는 포크로 감자를 찔렀다.

605
□ **blanket**

[blǽŋkit] 블랭킷

명 모포, 담요

❖ Put the blanket on the baby.
이 담요를 갓난아기에게 덮어 주거라.

606
creek

[kriːk] 크릭-

명 시냇물, 샛강

❖ After we put up our tents, we went to a creek.
텐트를 치고 나서, 우리는 시내로 갔다.

607
nail

[neil] 네일

명 손톱, 발톱

❖ I'd like to get my nails done.
손톱 손질을 받고 싶어요.

608
letter

[létər] 레터

명 편지, 문자

❖ We only communicate by letter.
우리는 편지로만 연락한다.

609
store

[stɔːr] 스토-

명 가게, 상점, 저장   동 저장하다

❖ Bees store up honey for the winter. 꿀벌은 겨울에 대비해서 꿀을 저장한다.

610
supper

[sʌ́pər] 서퍼

명 저녁식사

❖ I had supper already.
나는 벌써 저녁 식사를 했어요.

611
bedside

[bédsàid] 베드사이드

명 침대 곁, 베갯머리

❖ He summoned me to his bedside.
그는 나를 침대 곁으로 불렀다.

612
deer
[diər] 디어

명 사슴

❖ The deer ran off in alarm.
사슴은 놀라서 달아났다.

613
doll
[dɑl] 달

명 인형

❖ There is a doll on the bed.
침대 위에 인형 하나가 있다.

614
pepper
[pépər] 페퍼

명 후추

❖ Pepper makes food hot.
후추는 음식에 매운 맛을 낸다.

615
tower
[táuər] 타워

명 탑, 망루

❖ The fire took the tower.
불이 탑에 옮겨 붙었다.

616
bridge
[bridʒ] 브리지

명 다리, 교량

❖ We walked across the bridge.
우리는 걸어서 다리를 건넜어요.

617
cloth
[klɔ(:)θ] 클로-스

명 천, 직물

❖ She spread the table with a cloth. 그녀는 식탁에 식탁보를 폈다.

618
post
[poust] 포우스트

명 우편, 우편물 동 우편물을 부치다

❖ I posted Father's letter on my way to school. 학교 가는 도중에 나는 아버지의 편지를 부쳤다.

619
snake
[sneik] 스네이크

명 뱀

❖ The snake is a natural enemy of the frog. 뱀은 개구리의 천적이다.

620
town
[taun] 타운

명 도시, 읍

❖ It was spent out of town. 도시 밖에서 보냈다.

621
fun
[fʌn] 펀

명 놀이, 재미

❖ We had a lot of fun at the picnic. 피크닉은 대단히 재미있었다.

622
bathroom
[bǽθrù(:)m] 배스룸-

명 욕실, 화장실

❖ The bathroom door was stuck. 욕실 문이 꽉 닫혀서 열리지 않는다.

623
tail
[teil] 테일

명 꼬리, 끝, 뒷면

❖ The cat switched its tail. 그 고양이는 꼬리를 쳤다.

624
mayor
[méiər] 메이어

명 시장(市長)

* What's the new mayor like?
  새 시장은 어떠한 사람이냐?

625
fruit
[fru:t] 프루-트

명 과일, 산물

* The sun ripens fruit.
  햇볕에 과일이 익는다.

626
British
[brítiʃ] 브리티쉬

명 영국인 형 영국의

* be under British rule
  영국의 통치하에 있다

627
French
[frentʃ] 프렌치

명 프랑스 사람, 프랑스어

* Dutch and French are spoken there. 거기에서는 네덜란드어와 프랑스어가 사용된다.

628
German
[dʒə́:rmən] 저-먼

명 독일사람, 독일어

* He was born of German parents.
  그는 독일인 부모에게 태어났다.

629
sale
[seil] 세일

명 판매, 염가 판매

* This house is for sale.
  이 집은 팔려고 내놓았다.

630
dollar
[dálər] 달러

명 달러

❖ The best dinner is 67 dollars.
최고의 저녁 식사가 67달러이다.

631
birth
[bə:rθ] 버스

명 출생, 태생

❖ He is of noble birth.
그는 귀족 태생이다.

632
pilot
[páilət] 파일럿

명 조종사, 안내인

❖ I want to become a pilot.
나는 조종사가 되고 싶다.

633
present
[prézənt] 프레전트

명 현재, 선물 형 현재의 동 선물하다, 주다

❖ He presented her a handkerchief.
그는 그녀에게 손수건을 선물했다.

634
nickname
[níknèim] 닉네임

명 별명, 애칭

❖ Her nickname was grinder.
그녀의 별명은 공부 벌레였다.

635
telephone
[téləfòun] 텔러포운

명 전화, 전화기 동 전화를 걸다

❖ I telephoned him to come at once.
나는 그에게 곧 오라고 전화했다.

636
pair
[pɛər] 페어

명 한 쌍

❖ I need a pair of new gloves.
나는 새 장갑 한 벌이 필요하다.

637
weather
[wéðər] 웨더

명 날씨, 기후

❖ The weather is promising.
날씨가 괜찮을 듯하다.

638
plane
[plein] 플레인

명 비행기(=airplane)

❖ The plane landed at Incheon Airport.
그 비행기는 인천공항에 착륙했어요.

639
livingroom
[líviŋruːm] 리빙룸-

명 거실

❖ Tom cleans the livingroom.
탐은 거실을 청소한다.

640
meat
[miːt] 미-트

명 고기, 육류

❖ This meat is tough.
이 고기는 질기다.

641
word
[wəːrd] 워-드

명 낱말, 단어

❖ When you take notes, use your words. 필기를 할 때는 자신의 단어를 사용하라.

기본단어 | **115**

642
uncle
[ʌ́ŋkəl] 엉클

명 삼촌, 아저씨(↔aunt 아줌마)

* My uncle is a farmer.
  내 삼촌은 농부입니다.

643
balloon
[bəlúːn] 벌룬-

명 기구, 풍선

* a rubber balloon 고무풍선
* She is blowing up a balloon.
  여자는 풍선을 불고 있다.

644
stamp
[stæmp] 스탬프

명 우표, 도장 동 우표를 붙이다

* I bought a stamp album.
  나는 우표 앨범을 샀다.

645
consumer
[kənsúːmər] 컨수-머

명 소비자, 수요자

* In capitalist societies the consumer is king.
  자본주의 사회에서는 소비자가 왕이다.

646
demand
[dimǽnd] 디맨드

명 요구, 수요 동 요구하다

* He satisfied her demand.
  그는 그녀의 요구를 충족시켰다.

647
tear
[tɛər] 테어

명 눈물 동 찢다, 눈물을 흘리다

* A tear stole down her cheek.
  한 줄기 눈물이 그녀의 뺨으로 흘러내렸다.

648
artist
[ɑ́ːrtist] 아-티스트

명 예술가, 화가

* He was a great artist.
그는 위대한 예술가였어요.

649
sound
[saund] 사운드

명 소리, 음 동 소리가 나다

* His voice sounds funny.
그의 목소리가 이상하게 들린다.

650
check
[tʃek] 첵

명 점검, (미) 수표 동 점검하다, 대조하다

* Check your accounts.
계산서를 점검하십시오.

651
condition
[kəndíʃən] 컨디션

명 상태(=state), 조건, 사정

* Ability and effort condition success.
능력과 노력은 성공의 조건이다.

652
gym
[dʒim] 짐

명 체육관(=gymnasium), 체육

* The students collected in the gym. 학생들이 체육관에 모였다.

653
fear
[fiər] 피어

명 무서움; 근심 동 두려워하다

* There is nothing to fear.
아무것도 무서울 것 없다.

654
need

[niːd] 니-드

명 필요 동 필요로 하다

❖ He needs your help.
그는 당신의 도움을 필요로 한다.

655
bedroom

[bédrùːm] 베드룸-

명 침실

❖ We need a new bedroom carpet.
새 침실 카펫이 필요하다.

656
conversation

[kànvərséiʃən] 칸버세이션

명 대화

❖ The conversation is lively.
대화가 활발하다.

657
classmate

[klǽsmèit] 클래스메이트

명 동급생, 학급 친구

❖ He is the pest to his classmates.
그는 급우들한테 따돌림을 받고 있다.

658
travel

[trǽvəl] 트래벌

명 여행 동 여행하다

❖ I want to travel around the world.
나는 세계를 여행하고 싶다.

659
smoke

[smouk] 스모우크

명 연기 동 연기나다, 담배피우다

❖ Smoke filled the room.
방에 연기가 자욱했다.

660
hand
[hænd] 핸드

명 손, 일손 동 건네주다, 주다 (=give)

❖ The girls danced hand in hand.
그 소녀들은 손에 손을 잡고 춤췄다.

661
fool
[fu:l] 풀-

명 바보, 어리석은 사람 동 놀리다, 속이다

❖ She is no fool.
그녀는 결코 멍텅구리가 아니다.

002
apartment
[əpáːrtmənt] 어파-트먼트

명 아파트(=flat), 공동주택

❖ He patrols our apartment every day. 그는 매일 우리 아파트를 순찰한다.

663
distance
[dístəns] 디스턴스

명 거리, 간격 형 먼, 떨어진

❖ He paced off the distance.
그는 걸음으로 거리를 쟀다.

664
opposite
[ápəzit] 아퍼짓

명 정반대, 맞은 편 형 정반대의

❖ He thought quite the opposite.
그는 정반대로 생각했다.

665
crowd
[kraud] 크라우드

명 군중 동 빽빽이 들어차다

❖ A crowd stood around them.
군중들이 그들 주변에 둘러섰다.

기본단어 | **119**

666
brown　　명 갈색　형 갈색의

[braun] 브라운

- I like the brown one better.
  나는 갈색 재킷이 더 좋아.

667
contact　　명 접촉　동 ~와 접촉하다, 연락하다

[kάntækt] 칸택트

- He made contact with them.
  그는 그들과 연락을 했다.

668
law　　명 법률, 법칙, 규칙

[lɔ:] 로-

- He designs for law.
  그는 법률을 공부할 생각이다.

669
inside　　명 안쪽(↔outside 바깥쪽)　형 내부의　부 안쪽에

[insáid] 인사이드

- What's inside the big box?
  그 큰 상자 안에 뭐가 들었니?

670
member　　명 (단체의) 일원, 회원, 사원

[mémbər] 멤버

- We now have 57 members.
  현재 회원은 57명입니다.

671
emergency　　명 비상시, 긴급 사태, 응급

[imə́:rdʒənsi] 이머-전시

- In an emergency, call the fire station.
  긴급사태엔 소방서에 전화해라.

672
friend

[frend] 프렌드

명 벗, 친구, 동반자

❖ He is really a good friend.
그는 정말로 좋은 친구이다.

673
son

[sʌn] 선

명 아들(↔daughter 딸)

❖ I have a son and two daughters.
나는 아들 한 명과 딸 두 명을 두었어요.

674
animal

[ǽnəməl] 애너멀

명 동물, 짐승

❖ Many animals live in the woods.
여러 동물들이 숲 속에 산다.

675
game

[geim] 게임

명 경기, 시합, 게임

❖ He is playing a computer game.
그는 컴퓨터 게임을 하고 있다.

676
lately

[léitli] 레이틀리

명 최근, 요즘

❖ I haven's seen him lately.
요즘 그를 만나지 못했다.

677
line

[lain] 라인

명 선, 열, 줄

❖ They stand in line.
그들은 일렬로 서 있다.

678
aunt
[ænt] 앤트

명 아주머니, 숙모

❖ Her aunt is an announcer.
그녀의 숙모는 아나운서다.

679
freedom
[fríːdəm] 프리-덤

명 자유, 해방

❖ He was deprived of his freedom.
그는 자유를 잃어버렸다.

680
lack
[læk] 랙

명 부족, 결핍 동 없다, 부족하다

❖ He lacks confidence.
그는 자신감이 부족하다.

681
poison
[pɔ́izən] 포이즌

명 독(약), 독물 형 독 있는, 해로운

❖ This poison scoured my house of rats.
이 독약으로 집안의 쥐가 싹 없어졌다.

682
responsibility
[rispɑ̀nsəbíləti] 리스판서빌러티

명 책임, 의무

❖ I take full responsibility.
모두 제 책임입니다.

683
sort
[sɔːrt] 소-트

명 종류, 성질

❖ What sorts of things do you grow?
어떤 종류의 것들을 키우나요?

684
sunset
[sʌ́nsèt] 선셋

명 해넘이, 일몰, 해질녘

❖ I couldn't forget the sunset from the beach.
해변에서 바라본 일몰을 잊을 수가 없었다.

685
victory
[víktəri] 빅터리

명 승리, 전승, 정복

❖ The victory is on our side.
승리는 우리의 것이다.

686
ox
[ɑks] 악스

명 황소

❖ He is as strong as an ox.
그는 소처럼 아주 힘이 세다.

687
rest
[rest] 레스트

동 휴식하다 명 휴식, 나머지

❖ Rest when you are tired.
피곤할 때는 쉬시오.

688
cover
[kʌ́vər] 커버

동 덮다 명 덮개, 표지

❖ Mother covered the baby with a cloth.
어머니는 아기에게 보를 덮어 주었다.

689
watch
[wɑtʃ] 와치

동 지켜보다 명 손목시계

❖ We watch TV or listen to music.
우리는 TV를 보거나 음악을 듣습니다.

690
□ **wear**

[wɛər] 웨어

(동) 입다, 착용하다 (명) 착용, 의복
(활) wear-wore-worn

❖ She wears a skirt and a blouse.
그녀는 스커트와 블라우스를 입고 있다.

691
□ **amuse**

[əmjúːz] 어뮤-즈

(동) 즐겁게 하다, 재미나게 하다

❖ The puppy amused us.
강아지는 우리를 즐겁게 해주었다.

692
□ **leap**

[liːp] 리-프

(동) 뛰어오르다, 도약하다 (명) 도약

❖ He took one leap over the creek.
그는 도랑을 한 번에 뛰어넘었다.

693
□ **engage**

[engéidʒ] 엔게이지

(동) 고용하다, 약속하다

❖ I can't engage for such a thing.
나는 그런 것을 약속할 수는 없다.

694
□ **sow**

[sou] 소우

(동) 씨를 뿌리다(=scatter)

❖ As a man sows, so he shall reap. 제가 뿌린 씨는 제가 거둔다.

695
□ **lift**

[lift] 리프트

(동) 들어올리다, 들다

❖ This baggage is light to lift.
이 손짐은 들기에 가볍다.

696
bow
[bou] 바우

(동) 절하다 (명) 절

- He bowed his thanks.
그는 감사하다고 절을 했다.

697
allow
[əláu] 얼라우

(동) 허락하다, 주다

- I allowed him to marry my daughter. 나는 그가 내 딸과 결혼할 것을 허락했다.

698
offer
[ɔ(:)fər] 오-퍼

(동) 제공하다 (명) 제공

- He offered me every convenience. 그는 나에게 온갖 편의를 제공해 주었다.

699
gain
[gein] 게인

(동) 얻다, 벌다 (명) 이익, 증진

- A penny saved is a penny gained. 한 푼을 아끼면 한 푼을 번다.

700
beg
[beg] 베그

(동) 구걸하다, 청하다(=ask)

- If I were you, I wouldn't beg for food. 내가 너라면, 음식을 구걸하진 않을 텐데.

701
flow
[flou] 플로우

(동) 흐르다 (명) 밀물(↔ebb 썰물)

- Water always flows downward.
물은 항상 낮은 곳으로 흐른다.

기본단어 | **125**

702
□ remember

[rimémbər] 리멤버

[동] 생각해내다, 기억하다(↔forget 잊다)

❖ I suddenly remembered my homework.
나는 갑자기 숙제가 생각났다.

703
□ whistle

[*h*wísəl] 휘슬

[동] 휘파람을 불다 [명] 휘파람

❖ The dog came to my whistle.
내 휘파람 소리에 개는 달려왔다.

704
□ save

[seiv] 세이브

[동] 구하다, 저축하다

❖ It'll save time.
그러면 시간이 절약될 거예요.

705
□ hang

[hæŋ] 행

[동] 걸다 [활] hang-hung-hung

❖ The pictures were hanging on the wall. 그림이 벽에 걸려 있었다.

706
□ shine

[ʃain] 샤인

[동] 빛나다, 번쩍이다 [명] 빛, 광택

❖ The sun is shining bright.
해가 밝게 빛나고 있다.

707
□ join

[dʒɔin] 조인

[동] 결합하다, 참가하다

❖ Come and join in the festivities.
축제에 참가하러 오십시오.

708
shoot
[ʃuːt] 슈-트

동 쏘다, 발사하다 명 사격

❖ The officer commanded his men to shoot. 장교는 부하들에게 발사하라고 명령했다.

709
roll
[roul] 로울

동 굴리다, 감다 명 두루마리

❖ The ball rolled into the pond.
공이 연못 속으로 굴러 떨어졌다.

710
pull
[pul] 풀

동 잡아당기다(↔push 밀다), 끌다(=draw)

❖ Tony pulls the wagon.
토니가 수레를 끈다.

711
belong
[bilɔ́(ː)ŋ] 빌롱-

동 ~에 속하다, ~의 것이다

❖ We both belong to one team.
우리 둘은 같은 팀에 소속되어 있다.

712
shake
[ʃeik] 셰이크

동 떨다, 흔들다
활 shake-shook-shaken

❖ His voice was shaking with anger. 그의 목소리는 분노로 떨리고 있었다.

713
dive
[daiv] 다이브

동 다이빙하다, 잠수하다

❖ He did not dare to dive.
그는 감히 물에 뛰어들지 못했다.

기본단어 | **127**

714
win

[win] 원

(동) 이기다 (활) win-won-won

- We won the game two to one.
  우리가 2:1로 그 경기에 이겼습니다.

715
ride

[raid] 라이드

(동) 타다 (명) 승차

- I shall ride on a train.
  나는 기차를 탈 것입니다.

716
turn

[təːrn] 턴-

(동) 돌리다, 변화하다 (명) 회전

- Turn right at the first corner.
  첫 번째 코너에서 오른쪽으로 시오.

717
return

[ritə́ːrn] 리턴-

(동) 되돌아가다, 돌려주다 (명) 귀국

- She returned his pen.
  그녀는 그의 펜을 돌려주었다.

718
surprise

[sərpráiz] 서프라이즈

(동) 놀라다 (명) 놀람, 뜻밖의 일

- Tom is going to surprise Jim.
  탐은 짐을 놀래주려 하고 있다.

719
throw

[θrou] 스로우

(동) 던지다, 내던지다 (명) 던지기
(활) throw-threw-thrown

- The girl is about to throw the ball. 소녀가 막 공을 던지려 하고 있다.

720
let
[let] 렛

(동) 시키다, 빌리다, 세놓다
(활) let-let-let

❖ He will never let you down.
그가 너를 실망시키는 일은 없을 것이다.

721
raise
[reiz] 레이즈

(동) 올리다, 일으키다

❖ He is raising his feet.
그는 양쪽 발을 들어 올리고 있다.

722
count
[kaunt] 카운트

(동) 세다, 계산하다 (명) 계산

❖ He is counting the chickens.
그는 병아리를 세고 있다.

723
spend
[spend] 스펜드

(동) 쓰다, 소비하다, (시간을) 보내다
(활) spend-spent-spent

❖ We spend too much time in computer games.
우리는 컴퓨터 게임에 너무 많은 시간을 보낸다.

724
miss
[mis] 미스

(동) 놓치다, 그리워하다

❖ I miss her so badly.
나는 그녀가 몹시 보고 싶다.

725
tie
[tai] 타이

(동) 매다, 묶이다 (명) 넥타이

❖ She tied her shoes.
그 여자는 구두끈을 맸다.

기본단어 | **129**

726
touch
[tʌtʃ] 터치

(동) 대다, 감동시키다 (명) 접촉

❖ I told you not to touch my things!
내 물건에 손대지 말라고 말했잖아!

727
stay
[stei] 스테이

(동) 머무르다, 체류하다 (명) 체류

❖ She is staying at a hotel.
그 여자는 호텔에 머물고 있다.

728
close
[klouz] 클로우즈

(동) 닫다, 끝나다 (명) 끝

❖ Does the bank close on Sunday?
은행은 일요일에 문을 닫나요?

729
reach
[riːtʃ] 리-치

(동) 도착하다(=arrive), 닿다

❖ The train reached Seoul Station at noon.
기차는 정오에 서울역에 닿았습니다.

730
worry
[wə́ːri] 워-리

(동) 걱정하다, 괴롭히다 (명) 걱정, 근심

❖ Don't worry about such a thing.
그런 일을 가지고 걱정하지 말아라.

731
marry
[mǽri] 매리

(동) 결혼하다

❖ She married an American.
그 여자는 미국 사람과 결혼하였다.

732
understand
[ʌ̀ndərstǽnd] 언더스탠드

동 이해하다, 알다

❖ Can you understand me?
내 말을 알아 듣겠습니까?

733
relax
[rilǽks] 릴랙스

동 긴장을 풀다(=rest), 늦추다

❖ You can tell everyone to relax.
모두들 긴장 풀라고 전해줘.

734
become
[bɪkʌ́m] 비컴

동 ~이[가] 되다, ~에 어울리다
활 ccome-became-become

❖ He has become a scientist.
그는 과학자가 되었다.

735
require
[rikwáiər] 리콰이어

동 구하다 명 구조

❖ What style of house do you require?
당신은 어떤 양식의 집을 구하십니까?

736
lend
[lend] 렌드

동 빌려주다(↔borrow 빌리다), 제공하다 활 lend-lent-lent

❖ Will you lend me your knife?
나에게 당신의 칼을 빌려주지 않겠습니까?

737
shut
[ʃʌt] 셧

동 감다, 닫다(=close), 접다

❖ The window shuts easily.
그 창문은 쉽게 닫힌다.

738
sleep

[sli:p] 슬리-프

동 잠자다(↔wake 깨다), 명 잠, 수면

❖ Did you sleep well last night?
어젯밤에 푹 잤습니까?

739
endure

[endjúər] 엔듀어

동 참다, 견디다 명 지구력, 인내

❖ I could hardly endure the pain.
그 통증은 정말 참기 힘들었다.

740
pass

[pæs] 패스

동 건네주다, 지나가다, 합격하다
명 통행, 통과

❖ He passed through the crowd.
그는 군중 속을 지나갔다.

741
serve

[səːrv] 서-브

동 섬기다, 시중을 들다, 차려내다

❖ The waiter is serving Mary.
그 웨이터는 메리의 음식 시중을 들고 있다.

742
disappear

[dìsəpíər] 디서피어

동 사라지다(↔appear 나타나다), 소멸되다

❖ The problem won't just disappear.
그 문제는 그냥 없어지지 않을 것이다.

743
□ **discover** [동] 발견하다, ~을 알다, 깨닫다
[diskʌ́vər] 디스**커**버
- She discovered the problem by accident.
그녀는 그 문제를 우연히 발견했다.

744
□ **impress** [동] 감명을 주다, 인상을 주다
[imprés] 임프**레**스
- His firmness impressed me.
그의 굳은 결의에 감명을 받았다.

745
□ **drive** [동] 운전하다, 몰다
[활] drive-drove-driven
[draiv] 드라이브
- The computer will drive the car.
컴퓨터는 차를 운전하게 될 것이다.

746
□ **leave** [동] 떠나다, 출발하다, 그만두다 [명] 휴가
[liːv] 리-브
- When does the bus leave?
버스가 언제 출발합니까?

747
□ **progress** [동] 진보하다, 진행하다 [명] 진보, 진행
[prάgres] 프**라**그레스
- The business is steadily progressing. 사업은 착착 진행되고 있다.

748
□ **rise** [동] 오르다, 증가하다, 일어나다,
[활] rise-rose-risen
[raiz] 라이즈
- The sun rises in the east.
해는 동쪽에서 떠오릅니다.

749
fix

[fiks] 픽스

동 고치다(=repair), 고정시키다

- He took the computer apart to fix it.
  그는 컴퓨터를 고치려고 분해했다.

750
distinguish

[distíŋgwiʃ] 디스팅귀시

동 구별하다

- Speech distinguishes man from animals. 말을 함으로써 인간은 동물과 구별된다.

751
suggest

[səgdʒést] 서(그)제스트

동 제안하다, 암시하다

- Father suggested going on a picnic. 아버지는 피크닉을 가면 어떻겠느냐고 제안하셨다.

752
pour

[pɔːr] 포-

동 따르다, 쏟다, 붓다

- The trains pour the crowds.
  열차에서 군중이 쏟아져 나온다.

753
deliver

[dilívər] 딜리버

동 전달하다, 배달하다

- Can we deliver in time?
  시간에 맞춰 배달할 수 있을까요?

754
like

[laik] 라이크

동 좋아하다 전 ~같이, ~처럼

- On Sundays I like to sleep late.
  일요일에는 나는 늦잠을 자기를 좋아한다.

755
stop
[stɑp] 스탑

동 멈추다, 그만두다 명 정지, 정류장

❖ He stopped talking.
그는 이야기를 중단했다.

756
acquire
[əkwáiər] 어콰이어

동 ~을 얻다, 배우다, 익히다

❖ He acquired a good reputation.
그는 명성을 얻었다.

757
annoy
[ənɔ́i] 어노이

동 괴롭히다, 화나게 하다

❖ Is this man annoying you?
이 사람이 너를 괴롭히니?

758
awake
[əwéik] 어웨이크

동 깨우다, 일깨우다 형 깨어 있는

❖ He is wide awake.
그는 잠이 완전히 깼다.

759
depart
[dipɑ́ːrt] 디파-트

동 출발하다(↔arrive 도착하다)

❖ When will the flight depart?
비행기는 언제 출발할 것인가?

760
scatter
[skǽtər] 스캐터

동 흩뿌리다, 흩어지게 하다

❖ Blossoms are scattered in the wind. 꽃이 바람에 흩어지다.

761
substitute

[sʌ́bstitjùːt] 섭스티튜-트

동 대체[대용]하다 명 대리인, 대용품

❖ Plastic can be used as a substitute for rubber. 플라스틱은 고무의 대용품으로 쓸 수 있다.

762
wet

[wet] 웨트

형 젖은(↔dry 마른) 동 젖다

❖ The floor is wet.
마룻바닥이 젖었어요.

763
blind

[blaind] 블라인드

형 눈이 먼 명 햇볕 가리개

❖ She's been blind since birth.
그녀는 태어날 때부터 맹인이었다.

764
terrible

[térəbəl] 테러블

형 끔찍한, 무서운

❖ It sounded terrible.
끔찍한 것 같아.

765
grand

[grænd] 그랜드

형 웅장한, 화려한

❖ They are grand and even beautiful.
그것들은 웅장하고 아름답기까지 해.

766
homesick

[hóumsìk] 호움식

형 고향을 그리워하는, 향수병의

❖ As years go by, I feel more homesick. 해를 거듭할수록 고향 생각이 간절하다.

767
bound
[baund] 바운드

(형) 묶인, 의무가 있는

❖ He was bound hand and foot.
그는 손발을 묶였다.

768
fast
[fǽst] 패스트

(형) 빠른, 민첩한 (부) 빨리, 단단히

❖ The water was rising fast.
물이 빠르게 불어나고 있었다.

769
pleasant
[plézənt] 플레즌트

(형) 즐거운, 유쾌한

❖ It was a pleasant surprise.
그것은 뜻밖의 기쁨이었다.

770
handsome
[hǽnsəm] 핸섬

(형) 잘생긴, 멋진, 미남인

❖ He was a handsome man of medium height.
그는 중키의 미남자였다.

771
equal
[íːkwəl] 이-퀄

(형) 같은, 균등한, 동등한 (동) ~와 같다

❖ We are equal before the law.
우리는 법 앞에 평등하다.

772
dear
[diər] 디어

(형) 친애하는, 비싼 (부) 비싸게

❖ Dear Jane, How are you?
친애하는 Jane에게, 잘 있었니?

773
□ **sweet**

[swiːt] 스위-트

[형] 감미로운(↔bitter 쓴) [명] 단것

❖ This rose smells sweet.
이 장미는 향기가 좋다.

774
□ **dull**

[dʌl] 덜

[형] 우둔한(↔clever 영리한), 무딘(↔sharp 날카로운)

❖ He seems dull beside his sister.
그는 누이에 비해 우둔해 보인다.

775
□ **weak**

[wiːk] 위-크

[형] 약한, 열등한

❖ He has a weak heart.
그는 심장이 약하다.

776
□ **honest**

[ánist] 아니스트

[형] 정직한(↔dishonest 부정직한), 성실한

❖ He is not honest.
그는 정직하지 않다.

777
□ **elder**

[éldər] 엘더

[형] 손위의, 연상의

❖ It was his elder brother.
그것은 그의 형이었다.

778
□ **either**

[íːðər] 이-더

[형] 어느 하나의 [대] 어느 한 쪽

❖ I don't know either of his brothers.
그의 형제 중 어느 쪽도 모른다.

779
simple

[símpəl] 심플

- 형 간단한, 단순한
- ❖ Aspirin is a simple drug.
  아스피린은 단순한 약물이다.

780
clever

[klévər] 클레버

- 형 영리한(↔stupid 어리석은), 재주 있는
- ❖ She is no less clever than her sister.
  그녀는 동생 못지않게 영리하다.

781
proud

[praud] 프라우드

- 형 자랑스러운, 오만한
- ❖ Mother is proud of me.
  어머니께서는 나를 자랑으로 여기신다.

782
foolish

[fú:liʃ] 풀-리시

- 형 어리석은(↔wise 현명한), 바보 같은
- ❖ He is so foolish as to belive that.
  그는 그것을 믿을 만큼 어리석다.

783
wide

[waid] 와이드

- 형 넓은(↔narrow 좁은) 부 널리, 넓게
- ❖ How wide is it?
  그것은 폭이 얼마나 되느냐?

기본단어 | 139

784
□ clear
[kliər] 클리어

[형] 맑은, 명백한

❖ Your ideas are not clear.
네 생각들은 분명하지 않다.

785
□ clean
[kli:n] 클린-

[형] 깨끗한 [부] 깨끗이 [동] 깨끗이 하다

❖ Clean up before Father comes back. 아버지가 돌아오시기 전에 깨끗이 청소해라.

786
□ cheap
[tʃi:p] 치-프

[형] 값싼(↔expensive 값비싼), 시시한 [부] 싸게

❖ They are as cheap as a television.
그것들은 텔레비전만큼 값이 싸다.

787
□ stormy
[stɔ́:rmi] 스토-미

[형] 폭풍의

❖ No ship can leave port in stormy weather. 폭풍우 치는 날씨에는 어떤 배도 출항할 수 없다.

788
□ true
[tru:] 트루-

[형] 정말의, 진실한

❖ That might be true.
어쩌면 그것은 정말일지도 모른다.

789
□ **sad**

[sæd] 새드

형 슬픈(↔glad 기쁜), 지독한

❖ I'm sad you're leaving.
나는 네가 떠나서 슬프다.

790
□ **merry**

[méri] 메리

형 즐거운, 유쾌한

❖ The children are having a merry time. 어린애들이 즐겁게 놀고 있다.

791
□ **colorful**

[kʌ́lərfəl] 컬러펄

형 다채로운, 화려한

❖ His love life was very colorful.
그의 연애 편력은 매우 다채로운 것이었다.

792
□ **wonderful**

[wʌ́ndərfəl] 원더펄

형 놀랄만한, 훌륭한

❖ There goes a big, wonderful car.
저기 크고, 멋진 차가 간다.

793
□ **dry**

[drai] 드라이

형 마른, 건조한 동 마르다(↔ wet 젖은)

❖ He dried his clothes by the fire.
그는 옷을 불에 말렸다.

794
□ **wrong**

[rɔːŋ] 롱-

형 나쁜, 틀린(↔right 올바른) 명 부정

❖ What's wrong with her?
그녀에게 무슨 잘못된 일이라도 있니?

기본단어 | 141

795
□ **heavy**

[hévi] 헤비

형 무거운, 대량의

❖ The axe is so heavy that I can't lift it.
그 도끼는 너무 무거워서 들 수가 없다.

796
□ **quiet**

[kwáiət] 콰이어트

형 조용한(↔noisy 시끄러운)

❖ I like these quiet dinners.
나는 이런 조용한 저녁을 좋아한다.

797
□ **quick**

[kwik] 퀵

형 빠른, 잽싼, (이해 등이) 빠른

❖ He plays in quick rhythm.
그는 빠른 리듬으로 연주한다.

798
□ **several**

[sévərəl] 세버럴

형 몇몇의, 몇 개의

❖ I have been there several times.
몇 번인가 거기에 가 본 적이 있다.

799
□ **alive**

[əláiv] 얼라이브

형 살아 있는(↔dead 죽은), 생생하여

❖ No way so long as I'm alive!
내가 살아있는 한 허락할 수 없다!

800
□ **unlike**

[ʌ̀nláik] 언라이크

형 같지 않은(↔like 닮은), 다른

❖ John was unlike his predecessor in every way.
존은 모든 면에서 그의 선임자와는 같지 않았다.

801
least
[liːst] 리-스트

형 가장 작은(↔most 가장 큰) 부 가장 적게 명 최소

❖ I am not the least afraid to die.
조금도 죽음을 두려워하지 않는다.

802
real
[ríːəl] 리-얼

형 진실의, 진짜의

❖ We had a real good time.
정말로 즐거웠다.

803
pretty
[príti] 프리티

형 예쁜, 귀여운 부 꽤, 상당히

❖ I am pretty sell.
상당히 좋은 편입니다.

804
sick
[sik] 식

형 병든(↔well 건강한), 싫증난

❖ When we are sick, we go to the hospital.
아플 때 우리는 병원에 간다.

805
careful
[kɛ́ərfəl] 케어펄

형 주의 깊은, 신중한

❖ He is careful in speech.
그는 말을 조심하고 있다.

806
early
[ə́ːrli] 얼-리

형 이른, 빠른 부 일찍이

❖ I will go to bed early tonight.
오늘 밤에는 일찍 잘래요.

807
past [pæst] 패스트
형 과거의 전 ~을 지나서 명 과거
❖ She went past by me.
그녀는 내 옆을 지나갔다.

808
short [ʃɔːrt] 쇼-트
형 짧은, 키가 작은
❖ Today was a short day.
오늘은 하루가 짧은 것 같았다.

809
less [les] 레스
형 보다 적은 부 보다 적게
❖ I have two less children than you. 나는 너보다 어린애가 둘 적다.

810
fine [fain] 파인
형 훌륭한, 미세한, 맑은 명 벌금
❖ He's a very fine writer.
그는 아주 훌륭한 작가이다.

811
neither [níːðər] 니-더
형 둘 다 아닌 부 ~도 아니고 ~도 아니다
❖ Neither snow nor rain fall.
눈도 비도 오지 않았다.

812
dishonest [disánist] 디사니스트
형 부정직한(↔ honest 정직한)
❖ His dishonest act came to light. 그의 부정행위가 탄로났다.

813
upsidedown
[ʌ́psaiddáun] 업사이다운

형 거꾸로 된

❖ Why Do Bats Hang Upside Down?
박쥐는 왜 거꾸로 매달려 있을까?

814
each
[iːtʃ] 이-치

형 각각의, 각자의 대 각자, 각각

❖ Each of us has his opinion.
우리는 제각기 자기의 의견을 갖고 있다.

815
idle
[áidl] 아이들

형 게으른(↔diligent 부지런한)
동 빈둥대다

❖ Her husband is an idle man.
그녀의 남편은 게으른 사람이다.

816
financial
[finǽnʃəl] 피낸셜

형 재정적인, 금융의

❖ I am responsible for the financial matter. 나는 재정 문제를 도맡고 있다.

817
right
[rait] 라이트

형 올바른, 오른쪽(의) (↔left 왼쪽)

❖ It's right of him to do that.
그가 그렇게 하는 것은 당연하다.

818
useful
[júːsfəl] 유-스펄

형 유용한, 쓸모있는(↔useless 쓸모없는)

❖ He's a very useful player.
그는 아직 쓸모 있는 선수이다.

819
□ **back**

[bæk] 백

형 뒤로(에) 명 등, 뒤

❖ He rolled onto his back.
그는 등 쪽으로 돌아누웠다.

820
□ **last**

[læst] 래스트

형 최후의, 지난

❖ It's the last class on Wednesday.
그것은 수요일의 마지막 수업이다.

821
□ **happy**

[hǽpi] 해피

형 행복한, 즐거운

❖ Happy New Year!
새해 복 많이 받으세요!

822
□ **most**

[moust] 모우스트

형 가장 많은, 대부분

❖ He spends most of his time traveling.
그는 대부분의 시간을 여행으로 보낸다.

823
□ **careless**

[kɛ́ərlis] 케어리스

형 부주의한, 경솔한

❖ The taxi driver was very careless.
택시 기사는 매우 부주의했다.

824
□ **handy**

[hǽndi] 핸디

형 다루기 쉬운, 편리한, 솜씨 좋은

❖ A shelf there can be handy.
그곳에 있는 선반은 이용하기 쉽다.

825
- **proper**

  [prɑ́pər] 프라퍼

  혱 적당한, 적절한, 예의바른, 고유의

  ❖ The key to a healthy diet is proper food and regular exercise. 건강한 다이어트의 열쇠는 적당한 음식과 규칙적인 운동이다.

826
- **safe**

  [seif] 세이프

  혱 안전한, 〈야구〉 세이프의 명 금고

  ❖ Is it a safe project?
  그것은 안전한 사업계획인가?

827
- **unable**

  [ʌnéibəl] 언에이블

  혱 ~할 수 없는, 무력한, 약한

  ❖ I am afraid that I am unable to attend.
  제가 참석하지 못할 것 같은데요.

828
- **unnecessary**

  [ʌnnésəsèri] 언네서세리

  혱 불필요한, 쓸데없는, 무익한

  ❖ We must reduce unnecessary expenses.
  불필요한 지출은 절감해야 한다.

829
- **suddenly**

  [sʌ́dnli] 서든리

  부 갑자기, 느닷없이

  ❖ Suddenly everything turned blue.
  갑자기 모든 것이 파랗게 변했다.

830
mostly

[móustli] 모우스틀리

㊛ 주로(=mainly), 대개, 보통

❖ The audience were mostly women. 청중은 대개 여자들이었다.

831
quite

[kwait] 코아트

㊛ 완전히, 꽤, 확실히

❖ He has quite recovered from his illness. 그는 완쾌되었다.

832
nearly

[níərli] 니어리

㊛ 거의(=almost), 간신히

❖ He was nearly driven mad. 그는 거의 미칠 지경이었습니다.

833
badly

[bǽdli] 배들리

㊛ 나쁘게, 심하게

❖ The package has been badly crushed in the post. 소포가 우체국에서 심하게 쭈그러졌다.

834
afterward

[ǽftərwərd] 애프터워드

㊛ 그 후, 나중에

❖ You'll be sorry afterwards. 후에 후회할 것이다.

835
perhaps

[pərhǽps] 퍼햅스

㊛ 아마(=probably), 어쩌면

❖ Perhaps he has lost it. 아마 그는 그것을 잃었을 것이다.

836
probably

[prábəbli] 프라버블리

㈜ 아마, 대개는

- I'll probably be a little late.
  아마 좀 늦을 것 같다.

837
anyway

[éniwèi] 에니웨이

㈜ 어쨌든, 아무튼

- Thank you anyway.
  어쨌든 고맙습니다.

838
sometime

[sʌ́mtàim] 섬타임

㈜ 때때로, 언젠가

- He sometimes gets up early.
  그도 때로는 일찍 일어난다.

839
since

[sins] 신스

㈜ 그 후, 그 이래

- I have not seen him since.
  나는 그 후 그를 만나지 못했다.

840
once

[wʌns] 원스

㈜ 한번, 한때(=formerly)

- He cleans his car once a week.
  그는 차를 1주일에 한번 세차한다.

841
twice

[twais] 트와이스

㈜ 두 번, 2회, 두 배(로)

- I have twice as much as you.
  나는 너의 2배나 갖고 있다.

842
seldom

[séldəm] 셀덤

㈜ 드물게(=rarely), 좀처럼 ~않다

❖ He seldom betrays his feelings.
그는 좀처럼 감정을 드러내지 않는다.

843
usually

[júːʒuəli] 유-주얼리

㈜ 보통, 대개

❖ What do you usually do on Sundays?
일요일에는 보통 무엇을 합니까?

844
safely

[séifli] 세이플리

㈜ 안전하게(↔dangerously 위험하게), 무사히

❖ Can you tell me how I can pass it safely? 안전하게 저 개를 지나갈 수 있는 방법을 알려 줄래?

845
somewhere

[sʌ́mhwɛ̀ər] 섬훼어

㈜ 어딘가에(서), 어디론가, 대략, 약

❖ It's somewhere here.
여기 어딘가에 있을 거예요.

846
well

[wel] 웰

㈜ 잘, 건강한, 글쎄 ㈑ 우물

❖ He speaks English well.
그는 영어를 잘한다.

847
□ backward

[bǽkwərd] 백워드

(부) 뒤쪽으로, 거꾸로 (형) 뒤편의

❖ I forgot to set my watch one hour backward.
나는 시곗바늘을 한 시간 뒤로 돌려놓는 것을 깜박 잊어버렸다.

848
□ formerly

[fɔ́:rmərli] 포-머리

(부) 이전에, 옛날에

❖ Formerly there was a temple here. 옛날에 여기 절이 있었다.

849
□ beyond

[bijánd] 비얀드

(전) ~의 저쪽에, ~이상의

❖ He lives beyond his income.
그는 수입 이상의 생활을 하고 있다.

850
□ below

[bilóu] 빌로우

(전) ~의 아래에(↔above 위에) (부) 아래에

❖ He is below standard.
그는 수준 이하이다.

851
□ among

[əmʌ́ŋ] 어멍

(전) ~의 사이에, ~ 중의 하나로

❖ The car is among the trees.
차가 나무 사이에 있다.

852
□ before

[bifɔ́ːr] 비**포**-

전 ~이전에 부 앞에 접 ~하기 전에

❖ We seldom met before 9 a.m.
  우리는 오전 9시 이전에 만난 적이 거의 없었다.

853
□ unless

[ənlés] 언레스

접 ~하지 않으면, ~이 아니면

❖ We shall go unless it rains.
  만일 비가 오지 않으면 우리는 갈 것이다.

Part II

3-step
2단계

필수단어

854
symbol
[símbəl] 심벌

명 상징, 심벌, 기호

❖ A lily is the symbol of purity.
백합은 순결의 상징이다.

855
effect
[ifékt] 이펙트

명 결과, 영향, 효과

❖ The medicine took instant effect.
그 약은 즉시 효력을 나타냈다.

856
affair
[əfέər] 어페어

명 사건, 일

❖ I washed my hands of that affair. 그 사건에서 손을 놓았다.

857
culture
[kʌ́ltʃər] 컬처

명 문화, 교양

❖ He is a man of culture.
그는 교양 있는 사람이다.

858
experience
[ikspíəriəns] 익스피(어)리언스

명 경험, 체험 동 경험하다, 체험하다

❖ All knowledge rests on experience. 모든 지식은 경험에 의존한다.

859 revolution
[rèvəlúːʃən] 레벌루–션

명 혁명, 혁명적인 사건 동 회전하다

❖ The French Revolution took place in 1789.
프랑스 혁명은 1789년에 일어났다.

860 pollution
[pəlúːʃən] 펄루–션

명 오염, 공해 동 오염시키다

❖ Pollution is our enemy.
공해는 우리의 적이다.

861 competition
[kàmpətíʃən] 캄퍼티션

명 경쟁, 시합

❖ There is a keen competition between the two.
두 사람 사이에 경쟁이 심하다.

862 honor
[ánər] 아너

명 명예, 경의 동 존경하다

❖ We regard it as an honor.
우리는 그것을 명예로 알고 있다.

863 direction
[dirékʃən] 디렉션

명 방향, 지시, 감독

❖ The dog ran in the direction of the school.
개는 학교쪽을 향하여 달렸다.

864 republic
[ripʌ́blik] 리퍼블릭

명 공화국

❖ Our country is an independent republic. 우리 나라는 독립 공화국이다.

865
method

[méθəd] 메서드

명 방법, 방식

❖ I find this method very satisfactory.
나는 이 방법이 아주 만족스럽다.

866
amount

[əmáunt] 어마운트

명 총액, 액수 동 (총계가)~이 되다

❖ The total did not amount to much.
총액은 그리 많은 액수가 아니었다.

867
voyage

[vɔ́iidʒ] 보이이지

명 항해 동 항해하다

❖ Life is often compared to a voyage. 인생은 흔히 항해에 비유된다.

868
instrument

[ínstrəmənt] 인스트러먼트

명 기계, 기구, 도구

❖ The instrument has different uses.
그 기구에는 여러 가지 용도가 있다.

869
figure

[fíɡjər] 피겨

명 숫자, 계산, 모습, 인물

❖ He is poor at figures.
그는 숫자에 약하다.

870
activity

[æktívəti] 액티버티

명 활동, 활약

❖ What kind of club activity do you like?
어떤 클럽 활동을 좋아하세요?

871
□ **cause**

[kɔːz] 코-즈

명 원인(↔effect 결과) 동 야기하다

❖ What is the cause of the problem? 문제의 원인은 무엇인가?

872
□ **adventure**

[ædvéntʃər] 애드벤처

명 모험, 모험심 동 위험을 무릅쓰다

❖ He is full of adventure.
그는 모험을 좋아한다.

873
□ **relative**

[rélətiv] 렐러티브

명 친척 형 관계있는

❖ One of my relatives lives in New York.
나의 친척 중 하나는 뉴욕에서 산다.

874
□ **habit**

[hǽbit] 해빗

명 습관, 버릇, 기질

❖ You should develop a reading habit. 너는 독서 습관을 익혀야 한다.

875
□ **wealth**

[welθ] 웰스

명 부, 재산

❖ Health is above wealth.
건강이 부보다 중요하다.

876
□ **universe**

[júːnəvəːrs] 유-너버-스

명 우주, 전세계

❖ What does the universe look like? 우주는 어떻게 생겼는가?

필수단어 | 157

877
□ **adult**

[əd́ʌlt] 어덜트

명 어른, 성인 형 어른의(=grown-up)

❖ Her habits continued into adult life. 그녀의 버릇은 어른이 되어서도 고쳐지지 않았다.

878
□ **monument**

[mánjəmənt] 마뉴먼트

명 기념비, 기념물

❖ This monument was built for the founder. 이 기념비는 창립자를 기념해서 세워졌다.

879
□ **mystery**

[místəri] 미스터리

명 신비, 불가사의, 추리소설

❖ She is a well-known writer of mystery books.
그녀는 이름난 추리소설 작가이다.

880
□ **thermometer**

[θərmámitər] 서м미터

명 온도계

❖ The thermometer reads 70 degrees.
온도계는 70도를 나타내고 있다.

881
□ **burden**

[bə́:rdn] 버-든

명 짐, 부담 동 ~에게 짐을 지우다

❖ It will only increase your burden.
그것은 너의 짐을 무겁게 할 따름이다.

882
appointment

[əpɔ́intmənt] 어포인트먼트

명 약속, 임명

* What time is your appointment? 약속이 몇 시예요?

883
clue

[klu:] 클루-

명 실마리, 단서

* The mystery has no clue to it.
그 불가사의는 풀 실마리가 없다.

884
control

[kəntróul] 컨트로울

명 통제, 지배, 관리 동 통제하다

* Don't try to control me.
나를 통제하려고 하지 마세요.

885
design

[dizáin] 디자인

명 설계, 도안 동 디자인하다

* This was the basis of the final design. 이것이 최종 설계의 기초였다.

886
custom

[kʌ́stəm] 커스텀

명 습관, 풍습 형 주문한, 세관의

* The custom has come down to us. 그 풍습은 오늘날까지 전해 내려오고 있다.

887
limit

[límit] 리밋

명 제한, 한계 동 제한하다

* Our abilities are limited.
우리의 능력에는 한계가 있다.

필수단어 | **159**

888
opinion

[əpínjən] 어**피**니언

명 의견, 여론

❖ Do you have any other opinions?
다른 의견 있니?

889
surface

[sə́ːrfis] 서-피스

명 표면, 외면, 외관

❖ Apply paint to the surface.
표면에 페인트를 칠하시오.

890
electricity

[ilèktrísəti] 일렉트리서티

명 전기

❖ This radio is run by electricity.
이 라디오는 전기로 작동된다.

891
purpose

[pə́ːrpəs] 퍼-퍼스

명 목적(=aim), 목표, 용도

❖ What is the purpose of this memo?
이 메모를 쓴 목적은 무엇인가?

892
project

[prədʒékt] 프러젝트

명 계획 동 계획하다

❖ Is it a safe project?
그것은 안전한 사업계획인가?

893
exercise

[éksərsàiz] 엑서사이즈

명 운동, 연습 동 연습하다

❖ She is doing her exercises.
여자는 운동을 하고 있다.

894
comparison
[kəmpǽrisən] 컴패리슨

명 비교, 대조

* There is no comparison between this and that.
  이것과 그것과는 비교가 안 된다.

895
interest
[íntərist] 인터리스트

명 이익, 흥미 동 흥미를 일으키다

* The book interested me very much. 그 책은 매우 재미있었다.

896
democracy
[dimάkrəsi] 디마크러시

명 민주주의, 민수정치

* This result is a victory for democracy.
  이 결과는 민주주의의 승리이다.

897
edge
[edʒ] 에지

명 날, 가장자리

* I hit the table edge on.
  테이블 가장자리에 부딪쳤다.

898
advice
[ædváis] 애드바이스

명 충고, 조언

* I esteem your advice highly.
  나는 귀하의 충고를 매우 존중합니다.

899
practice
[prǽktis] 프랙티스

명 연습, 실행(↔theory 이론)

* I practice at the piano every day. 나는 매일 피아노를 연습하고 있습니다.

900 horizon
[həráizən] 허라이즌

명 수평선, 지평선 형 수평의, 가로의

❖ The people are looking out at the horizon.
사람들이 수평선을 바라보고 있다.

901 proverb
[právə:rb] 프라버-브

명 속담, 격언

❖ Proverbs give us a lesson.
속담은 우리에게 교훈을 준다.

902 degree
[digríː] 디그리-

명 정도, 등급

❖ There are degrees of truth.
진실에는 정도가 있다.

903 merchant
[mə́ːrtʃənt] 머-천트

명 상인 형 상인의

❖ The merchant has a large staff of clerk.
그 상인은 많은 점원을 거느리고 있다.

904 judge
[dʒʌdʒ] 저지

명 재판관 동 재판하다, 판단하다

❖ You must judge for yourself.
자기 자신이 판단해야 한다.

905 fare
[fɛər] 페어

명 요금, 운임

❖ The bus fare is expensive.
버스 요금이 비싸다.

906
gesture

[dʒéstʃər] 제스처

명 몸짓, 손짓, 동작 동 몸짓(손짓)으로 말하다

- She made an angry gesture with her fist. 그녀는 주먹을 불끈 쥐며 화난 동작을 취했다.

907
type

[taip] 타이프

명 형, 활자 동 타이프하다

- What size is this type?
  이것은 몇 호 활자입니까?

908
attention

[əténʃən] 어텐션

명 주의, 배려, 돌봄

- He was all attention.
  그는 모든 주의를 기울였다.

909
kindergarten

[kíndərgà:rtn] 킨더가-튼

명 유치원

- My brother goes to kindergarten.
  내 남동생은 유치원에 다닌다.

910
license

[láisəns] 라이슨스

명 면허(증), 허가, 인가

- What is offered with all two-year licenses?
  모든 2년짜리 면허에 제공되는 것은?

911
palace

[pǽlis] 팰러스

명 궁전, 대저택

- The king had a magnificent palace.
  그 왕은 장엄한 궁전을 갖고 있었다.

912
square

[skwɛər] 스퀘어

명 사각형, 광장 형 사각형의

❖ The UFO was square.
그 미확인 비행 물체는 사각형이었다.

913
harvest

[háːrvist] 하-비스트

명 수확물 동 거두어들이다

❖ He predicted a good harvest.
그는 풍작을 예언했다.

914
care

[kɛər] 케어

명 걱정, 조심(↔careless) 동 걱정하다

❖ Please take care of yourself.
부디 몸조심하세요.

915
beauty

[bjúːti] 뷰-티

명 아름다움, 미인

❖ Beauty is truth, truth beauty.
아름다움은 참이고 참은 아름다움이다.

916
passenger

[pǽsəndʒər] 패선저

명 승객, 여객

❖ The passengers are boarding the bus. 승객들이 버스에 타고 있다.

917
journey

[dʒə́ːrni] 저-니

명 여행(=travel), 여정

❖ He is away on a journey.
그는 여행을 떠나고 부재중이다.

918
□ **ceremony**

[sérəmòuni] 세러**모**우니

명 식, 의식, 의례

❖ The ceremony will be hold in March.
의식은 3월에 진행될 것이다.

919
□ **address**

[ədrés] 어드**레**스

명 주소, 연설 동 연설하다

❖ State your name and address.
너의 이름과 주소를 말하여라.

920
□ **mankind**

[mænkáind] 맨**카**인드

명 인간, 인류

❖ Malaria has plagued mankind for centuries.
말라리아는 수세기 동안 인류를 괴롭혀 왔습니다.

921
□ **account**

[əkáunt] 어**카**운트

명 설명, 계좌, 중요성 가치
동 ~을 설명하다, ~의 원인이다

❖ She gave an account of the accident.
그녀는 그 사건을 설명했다.

922
□ **cave**

[keiv] **케**이브

명 동굴 동 굴을 파다

❖ There is a treasure in the cave.
동굴 안에는 보물이 있다.

필수단어 | **165**

923
□ **trick**

[trik] 트릭

(명) 책략, 재주, 계략

❖ That's a dirty trick.
그것은 비열한 수법이다.

924
□ **flight**

[flait] 플라이트

(명) 날기, 비행

❖ She is a flight attendant.
그녀는 비행기 승무원이다.

925
□ **envelope**

[énvəlòup] 엔벌로우프

(명) 봉투, 씌우개

❖ Mary opened the envelope.
Mary는 봉투를 열었다.

926
□ **event**

[ivént] 이벤트

(명) 사건, 종목, 행사, 경기

❖ That is a remarkable event.
그것은 주목할 만한 사건이다.

927
□ **area**

[ɛ́əriə] 에(어)리어

(명) 면적, 지역

❖ We live in the same area.
우리는 같은 동네에 산다.

928
□ **chance**

[tʃæns] 챈스

(명) 기회, 우연, 가능성 (동) 우연히 ~하다

❖ We will give you one more chance.
한 번 더 기회를 주겠어.

929
climate
[kláimit] 클라이미트

® 기후(=weather), 풍토

❖ It is an unhealthy climate.
그것은 건강에 해로운 기후다.

930
valley
[væli] 밸리

® 골짜기, 계곡

❖ The mountain valley is very deep. 그 산골짜기는 아주 깊다.

931
nation
[néiʃən] 네이션

® 국민, 국가

❖ Each individual nation has its capital. 각 국가에는 수도가 있다.

932
riddle
[rídl] 리들

® 수수께끼, 알아맞히기

❖ You talk in riddles.
자네 이야기는 꼭 수수께끼 같네.

933
battle
[bǽtl] 배틀

® 전투(=fight), 싸움(=war)

❖ The battle had begun.
싸움은 시작되었습니다.

934
laundry
[lɑ́ːndri] 란-드리

® 세탁소, 세탁물

❖ She wrung the laundry dry.
그녀는 세탁물을 물기가 없어지도록 짰다.

935
□ **folk**

[fouk] 포우크

명 사람들, 가족 형 민간의

❖ Some folks are dancing outdoors. 몇몇 사람들이 야외에서 춤을 추고 있다.

936
□ **angle**

[ǽŋgl] 앵글

명 각도, 관점

❖ Let's view the matter from another angle. 다른 각도에서 그 문제를 생각해 봅시다.

937
□ **flood**

[flʌd] 플러드

명 홍수 동 침수시키다

❖ The flood submerged the village. 홍수로 마을이 수몰되었다.

938
□ **heaven**

[hévən] 헤번

명 하늘, 천국(↔hell 지옥)

❖ The church is not a gateway to heaven. 교회는 천당으로 들어가는 문이 아니다.

939
□ **beast**

[biːst] 비-스트

명 짐승(=animal), 야수

❖ He is worse than a beast. 그는 짐승만도 못하다.

940
□ **graduate**

[grǽdʒuèit] 그래주에이트

명 졸업생 동 졸업하다

❖ I'll graduate this spring. 난 올 봄에 졸업할 거야.

941
hall
[hɔːl] 홀-

명 집회장, 회관, 현관

❖ There were over one hundred people in the hall. 회장에는 100명 이상의 사람들이 있었다.

942
sorrow
[sárou] 사로우

명 슬픔, 비애, 불행 형 슬픈

❖ Our life is filled with joys and sorrows. 우리의 생활은 기쁨과 비애로 채워진다.

943
foreigner
[fɔ́(ː)rinər] 포-리너

명 외국사람, 외국인

❖ On my way to school, I met a foreigner. 학교로 가는 길에 나는 한 외국인을 만났다.

944
million
[míljən] 밀리언

명 백만, 다수 형 백만의, 무수한

❖ His book sold a million copies. 그의 책은 백만 부 팔렸다.

945
fact
[fækt] 팩트

명 사실, 진상

❖ This fact merits attention. 이 사실은 주목을 받을 만하다.

946
shape
[ʃeip] 셰이프

명 모양, 형상 동 모양짓다

❖ He shaped clay into a ball. 그는 진흙으로 공을 만들었습니다.

필수단어 | **169**

947
client
[kláiənt] 클라이언트

(명) 고객, 의뢰인

❖ Greeting clients well is very important. 고객에게 인사를 잘 하는 것은 매우 중요하다.

948
circle
[sə́ːrkl] 서-클

(명) 원, 집단, 동아리 (동) 선회하다

❖ She is drawing a circle.
그녀는 원을 그리고 있다.

949
heart
[hɑːrt] 하-트

(명) 심장, 마음

❖ He has a weak heart.
그는 심장이 약하다.

950
fever
[fíːvər] 피-버

(명) 열, 발열

❖ The fever has left him.
그는 열이 가라앉았다.

951
loaf
[louf] 로우프

(명) 빵 한 덩어리

❖ She toasted a loaf of bread.
그녀는 빵 한 덩이리를 구웠다.

952
list
[list] 리스트

(명) 목록, 명부

❖ The list included her name.
그 명단에는 그녀의 이름도 들어 있었다.

953
capital
[kǽpitl] 캐피틀

- 명 수도, 자본 형 주요한
- ❖ It's about the capital of China.
  중국의 수도에 관한 거야.

954
diary
[dáiəri] 다이(어)리

- 명 일기, 일기장
- ❖ He keeps a diary every day.
  그는 매일 일기를 적고 있다.

955
dawn
[dɔːn] 돈-

- 명 새벽 동 날이 새다
- ❖ Morning dawns.
  새벽이다.

956
truth
[truːθ] 트루-스

- 명 진실, 진리, 증명된 사실
- ❖ I doubt the truth of it.
  그 진위를 의심한다.

957
stomach
[stʌ́mək] 스터먹

- 명 위, 복부, 배
- ❖ My stomach pains me.
  나는 배가 아프다.

958
mercy
[mə́ːrsi] 머-시

- 명 자비, 연민, 행운 형 자비로운
- ❖ He made a plea for mercy.
  그는 자비를 애원했다.

959
neighbor
[néibər] 네이버

명 이웃 사람, 이웃 나라 동 이웃하다

❖ A neighbor rescued her from the blaze. 한 이웃 사람이 불길로부터 그녀를 구했다.

960
servant
[sə́:rvənt] 서-번트

명 하인, 고용인 동 모시다

❖ His new servant is a perfect treasure. 새로 온 그의 하인은 정말 보배이다.

961
tomb
[tu:m] 툼-

명 묘, 무덤

❖ The tomb is very dark.
무덤이 아주 어둡다.

962
taste
[teist] 테이스트

명 맛, 취미 동 맛보다

❖ We taste with our tongues.
우리는 혀로 맛을 안다.

963
brain
[brein] 브레인

명 뇌, 머리

❖ Feelings are controlled by the left side of the brain.
감각은 왼쪽 뇌에 의해 통제된다.

964
courage
[kə́:ridʒ] 커-리지

명 용기, 담력, 배짱

❖ He is wanting in courage.
그는 용기가 없다.

965
thumb

[θʌm] 섬

명 엄지손가락

❖ He jigged his thumb up and down.
그는 엄지손가락을 위아래로 흔들었다.

966
sight

[sait] 사이트

명 광경, 경치, 시력

❖ The ship came into sight.
배가 시야에 들어왔다.

967
average

[ǽvəridʒ] 애버리지

명 평균, 평균값 형 평균의

❖ He averages eight hours work a day. 그는 하루 평균 8시간씩 일한다.

968
library

[láibrèri] 라이브레리

명 도서관, 서재

❖ Please tell me the way to the library.
도서관으로 가는 길을 알려 주세요.

969
factory

[fǽktəri] 팩터리

명 공장, 제조소

❖ This factory produces steel.
이 공장은 강철을 생산한다.

970
increase

[inkríːs] 인크리-스

동 증가하다(↔decrease) 명 증가

❖ Her family increased.
그녀의 가족이 늘었다.

필수단어 | **173**

971
catch

[kætʃ] 캐치

동 붙잡다, 잡다, 맞게 대다, 걸리다
활 catch-caught-caught

❖ Be careful not to catch a cold.
감기에 걸리지 않도록 조심해라.

972
supply

[səplái] 서플라이

동 공급하다, 배달하다 명 공급품

❖ Cows supply us milk.
암소는 우리에게 우유를 공급한다.

973
order

[ɔ́ːrdər] 오-더

동 명령하다, 주문하다 명 명령, 주문

❖ I ordered ice cream.
나는 아이스크림을 주문하였다.

974
hope

[houp] 호우프

동 바라다, 희망하다 명 희망, 기대

❖ I hope to see you again.
또 만나 뵙기를 바랍니다.

975
attack

[ətǽk] 어택

동 공격하다, 침범하다 명 공격, 발병

❖ Japan attacked Korea in the past. 일본은 과거에는 한국을 공격했다.

976
exchange

[ikstʃéindʒ] 익스체인지

동 교환하다, 바꾸다 명 교환

❖ I'd like to exchange this one for another.
다른 것으로 교환하고 싶습니다.

977
□ delight
[diláit] 딜라이트

[동] 기쁘게 하다 [명] 기쁨

❖ They were delighted at the news.
그 소식을 듣고 그들은 기뻐하였다.

978
□ slip
[slip] 슬립

[동] 미끄러지다 [명] 미끄러짐

❖ Watch your step so as not to slip. 미끄러지지 않도록 조심해라.

979
□ finish
[fíniʃ] 피니시

[동] 끝내다, 완성하다 [형] 우수한

❖ Have you finished with this book? 이 책은 다 읽었습니까?

980
□ claim
[kleim] 클레임

[동] 주장하다, 요구하다 [명] 요구, 주장

❖ I have no claim on you.
나는 너에게 요구할 권리는 없다.

981
□ import
[impɔ́ːrt] 임포–트

[동] 수입하다 [명] 수입(↔export 수출)

❖ Who imported this machine part?
이 기계 부품 어디서 수입했습니까?

982
□ wound
[wuːnd] 운–드

[동] 상처를 입히다 [명] 상처, 부상

❖ The wound is festering.
상처가 짓무른다.

983
decorate

[dékərèit] 데커레이트

동 장식하다, 꾸미다

❖ She decorated the room with flowers.
그녀는 방을 꽃으로 장식했다.

984
create

[kriːéit] 크리-에이트

동 창조하다, 창작하다

❖ Hanguel was created by King Sejong.
한글은 세종대왕에 의해 만들어졌다.

985
explore

[iksplɔ́ːr] 익스플로-어

동 탐험하다, 답사하다

❖ They explored the new continent.
그들은 신대륙을 탐험했다.

986
disappoint

[dìsəpɔ́int] 디서포인트

동 실망시키다, 낙담시키다

❖ I'll try not to disappoint you.
실망시켜드리지 않도록 노력하겠습니다.

987
celebrate

[séləbrèit] 셀러브레이트

동 축하하다, 기리다, 경축하다

❖ Tom was too sick to celebrate his birthday.
탐은 병이 나서 자기 생일을 축하할 수 없었다.

988
protect
[prətékt] 프러텍트

(동) 보호하다(=guard), 수호하다 (명) 보호

❖ We should protect wild animals.
우리는 야생 동물을 보호해야만 한다.

989
introduce
[ìntrədjúːs] 인트러듀-스

(동) 소개하다, 도입하다

❖ Let me introduce myself.
저를 소개하겠어요.

990
produce
[prədjúːs] 프러듀-스

(동) 생산하다, 산출하다 (명) 생산물

❖ This factory produces steel.
이 공장은 강철을 생산한다.

991
stare
[stɛər] 스테어

(동) 응시하다(=gaze), 빤히 보다

❖ She stared at me in astonishment.
그녀는 놀라워하면서 나를 응시했다.

992
scream
[skriːm] 스크림-

(동) 소리치다 (명) 비명

❖ She screamed for help.
그녀는 도와달라고 비명을 질렀다.

993
rid
[rid] 리드

(동) 제거하다, 해방하다

❖ This toilet cleaner gets rid of germs.
이 변기 청소제는 병원균을 제거한다.

994
□ surround
[səráund] 서라운드

[동] 에워싸다, 둘러싸다

❖ Jeju-do is surrounded by the sea. 제주도는 바다에 둘러싸여 있다.

995
□ except
[iksépt] 익셉트

[동] 제외하다(↔include 포함하다)
[전] ~을 제외하고는

❖ He went nowhere except to school. 그는 학교 외에는 아무 데도 가지 않았다.

996
□ invent
[invént] 인벤트

[동] 발명하다, 고안하다 [명] 발명

❖ Watt invented the steam engine. 와트는 증기기관을 발명했다.

997
□ bless
[bles] 블레스

[동] 축복하다

❖ God bless you!
신의 가호가 있기를!

998
□ replace
[ripléis] 리플레이스

[동] 제자리에 놓다, 바꾸다(=substitute)

❖ A replaces B as pitcher.
A가 B를 대신하여 투수가 된다.

999
□ collect
[kəlékt] 컬렉트

[동] 모으다, 수집하다

❖ He goes collecting insects every Sunday.
그는 일요일마다 곤충을 채집하러 간다.

1000
□ **upset**

[ʌpsét] 업셋

동 뒤엎다, 당황하게 한다

❖ She was upset by his uncivil remarks. 그녀는 그의 무례한 말들에 당황해했다.

1001
□ **arrest**

[ərést] 어레스트

동 체포하다 명 체포

❖ There is no alternative but to arrest you.
너를 체포하는 수밖에 없다.

1002
□ **prove**

[pru:v] 프루-브

동 증명하다, 판명되다 명 증명, 증거

❖ Can you prove it?
그것을 증명할 수 있느냐?

1003
□ **behave**

[bihéiv] 비헤이브

동 행동하다(=act)

❖ He behaves just like a puppet.
그는 꼭두각시처럼 행동한다.

1004
□ **wrap**

[ræp] 랩

동 싸다, 포장하다

❖ Shall I wrap the gift?
선물을 포장할까요?

1005
□ **locate**

[loukéit] 로우케이트

동 위치하다

❖ Scotland is located in the north of England. 스코틀랜드는 영국 북쪽에 위치해 있다.

필수단어 | **179**

1006
□ **review**
[rivjú:] 리뷰-

동 복습하다 명 비평

* What is the title of the book reviewed? 비평을 받고 있는 책의 제목은 무엇인가?

1007
□ **complain**
[kəmpléin] 컴플레인

동 불평하다, 투덜거리다

* You're always complaining. 너는 항상 불평을 한다.

1008
□ **remain**
[riméin] 리메인

동 남다, 머무르다 명 유적

* Nothings remains to me. 나에게는 아무것도 남아 있지 않다.

1009
□ **bend**
[bend] 벤드

동 (의지를) 굽히다, 구부러지다

* She bent over the child. 그 여자는 아이 쪽으로 몸을 구부렸다.

1010
□ **roar**
[rɔ:r] 로-

동 으르렁거리다, 울부짖다

* The tiger was roaring. 호랑이가 포효하고 있었다.

1011
□ **float**
[flout] 플로우트

동 뜨다, 떠오르다(↔sink)

* The houses float on the sea. 그 집들은 바다 위에 떠 있다.

1012
□ treat

[동] 취급하다, 다루다

[triːt] 트리-트

❖ Don't treat others wildly.
다른 사람들을 난폭하게 다루지 말아라.

1013
□ accept

[동] 받다(=receive), 받아들이다(↔refuse 거절하다)

[æksépt] 액셉트

❖ Did you accept his offer?
당신은 그의 제안을 받아들였는가?

1014
□ depend

[동] (on) ~에 의존하다, ~에 달려 있다

[dipénd] 디펜드

❖ The children depend on her.
아이들은 그녀를 의지하고 있다.

1015
□ nod

[동] 끄덕이다, 꾸벅꾸벅 졸다 [명] 묵례

[nɑd] 나드

❖ Jane nodded her head in agreement. Jane는 승낙으로 그녀의 머리를 끄덕였다.

1016
□ beat

[동] 치다, 때리다, 이기다
[활] beat-beat-beaten

[biːt] 비-트

❖ He beat the glass and broke to pieces.
그는 유리를 쳐서 산산이 깼다.

1017
clap　[klæp] 클랩
동 (손뼉을) 치다　명 박수
- The excited crowd clapped loudly.
  흥분한 관중은 크게 박수를 쳤다.

1018
feed　[fi:d] 피-드
동 먹을 것을 주다, 기르다
- The man is feeding the birds.
  남자가 새들에게 모이를 주고 있다.

1019
drown　[draun] 드라운
동 빠뜨리다, 익사시키다
- He was almost drowned.
  그는 익사할 뻔했다.

1020
remind　[rimáind] 리마인드
동 생각나게 하다(↔forget 잊다), 상기시키다
- The picture reminds me of my hometown.
  그림은 나의 고향을 생각나게 한다.

1021
repeat　[ripí:t] 리피-트
동 되풀이하다, 반복하다　명 반복
- Repeat this sentence after me.
  나를 따라 이 문장을 반복하시오.

1022
attend　[əténd] 어텐드
동 ~에 참석하다, 시중들다
- How many people will attend?
  몇 사람이 참석할 것인가?

1023
sigh
[sai] 사이

ⓢ 한숨쉬다, 탄식하다 ⓝ 한숨

❖ He sighed out your name.
그는 탄식하며 네 이름을 불렀다.

1024
press
[pres] 프레스

ⓢ 누르다, 압박하다

❖ What happens if I press this button?
이 버튼을 누르면 어떻게 되나요?

1025
mention
[ménʃən] 멘션

ⓢ 말하다 ⓝ 언급

❖ Did he mention me?
그가 내 말을 하던?

1026
waste
[weist] 웨이스트

ⓢ 낭비하다 ⓝ 낭비, 쓰레기

❖ Don't waste your time on the game.
게임으로 시간을 낭비하지 마라.

1027
invade
[invéid] 인베이드

ⓢ 침략하다, 침해하다

❖ Napoleon invaded Egypt in.
나폴레옹은 이집트를 침략하였다.

1028
strike
[straik] 스트라이크

ⓢ 치다, 때리다 ⓝ 타격

ⓗ strike-struck-struck

❖ Lightning[A thunderbolt] strikes a tree. 벼락이 나무를 친다.

1029
□ cross

[krɔːs] 크로-스

[동] 가로지르다, 교차하다 [명] 십자가

❖ The two lines cross at right angles. 두 선은 직각으로 교차한다.

1030
□ chew

[tʃuː] 추-

[동] 씹다, 깊이 생각하다

❖ Don't chew gum while talking to someone.
누군가와 말할 때에는 껌을 씹지 말라.

1031
□ prefer

[prifə́ːr] 프리퍼-

[동] 오히려 ~을 좋아하다 [명] 선호

❖ I prefer dogs rather than cats.
난 고양이보다는 개를 더 좋아한다.

1032
□ praise

[preiz] 프레이즈

[동] 칭찬하다, 찬미하다 [명] 칭찬, 찬양

❖ His conduct deserves praise.
그의 행동은 칭찬 받을 만하다.

1033
□ admire

[ædmáiər] 애드마이어

[동] 감탄하다, 칭찬하다, 찬양하다

❖ I admire at your performance.
네 연기에 감탄한다.

1034
□ realize

[ríːəlàiz] 리-얼라이즈

[동] 실현하다, 실감하다, 깨닫다

❖ His dream of going abroad was finally realized. 외국에 가는 그의 꿈은 마침내 실현되었다.

1035
□ achieve [동] 달성하다, 성취하다

[ətʃíːv] 어치-브

✣ Do your best to achieve your purpose. 당신의 목적을 달성하기 위하여 최선을 다하십시오.

1036
□ succeed [동] 성공하다, 계속되다, 뒤를 잇다

[səksíːd] 석시-드

✣ He is sure to succeed. 그가 성공할 것은 확실하다.

1037
□ swing [동] 흔들리다, 매달리다 [명] 그네

[swiŋ] 스윙

✣ The door swung in the wind. 문이 바람에 흔들렸다.

1038
□ wish [동] 바라다, 빌다 [명] 소원, 바람

[wiʃ] 위시

✣ I wish to go abroad. 나는 외국에 가보고 싶다.

1039
□ concentrate [동] 집중하다, 전념하다

[kάnsəntrèit] 칸선트레이트

✣ She couldn't concentrate on her work. 그녀는 자신의 일에 집중할 수 없었다.

1040
□ consider [동] 생각하다, ~을 참작하다

[kənsídər] 컨시더

✣ I considered what to buy there. 나는 그 곳에서 무엇을 사야 할지 생각하였다.

1041
□ support [동] 지탱하다, 부양하다 [명] 후원, 부양

[səpɔ́ːrt] 서포-트

❖ He had no friends to support him. 그에게는 자기를 지지해 줄 친구들이 없었다.

1042
□ develop [동] 발전시키다, 발육하다, 개발하다

[divéləp] 디벨럽

❖ You can develop an image that you like. 네가 좋아하는 이미지를 개발할 수 있다.

1043
□ guide [동] 안내하다 [명] 안내자

[gaid] 가이드

❖ The book is a comprehensive guide to Korea. 그 책은 한국에 대한 포괄적인 안내서이다.

1044
□ knock [동] 두드리다, 부딪치다 [명] 노크

[nɑk] 나크

❖ She knocked the door again. 그녀는 다시 문을 노크했다.

1045
□ begin [동] 시작되다, 시작하다

[활] begin-began-begun

[bigín] 비긴

❖ When does the concert begin? 언제 연주회가 시작됩니까?

2단계

1046

answer
[ǽnsər] 앤서

- 동 대답하다(↔ask 묻다), 답장하다
- 명 대답(=reply)
- ❖ She answered my questions.
  그 여자는 내 질문에 답하였다.

1047

forget
[fərgét] 퍼겟

- 동 잊다, 망각하다
- 활 forget-forgot-forgotten
- ❖ I couldn't forget the sunset from the beach.
  해변에서 바라본 일몰을 잊을 수가 없었다.

1048

hunt
[hʌnt] 헌트

- 동 사냥하다, 추적하다, 수렵하다
- ❖ He likes to hunt rabbits.
  그는 토끼 사냥을 좋아한다.

1049

fly
[flai] 플라이

- 동 날다, 띄우다 명 파리
- 활 fly-flew-flown
- ❖ How many legs does a fly have? 파리는 다리가 몇 개입니까?

1050

download
[dáunlòud] 다운로드

- 동 내려받다
- ❖ We can download songs on the Internet. 우리는 인터넷에서 노래를 내려받을 수 있다.

필수단어 | **187**

1051
□ **cute**

[kju:t] 큐-트

형 귀여운, 영리한, 멋진

❖ A cute girl is running in the field.
귀여운 소녀가 들판에서 달리고 있다.

1052
□ **academic**

[ækədémik] 애커데믹

형 학술적인, 이론적인

❖ James is working on the academic project.
제임스는 학문적인 프로젝트에 종사하고 있다.

1053
□ **dangerous**

[déindʒərəs] 데인저러스

형 위험한(↔safe 안전한)

❖ It is dangerous to swim in this river.
이 강에서 헤엄치는 것은 위험하다.

1054
□ **excellent**

[éksələnt] 엑설런트

형 우수한, 뛰어난

❖ You are an excellent student.
당신은 훌륭한 학생이다.

1055
□ **favorite**

[féivərit] 페이버리트

형 아주 좋아하는 명 마음에 드는 것

❖ My favorite sport is football.
내가 가장 좋아하는 운동은 축구이다.

1056

entire

[entáiər] 엔타이어

⑱ 전체의(=whole), 완전한

❖ The hospital serves the entire city. 그 병원은 그 도시 전체의 환자를 떠맡고 있다.

1057

similar

[símələr] 시멀러

⑱ 유사한, 비슷한

❖ Let us take a similar instance. 그것과 비슷한 경우를 생각해 보자.

1058

precious

[préʃəs] 프레셔스

⑱ 비싼, 귀중한(=valuable)

❖ There are precious jewels here. 여기에 귀중한 보석들이 있다.

1059

normal

[nɔ́ːrməl] 노-멀

⑱ 표준의, 보통의

❖ Everything seemed to be normal. 모든 것은 정상인 것처럼 보였다.

1060

curious

[kjúəriəs] 큐(어)리어스

⑱ 호기심이 강한, 이상스러운

❖ It is a curious thing, indeed. 참 이상한 일이다.

1061

delicious

[dilíʃəs] 딜리셔스

⑱ 맛있는, 향기로운

❖ The cake was delicious. 케이크는 매우 맛있다.

1062
□ **valuable**

[væljuːəbəl] 밸류-어블

형 귀중한(=precious), 값비싼 명 귀중품

❖ That's a valuable picture.
그것은 귀중한 그림이다.

1063
□ **crazy**

[kréizi] 크레이지

형 미친(=mad), 열광적인

❖ He is crazy with anger.
그는 미친 듯이 화를 내고 있다.

1064
□ **regular**

[régjələr] 레귤러

형 규칙적인, 정규의

❖ Eating regular meals is good for health. 규칙적인 식사를 하는 것은 건강에 좋다.

1065
□ **social**

[sóuʃəl] 소우셜

형 사회적인, 사교적인

❖ He is well up the social ladder.
그의 사회적 지위는 상당히 높다.

1066
□ **international**

[ìntərnǽʃənəl] 인터내셔널

형 국제적인, 국가간의

❖ We live by international trade.
우리는 국제 무역으로 먹고 산다.

1067
□ **stupid**

[stjúːpid] 스튜-피드

형 어리석은(=silly), 하찮은

❖ The stupid frog died.
그 어리석은 개구리는 죽었습니다.

1068
□ dirty
[dɔ́ːrti] 더-티

[형] 더러운, 불결한 [동] 더럽히다

❖ That is a dirty trick.
그것은 더러운 속임수다.

1069
□ various
[vɛ́əriəs] 베(어)리어스

[형] 가지각색의, 여러 가지의

❖ We have various plants in our garden. 우리 정원에는 여러 종류의 식물이 있어요.

1070
□ diligent
[dílədʒənt] 딜러전트

[형] 근면한, 부지런한(↔lazy 게으른)

❖ The Koreans are diligent people.
한국인들은 부지런한 국민이다.

1071
□ fresh
[freʃ] 프레시

[형] 새로운, 싱싱한, 맑은

❖ It is fresh in our memory.
그것은 기억에 새로운 일이다.

1072
□ empty
[émpti] 엠(프)티

[형] 텅 빈(↔full 가득한) [동] 비우다

❖ The front of the bus was empty.
버스 앞쪽은 비어 있었다.

1073
□ amazing
[əméiziŋ] 어메이징

[형] 놀랄만한, 굉장한

❖ What an amazing man!
얼마나 놀라운 사람인가!

1074
boring

[bɔ́:riŋ] 보-링

혱 싫증나는, 따분한

❖ He's such a boring person.
그는 무척 따분한 사람이다.

1075
fair

[fɛər] 페어

혱 공평한, 아름다운 명 박람회

❖ I call that fair.
나는 그것이 공평하다고 생각한다.

1076
tough

[tʌf] 터프

혱 곤란한, 단단한, 질긴

❖ This meat is tough.
이 고기는 질기다.

1077
modern

[mádərn] 마던

혱 근대의, 현대의(↔ancient 옛날의)

❖ This is a modern building.
이 건물은 현대식 건물이다.

1078
expensive

[ikspénsiv] 익스펜시브

혱 값비싼(↔inexpensive 값싼)

❖ That will be expensive.
그것은 돈이 많이 들 겁니다.

1079
harmful

[há:rmfəl] 함-펄

혱 해로운

❖ Ozone can be harmful to people.
오존은 사람들에게 해로울 수 있다.

1080
steady
[stédi] 스테디
형 고정된, 확고한, 안정된
❖ She has a steady job.
그녀는 고정된 직업이 있다.

1081
friendly
[fréndli] 프렌들리
형 친한, 친절한, 우호적인
❖ That's very friendly of you.
정말 친절하십니다.

1082
dead
[ded] 데드
형 죽은, 조용한 부 완전히
❖ The tiger fell dead.
호랑이가 죽어 넘어졌다.

1083
polite
[pəláit] 펄라이트
형 공손한, 예의 바른
❖ Korean people are shy and polite.
한국 사람들은 수줍고 공손하다.

1084
hungry
[hʌ́ŋgri] 헝그리
형 갈망하는, 배고픈(↔full 배부른)
명 굶주림
❖ He was both tired and hungry.
그는 피로하기도 하고 배도 고팠다.

1085
eager
[íːgər] 이-거
형 열망하는, 간절히 바라는
❖ The child is eager to have the plaything. 그 아이는 그 장난감을 몹시 갖고 싶어한다.

필수단어 | **193**

1086
□ **glad**

[glæd] 글래드

형 기쁜(↔sorrow 슬픈), 반가운

❖ I'm very glad to see you.
만나서 반갑습니다.

1087
□ **advanced**

[ədvǽnst] 어드밴스트

형 진보적인(=advance), 상급의

❖ Korea will be a advanced country in ten years.
한국은 10년 후에 선진국이 될 것이다.

1088
□ **responsible**

[rispánsəbəl] 리스판서블

형 책임있는, 신뢰할 수 있는

❖ Give a task to a responsible man. 신뢰할 수 있는 사람에게 일을 맡기시오.

1089
□ **local**

[lóukəl] 로우컬

형 지방의, 근거리의

❖ Ask for it at your local pharmacy. 가까운 약국에서 구입하십시오.

1090
□ **familiar**

[fəmíljər] 퍼밀리어

형 익숙한, 친숙한

❖ I am familiar with him.
나는 그와 친하다.

1091
□ **whole**

[houl] 호울

형 전체의, 모든 명 전체, 전부

❖ He took the whole audience.
그는 모든 청중을 매료시켰다.

1092
alien
[éiljən] 에일리언

형 외국인의 명 외계인

- The two people are aliens from another planet. 두 사람은 다른 혹성에서 온 외계인들이다.

1093
indoor
[índɔ̀ːr] 인도-어

형 실내의(↔outdoor 실외의)

- They're relaxing in an indoor pool.
  그들은 실내 풀장에서 편히 쉬고 있다.

1094
correct
[kərékt] 커렉트

형 옳은, 정확한 동 (잘못을) 고치다

- Correct errors, if any.
  잘못이 있으면 고쳐라.

1095
ancient
[éinʃənt] 에인션트

형 옛날의, 고대의(↔modern 현대의)

- The stone axe is a relic of ancient times.
  돌도끼는 고대의 유물이다.

1096
necessary
[nésəsèri] 네서세리

형 필요한(↔unnecessary 불필요한)

- Exercise is necessary to health.
  운동은 건강에 필요하다.

1097
common
[kámən] 카먼

형 보통의, 평범함, 공통의

- He and I have nothing in common. 그와 나는 공통점이 전혀 없다.

1098
inner
[ínər] 이너

® 안의(↔outer 밖의), 내부의
* There is a fountain in the inner court. 안마당에 분수가 있다.

1099
asleep
[əslíːp] 어슬리-프

® 잠든(↔awake 깨어 있는)
* All nature seemed asleep. 만물이 잠들어 있는 듯 했다.

1100
thin
[θin] 신

® 얇은(↔thick 두꺼운), 야윈
* Her face thinned down. 그녀의 얼굴이 야위었다.

1101
nervous
[nə́ːrvəs] 너-버스

® 신경질의, 초조해 하는
* He is very nervous. 그는 매우 신경질적이다.

1102
great
[greit] 그레이트

® 위대한, 훌륭한, 큰, 중요한
* He was a great artist. 그는 위대한 예술가였어요.

1103
famous
[féiməs] 페이머스

® 유명한, 이름 난
* His books are world-famous. 그의 책은 세계적으로 유명하다.

1104
industrial
[indʌ́striəl] 인더스트리얼

형 공업의, 산업의

❖ The nineteenth century saw the Industrial Revolution.
19 세기에 산업혁명이 발생했다.

1105
negative
[négətiv] 네거티브

형 부정의(↔positive 긍정의), 소극적인 명 부정, 거부

❖ I have negative opinions on this matter.
나는 이 내용에 부정적인 의견이 있다.

1106
flat
[flæt] 플랫

형 평평한, 납작한 부 평평하게

❖ It is flat round piece of dough.
그것은 납작하고 둥근 밀가루 반죽이다.

1107
already
[ɔːlrédi] 올-레디

부 이미, 벌써

❖ I have already read the book.
그 책은 벌써 읽었다.

1108
aloud
[əláud] 얼라우드

부 소리 내어, 큰 소리로

❖ She read the story aloud to them. 그녀는 그들에게 큰 소리로 그 이야기를 읽어 주었다.

1109
finally
[fáinəli] 파이널리

부 최후로, 마침내, 최종적으로

❖ Winter has finally ended.
겨울이 마침내 끝났다.

1110
□ **especially**

[ispéʃəli] 이스페셜리

㉻ 특별히, 유달리

❖ This is especially for you.
이것은 특별히 당신을 위한 것이다.

1111
□ **else**

[els] 엘스

㉻ 그 밖에, 그렇지 않으면

❖ Do you want anything else?
다른 거 뭐 필요하세요?

1112
□ **actually**

[ǽktʃuəli] 액추얼리

㉻ 실제로, 정말로

❖ What actually happened?
실제로 무슨 일이 일어났느냐?

1113
□ **otherwise**

[ʌ́ðərwàiz] 어더와이즈

㉻ 다른 방법으로, 그렇지 않으면

❖ Otherwise he might possibly have lost his life.
그렇지 않더라면 그는 목숨을 잃었을지도 모른다.

1114
□ **recently**

[ríːsəntli] 리-슨틀리

㉻ 최근에(=lately), 얼마전

❖ I hope we have a recent backup.
최근에 백업을 받아 놓은 게 있으면 좋겠어요.

1115
□ **rapidly**

[rǽpidli] 래피들리

㉻ 재빨리, 신속히

❖ The situation developed rapidly.
사태는 급속히 진전됐다.

1116
□ **however**

[hauévər] 하우에버

 ⓤ 아무리 ~해도, 그러나

❖ However, it didn't break.
하지만 그것은 깨지지 않았다.

1117
□ **across**

[əkrɔ́:s] 어크로-스

 ⓟ ~저쪽에, ~을 가로질러

❖ The stream flows across the bridge.
개천은 다리를 가로질러 흐른다.

1118
□ **besides**

[bisáidz] 비사이즈

 ⓟ ~이외에도 ⓤ 그 밖에

❖ Six people went there besides me. 나 이외에도 여섯 사람이 갔다.

1119
□ **along**

[əlɔ́:ŋ] 얼롱-

 ⓟ ~을 따라 ⓤ 앞으로

❖ Go straight ahead along the river. 강을 따라 앞으로 곧장 가세요.

1120
□ **although**

[ɔ:lðóu] 올-도우

 ⓒ ~이지만, 비록 ~이라도

❖ He is quite strong although he is old.
그는 나이는 많아도 아주 정정하다.

1121
□ **pill**

[pil] 필

 ⓝ 환약, 알약

❖ The pill actually worked!
약이 정말 효과가 있던데요!

1122
□ result
[rizʌ́lt] 리절트

명 결과, 성과 동 결과로서 생기다

❖ The result approved his righteousness.
결과는 그가 옳다는 것을 입증했다.

1123
□ machine
[məʃíːn] 머신-

명 기계, 기계장치

❖ The machine broke down.
그 기계는 고장났다.

1124
□ gift
[gift] 기프트

명 선물(=present), 타고난 재능

❖ She is pleased with my gift.
그녀는 내 선물을 마음에 들어한다.

1125
□ candle
[kǽndl] 캔들

명 양초, 촛불

❖ A candle is burning on the table. 식탁 위에서 양초가 타고 있다.

1126
□ art
[ɑːrt] 아-트

명 예술, 미술, 기술

❖ Sculpture is a plastic art.
조각은 조형 예술이다.

1127
□ corn
[kɔːrn] 콘-

명 옥수수, 곡물

❖ The container is full of corns.
그 그릇에는 옥수수가 가득 들어있다.

1128
master
[mǽstər] 매스터
명 주인(↔servant 하인) 동 정복하다
❖ I wish to master English.
나는 영어를 정복하고 싶다.

1129
lock
[lɑk] 락
명 자물쇠 동 잠그다
❖ Lock the door when you go out.
당신이 나갈 때 문을 잠그십시오.

1130
moment
[móumənt] 모우먼트
명 순간, 찰나
❖ Never waste a moment.
한순간도 헛되이 보내지 말아라.

1131
regret
[rigrét] 리그렛
명 유감, 후회, 애도 동 후회하다
❖ I have no regrets about what I've done.
내가 한 일을 후회하지 않는다.

1132
knee
[ni:] 니-
명 무릎
❖ She kicked him on the knee.
그녀는 그의 무릎을 걷어찼다.

1133
role
[roul] 로울
명 배역, 역할
❖ She played a double role in the play. 그녀는 그 연극에서 1인 2역을 했다.

1134
office
[ɔ́(:)fis] 오-피스

명 사무실, 관공서, 회사

❖ Do you like my office?
제 사무실이 마음에 드세요?

1135
ticket
[tíkit] 티킷

명 표, 승차권, 입장권

❖ Will you get me a ticket?
표를 사주시겠습니까?

1136
energy
[énərdʒi] 에너지

명 정력, 활기

❖ It's a waste of time and energy.
그건 시간과 정력 낭비야.

1137
idea
[aidíːə] 아이디어

명 생각, 이념 형 이상주의의

❖ That's a good idea.
좋은 생각이군요.

1138
example
[igzǽmpəl] 이그잼플

명 예, 보기

❖ Can you give me an example?
예를 하나 들어볼래?

1139
murder
[mə́ːrdər] 머-더

명 살인, 살인사건 동 살해하다

❖ The thief committed murder.
그 도둑은 살인을 했다.

1140
comedy
[kámədi] 카머디

명 희극(↔tragedy 비극), 코미디
* There is plenty of comedy in life. 인생에는 희극적인 일이 많다.

1141
health
[helθ] 헬스

명 건강, 보건
* He enjoys good health.
그는 매우 건강하다.

1142
hire
[háiər] 하이어

명 고용, 사용료 동 고용하다(= employ), 임대하다
* She hired out as a maid.
그녀는 하녀로 고용되었다.

1143
history
[hístəri] 히스터리

명 역사, 경력
* History isn't my thing.
역사는 내 마음에 드는 과목이 아니다.

1144
forest
[fɔ́(:)rist] 포-리스트

명 숲, 삼림
* Many trees grow in the forest.
많은 나무들이 숲에서 자란다.

1145
future
[fjúːtʃər] 퓨-처

명 미래, 장래 형 미래의, 장래의
* This is my future wife.
이쪽은 제 아내 될 사람입니다.

1146
host
[houst] 호우스트

뎡 주인(↔hostess 여주인), 호스트

❖ The host spoke through a mike.
주최자는 마이크를 통해 말을 했다.

1147
dictionary
[díkʃənèri] 딕셔네리

뎡 사전

❖ The dictionary sells well.
그 사전은 잘 팔린다.

1148
capture
[kǽptʃər] 캡처

뎡 생포, 포획, 포획물 동 사로잡다

❖ The hunter tried to capture a bear. 사냥꾼은 곰을 포획하려 했다.

1149
sense
[sens] 센스

뎡 감각, 느낌, 판단력 동 알아채다

❖ The dog has a keen sense of smell. 개는 예민한 후각을 갖고 있다.

1150
expression
[ikspréʃən] 익스프레션

뎡 (감정의) 표현, 표정

❖ She wore an earnest expression.
그녀는 진지한 표정을 지었다.

1151
bug
[bʌg] 버그

뎡 곤충, 벌레

❖ He found a small bug on the bed. 그는 침대 위에서 작은 벌레를 발견했다.

1152
bottom
[bátəm] 바텀

명 밑, 아랫부분

❖ The anchor found the bottom.
닻이 밑바닥에 닿았다.

1153
bean
[biːn] 빈-

명 콩

❖ Soy sauce is made from soy beans and salt.
간장은 메주콩과 소금으로 만든다.

1154
race
[reis] 레이스

명 인종, 민족 형 인종의 동 경주하다

❖ He joined a boat race.
그는 보트 경주에 참가했다.

1155
engineer
[éndʒəníər] 엔지니어

명 기사, 공학자

❖ I determined to become an engineer.
나는 기술자가 되기로 결심했다.

1156
step
[step] 스텝

명 걸음, 한 걸음, 단계 동 걷다

❖ He took a step back.
그는 뒤로 한 걸음 물러났다.

1157
bone
[boun] 보운

명 뼈, 골질

❖ A bone has stuck in my throat.
뼈가 목에 박혔다.

1158
holiday

[hálədèi] 할러데이

명 휴일, 휴가

* It's an ideal place for a holiday.
  그 곳은 휴가를 보내기에 이상적인 장소이다.

1159
fur

[fəːr] 퍼-

명 부드러운 털, 모피

* When a koala is born, he has no fur.
  코알라는 태어날 때 털이 없습니다.

1160
focus

[fóukəs] 포우커스

명 초점, 중심 동 집중시키다, 집중하다

* Focus your attention.
  당신의 주의를 집중해라.

1161
shore

[ʃɔːr] 쇼-

명 물가, 바닷가, 해안

* Some folks are fishing from the shore.
  사람들이 물가에서 낚시를 하고 있다.

1162
lake

[leik] 레이크

명 호수, 연못

* He took a walk around the lake. 그는 호수 둘레를 걸었다.

1163
beach

[biːtʃ] 비-치

명 해변, 바닷가

* We went swimming at the beach. 우리는 해변에서 수영을 했다.

1164
cough
[kɔ(ː)f] 코-프

명 기침 동 기침하다

❖ This medicine will help your cough. 이 약을 먹으면 기침이 가라앉을 것이다.

1165
ceiling
[síːliŋ] 실-링

명 천장

❖ There is a fly on the ceiling. 파리가 한 마리 천장에 앉아 있다.

1166
matter
[mǽtər] 매터

명 일, 문제 동 중요하다

❖ It does not matter much. 그것은 대수로운 일이 아니다.

1167
seat
[siːt] 시-트

명 자리, 좌석 동 앉히다

❖ I want a seat for the rock concert. 그 록 콘서트의 좌석이 필요해요.

1168
board
[bɔːrd] 보-드

명 판자, 게시판 동 (탈 것)에 올라타다

❖ What's this new board for? 이 새 게시판은 어디에 쓸 거죠?

1169
goal
[goul] 고울

명 목표, 골

❖ It takes time to achieve an important goal. 중요한 목표를 달성하는 데에는 시간이 걸린다.

1170
bottle
[bátl] 바틀

명 병, 술병

❖ The bottle has no cover.
그 병은 뚜껑이 없다.

1171
body
[bádi] 바디

명 몸, 육체, 몸통

❖ My body was all aches and pains. 나는 온 몸이 쑤시고 아팠다.

1172
knowledge
[nálidʒ] 날리지

명 지식

❖ Knowledge is power.
아는 게 힘이다.

1173
label
[léibəl] 레이벌

명 꼬리표, 딱지, 상표

❖ He was labeled a problem child.
그에게 문제아라는 딱지가 붙여졌다.

1174
stick
[stik] 스틱

명 막대기, 나무토막 동 찌르다

❖ He struck me with a stick.
그는 지팡이로 나를 쳤다.

1175
sugar
[ʃúgər] 슈거

명 설탕

❖ How many sugars shall I put in your tea? 차에 설탕을 얼마나 넣을까요?

1176
ground

[graund] 그라운드

명 땅, 운동장

- Schoolboys are playing football on the ground. 남학생들이 운동장에서 축구를 하고 있다.

1177
belt

[belt] 벨트

명 벨트, 띠

- Please fasten your seat belt. 안전벨트를 매 주십시오.

1178
airport

[ɛərpɔ̀ːrt] 에어포트

명 공항, 비행장

- The airport closed again. 공항이 다시 폐쇄됐다.

1179
passport

[pǽspɔ̀ːrt] 패스포트

명 여권

- May I see your passport, please? 여권 좀 볼 수 있을까요?

1180
cousin

[kʌ́zn] 커즌

명 사촌

- He engaged himself to my cousin. 그는 나의 사촌과 약혼했다.

1181
date

[deit] 데이트

명 날짜, 데이트(상대) 동 날짜를 적다

- They fixed the date. 그들은 날짜를 정했다.

1182
beggar

[bégər] 베거

명 거지, 빈털터리

- He is no longer a beggar.
그는 더 이상 거지가 아니다.

1183
bill

[bil] 빌

명 계산서, 청구서

- lay a bill before Parliament
법안을 의회에 제출하다

1184
frog

[frɔːg] 프로-그

명 개구리

- The frog is jumping.
개구리가 뛰어오르고 있다.

1185
disease

[dizíːz] 디자-즈

명 병 질환(=illness)

- It'll cure any disease of the eyes.
그것은 어떠한 눈병도 고칠 수 있어요.

1186
pain

[pein] 페인

명 아픔, 고통, 수고

- The pain passed off.
통증은 말끔히 가셨다.

1187
medicine

[médəsən] 메더슨

명 약(↔poison 독약), 내복약

- This medicine works well.
이 약은 잘 듣는다.

1188
job
[dʒɑb] 자브

명 직업, 일

❖ What's your job?
당신의 직업은 무엇입니까?

1189
piece
[piːs] 피스

명 조각, 하나, 한 개

❖ There is a piece of blue cloth.
파란 천 조각이 있습니다.

1190
rope
[roup] 로우프

명 새끼, 밧줄, 끈

❖ The rope broke in two.
밧줄은 두 가닥으로 끊겼다.

1191
umbrella
[ʌmbrélə] 엄브렐러

명 우산, 양산

❖ May I borrow your umbrella?
우산 좀 빌려주시겠습니까?

1192
front
[frʌnt] 프런트

명 앞, 정면 형 앞의, 정면의

❖ She placed the letter in front of me. 그녀는 내 앞에 편지를 놓았다.

1193
dish
[diʃ] 디시

명 큰 접시, 요리

❖ This dish is his favorite.
이 음식은 그가 좋아하는 것이다.

1194
hole
[houl] 호울

명 구멍, 구덩이

- There is a hole in his sock.
  그의 양말에 구멍이 뚫어져 있다.

1195
gun
[gʌn] 건

명 대포, 총

- The bank was robbed by two men with guns. 그 은행은 총을 가진 두 사람에 의해 강도당했다.

1196
grass
[græs] 그래스

명 풀, 초원, 잔디

- The cat crept silently through the grass. 고양이가 살금살금 잔디밭을 기어갔다.

1197
vote
[vout] 보우트

명 투표, 투표권 동 투표하다

- It's important that everyone vote. 모든 사람이 투표를 한다는 것은 중요하다.

1198
alarm
[əláːrm] 얼람-

명 놀람, 경보 동 놀라게 하다

- The hens cackled in alarm.
  닭이 놀라서 꼬르륵 댔다.

1199
doubt
[daut] 다우트

명 의심, 의혹, 불신 동 의심하다

- There is no doubt that he is a good boy. 그가 착한 소년임은 의심의 여지가 없다.

1200
□ **country**

[kʌ́ntri] 컨트리

명 나라, 국토, 시골 형 시골[지방]의

❖ I love my country.
나는 내 나라를 사랑한다.

1201
□ **sail**

[seil] 세일

명 돛, 돛단배 동 항해하다

❖ The ship sailed for America.
그 배는 미국을 향하여 출항하였다.

1202
□ **drop**

[drɑp] 드랍

명 물방울 동 떨어지다, 떨어뜨리다

❖ The book dropped from his hand.
그의 손에서 책이 떨어졌다.

1203
□ **border**

[bɔ́ːrdər] 보-더

명 가장자리, 경계 동 ~에 접하다

❖ His land lot borders on the road. 그의 땅은 도로에 붙어 있다.

1204
□ **pitch**

[pitʃ] 피치

명 던지기, 투구 동 던지다

❖ He is pitching the ball.
그는 볼을 던지고 있다.

1205
□ **response**

[rispɑ́ns] 리스판스

명 응답, 반응

❖ My letter of inquiry brought no response. 내 문의 편지에는 아무런 회답도 오지 않았다.

필수단어 | **213**

1206
pressure

[préʃər] 프레셔

명 압박

❖ She did it under pressure from her parents. 그녀는 부모님의 압력에 못이겨 그 일을 했다.

1207
paint

[peint] 페인트

명 페인트 동 (그림을) 그리다

❖ The house smelt of paint.
그 집은 페인트 냄새가 났다.

1208
industry

[índəstri] 인더스트리

명 산업, 근로, 근면 형 산업의

❖ The industry has made great development. 그 공업은 크게 발달하였다.

1209
success

[səksés] 석세스

명 성공, 성공한 사람, 대성공

❖ The evening was a success.
그날 밤의 모임은 대성공이었다.

1210
environment

[inváiərənmənt] 인바이(어)런먼트

명 환경

❖ Environment is a potent influence. 환경이 주는 영향은 크다.

1211
motion

[móuʃən] 모우션

명 운동, 동작, 동의 동 동작으로 알리다

❖ He motioned me to the seat.
자리에 앉으라고 몸짓으로 알렸다.

1212
first
[fə:rst] 퍼-스트

명 제1, 첫 번째(↔last 마지막의)
형 제1의, 첫 번째의

❖ First, they are very fast.
첫째, 그것들은 속도가 매우 빠르다.

1213
instance
[ínstəns] 인스턴스

명 사례, 예증, 실례(=example)

❖ Here is an instance of his honesty.
여기 그의 정직함을 보여주는 예가 있다.

1214
notice
[nóutis] 노우티스

명 통지, 주의, 게시 동 주의하다

❖ He was noticed to quit.
그는 떠나라는 통지를 받았다.

1215
movement
[mú:vmənt] 무-브먼트

명 움직임, (정치사회적) 운동

❖ He leads the van in this great movement.
그는 이 운동에 앞장서고 있다.

1216
share
[ʃɛər] 셰어

명 몫, 할당, 분담 동 분배하다

❖ He shared the candy with his brother.
그는 동생과 그 과자를 나누어 가졌다.

1217
outside
[àutsáid] 아웃사이드

명 바깥쪽, 외부 형 외부의 부 밖에

❖ Tom called me from outside.
Tom이 밖에서 나를 불렀다.

필수단어 | **215**

1218
□ **height**

[hait] 하이트

명 높이, 신장, 고지, 절정

❖ Her sitting height is 85cm.
그녀의 앉은키는 85cm 이다.

1219
□ **secret**

[síːkrit] 시-크릿

명 비밀 형 비밀의, 숨기는

❖ I spied his secret.
나는 그의 비밀을 염탐했다.

1220
□ **form**

[fɔːrm] 폼-

명 모양, 형식, 양식 동 형성하다

❖ Ice is a form of water.
얼음은 물의 한 형태이다.

1221
□ **end**

[end] 엔드

명 끝, 최후 동 끝나다

❖ We live at the end of the street.
우리는 그 큰길 끝에 살아요.

1222
□ **mark**

[mɑːrk] 마-크

명 표적, 기호, 점수, 표시하다

❖ The bullet missed its mark.
총알이 표적을 빗나갔다.

1223
□ **peace**

[piːs] 피-스

명 평화

❖ If you want Peace, prepare for war.
평화를 원한다면 전쟁에 대비하라.

1224
entrance
[éntrəns] 엔트런스

명 입구(↔exit 출구), 입학, 입장

❖ The girl is at the park's entrance.
소녀는 공원 입구에 있다.

1225
incident
[ínsədənt] 인서던트

명 사건, 일

❖ I will account for the incident.
내가 그 사건에 대해 설명하겠다.

1226
guide
[gaid] 가이드

명 안내자 (=lead) 동 안내하다

❖ Our guide misled us in the woods.
안내인이 숲속에서 우리를 잘못 안내했다.

1227
cure
[kjuər] 큐어

동 치료하다, 고치다 명 치료법

❖ This medicine will cure you of your disease.
이 약을 쓰면 병이 낫습니다.

1228
mistake
[mistéik] 미스테이크

동 틀리다 명 잘못

❖ I made a serious mistake.
나는 중대한 실수를 했다.

1229
explain
[ikspléin] 익스플레인

동 설명하다, 변명하다

❖ She explained the meaning of the word. 그 여자는 그 말의 뜻을 설명하였습니다.

1230
suppose
[səpóuz] 서포우즈

동 상상하다, 생각하다

❖ Let us suppose that he is innocent.
그가 무죄라고 가정해 보자.

1231
bury
[béri] 베리

동 (땅에) 파묻다, 매장하다

❖ They discovered where the treasure was buried.
그들은 어디에 보물이 묻혀 있는지를 알아냈다.

1232
rub
[rʌb] 러브

동 문지르다, 비비다, 닦다

❖ She rubbed her hands sore.
그녀는 아프도록 손을 비벼댔다.

1233
bite
[bait] 바이트

동 물다, 물어뜯다

❖ A dog bit him in the leg.
개가 그의 다리를 물었다.

1234
buy
[bai] 바이

동 사다, 구입하다, 얻다

활 buy-bought-bought

❖ Money can't buy happiness.
돈으로 행복을 살 수는 없다.

1235
hop
[hɑp] 합

동 뛰다, 깡충 뛰다 명 한 발로 뛰기

❖ She hopped on one leg.
그 소녀는 한 발로 뛰었다.

1236
□ imagine
[imǽdʒin] 이매진

[동] 상상하다, 생각하다

❖ I can't imagine who said such a thing. 누가 그런 것을 말했는지 상상할 수 없습니다.

1237
□ obey
[oubéi] 오우베이

[동] 복종하다

❖ You should obey your parents. 사람은 누구나 부모에게 복종해야 한다.

1238
□ steal
[stiːl] 스틸-

[동] 훔치다, 도둑질하다

❖ steal money from a safe 금고에서 돈을 훔치다.

1239
□ dig
[dig] 디그

[동] 파다(↔bury 묻다), 캐다
[활] dig-dug-dug

❖ It's a scout's job to dig out hidden talent. 숨은 인재를 발굴하는 것이 스카우트 일이다.

1240
□ choose
[tʃuːz] 추-즈

[동] 고르다, 선택하다

❖ They chose him for their leader. 그들은 그를 지도자로 선출했다.

1241
□ receive
[risíːv] 리시-브

[동] 받다(=accept), 수령하다

❖ We were warmly received there. 우리들은 그곳에서 따뜻한 환영을 받았다.

1242
bet
[bet] 벳

동 (돈 등을) 내기하다 명 내기

* He bet two pounds on the horse.
  그는 그 말에 2파운드를 걸었다.

1243
hurt
[həːrt] 허-트

동 상처를 입히다 명 상처, 고통
활 hurt-hurt-hurt

* His arm was hurt by the fall.
  그는 떨어져서 팔을 다쳤습니다.

1244
burn
[bəːrn] 번-

동 불타다, 불태우다 명 화상

* She burned with curiosity.
  그녀는 호기심에 불탔다.

1245
sink
[siŋk] 싱크

동 가라앉다, 침몰시키다

* The ship is sinking.
  배가 가라앉고 있다.

1246
decide
[disáid] 디사이드

동 결정하다, 결심하다

* They decided to get married.
  그들은 결혼하기로 결심했다.

1247
reply
[riplái] 리플라이

동 대답하다 명 대답

* Please reply to her question.
  그녀의 질문에 대답하세요.

1248
appear

[əpíər] 어피어

- 동 나타나다(↔disappear 사라지다), ~인 것 같다
- A rainbow appeared before us.
  무지개가 우리들 앞에 나타났다.

1249
breathe

[briːð] 브리-드

- 동 숨쉬다, 호흡하다
- He soon ceased to breathe.
  그는 곧 숨을 거두었다.

1250
draw

[drɔː] 드로-

- 동 끌다, 당기다, 그리다
- 활 draw-drew-drawn
- He does all those weird things to draw interest of her.
  그는 그녀의 관심을 끌려고 별 이상한 짓을 한다.

1251
continue

[kəntínjuː] 컨티뉴-

- 동 계속하다, 계속되다
- The rain continued all day.
  비는 온종일 계속해서 내렸다.

1252
wake

[weik] 웨이크

- 동 깨다, 깨우다
- 활 wake-woke-woken
- Please wake me up at six tomorrow morning.
  내일 아침 6시에 저를 깨워 주십시오.

필수단어 | **221**

1253
- **agree**

  [əgríː] 어그리-

  동 일치하다, 동의하다, 찬성하다

  ❖ We all agreed about the matter.
  그 일에 대하여 우리 모두 의견이 일치하였다.

1254
- **record**

  [rékərd] 레커-드

  동 기록하다 명 기록

  ❖ No one is beyond her record.
  그녀의 기록을 깰 만한 사람이 없다.

1255
- **climb**

  [klaim] 클라임

  동 오르다, 기어오르다

  ❖ The car slowly climbed the hill.
  그 차는 천천히 언덕을 올라갔다.

1256
- **add**

  [æd] 애드

  동 더하다(↔subtract 감하다)

  ❖ Add four and six and you get ten. 4에 6을 더하면 10이 돼요.

1257
- **invite**

  [inváit] 인바이트

  동 초청하다, 초대하다, ~에게 권유하다(to do)

  ❖ We invited her to have dinner with us. 우리는 그녀에게 만찬을 함께 하자고 초대했다.

1258
- **hide**

  [haid] 하이드

  동 감추다, 숨다

  활 hide-hid-hidden

  ❖ He hid behind a big tree.
  그는 큰 나무 뒤에 숨었다.

1259
bring

[briŋ] 브링

- 동 가져오다, 데려오다
- 활 bring-brought-brought
- ❖ Bring your children to the picnic.
  아이를 소풍에 데려오시오.

1260
cherish

[tʃériʃ] 체리쉬

- 동 소중히 하다, 마음에 품다
- ❖ He will cherish the memory of this visit to Seoul.
  그는 이번 서울 방문의 기억을 소중히 간직할 것이다.

1261
wink

[wiŋk] 윙크

- 동 눈을 깜박이다 명 눈짓
- ❖ She winked away her tears.
  그녀는 눈을 깜박거려 눈물을 감췄다.

1262
push

[puʃ] 푸시

- 동 밀다 명 밀기
- ❖ Don't push at the back.
  뒤에서 밀지 마세요.

1263
guess

[ges] 게스

- 동 추측하다, 생각하다 명 추측
- ❖ It's only my guess.
  그것은 단지 내 추측일 뿐이다.

1264
happen

[hǽpən] 해펀

- 동 (우연히) 일어나다, 발생하다
- ❖ A lot of new things happened to him.
  많은 새로운 일들이 그에게 일어났다.

필수단어 | **223**

1265
□ **pick**

[pik] 픽

(동) 고르다, 줍다

❖ The boys pick up a purse in the street.
그 소년은 거리에서 지갑을 주웠다.

1266
□ **fill**

[fil] 필

(동) 가득 차다, 넘치다, 채우다

❖ Mother's eyes filled with tears.
어머니의 눈에는 눈물이 가득했다.

1267
□ **fail**

[feil] 페일

(동) 실패하다, 낙방하다

❖ You will fail unless you work hard. 열심히 공부하지 않으면 너는 실패할 것이다.

1268
□ **fight**

[fait] 파이트

(동) 싸우다 (명) 싸움
(활) fight-fought-fought

❖ We are determined to fight to the last. 우리들은 최후까지 싸울 것을 마음먹었다.

1269
□ **carry**

[kǽri] 캐리

(동) 나르다, 운반하다

❖ I carried my basket in my hand.
나는 바구니를 손에 들고 갔다.

1270
□ **build**

[bild] 빌드

- 동 짓다, 건축하다
- 활 build-built-built
- ❖ The house is built of wood.
  그 집은 목조이다.

1271
□ **hurry**

[hə́ːri] 허-리

- 동 서두르다, 재촉하다 명 서두름
- ❖ It's no use hurrying him.
  그 사람은 재촉해도 소용없다.

1272
□ **believe**

[bilíːv] 빌리-브

- 동 믿다, ~라고 생각하다
- ❖ I believe that he is honest.
  나는 그가 정직하다고 생각한다.

1273
□ **gather**

[gǽðər] 개더

- 동 모으다(=collect), 더하다
- ❖ Gather plastics and paper bags.
  플라스틱 제품이나 종이 봉지를 모아라.

1274
□ **know**

[nou] 노우

- 동 알다, 분별하다
- 활 know-knew-known
- ❖ You must know yourself.
  사람은 자기 자신을 알아야 한다.

1275
□ **smell**

[smel] 스멜

- 동 냄새 맡다 명 냄새
- ❖ The garden smells of lilacs.
  뜰에는 라일락 꽃 향기가 풍긴다.

필수단어 | **225**

1276
blow

[blou] 블로우

- 동 불다, 숨을 내쉬다
- 활 blow–blew–blown
- ❖ It is blowing hard.
  바람이 세게 불고 있다.

1277
excuse

[ikskjúːz] 익스큐즈

- 동 용서하다, 변명을 대다 명 변명
- ❖ Her excuse was not reasonable.
  그녀의 변명은 이치에 맞지 않았다.

1278
hit

[hit] 히트

- 동 치다, 때리다 명 타격, 적중
- 활 hit–hit–hit
- ❖ He hit his head against the desk.
  그는 책상에 머리를 부딪쳤다.

1279
enjoy

[endʒɔ́i] 엔조이

- 동 즐기다, 누리다
- ❖ She enjoys playing tennis.
  그녀는 테니스 치기를 즐긴다.

1280
lose

[luːz] 루즈

- 동 잃다, 지다
- ❖ I lost my way in the woods.
  나는 숲 속에서 길을 잃었다.

1281
arrive

[əráiv] 어라이브

- 동 (at ~)~에 도착하다(↔depart 출발하다)
- ❖ They have just arrived.
  이제 막 도착했다.

1282
□ **hold**

[hould] 호울드

- 동 쥐다, 개최하다
- 활 hold-held-held
- ❖ He held me by the arm.
  그는 내 팔을 붙잡았다.

1283
□ **expect**

[ikspékt] 익스**펙**트

- 동 예상하다, 기대하다 형 기대하고 있는
- ❖ We expect rain tomorrow.
  내일 비가 오리라고 예상한다.

1284
□ **break**

[breik] 브레이크

- 동 어기다, 부수다, 깨뜨리다
- 활 break-broke-broken
- ❖ Who broke the window?
  누가 그 창문을 깼습니까?

1285
□ **lay**

[lei] 레이

- 동 눕히다, 놓다
- ❖ The dog lay panting.
  개는 헐떡거리며 누워 있었다.

1286
□ **grow**

[grou] 그로우

- 동 성장하다, 기르다, ~이 되다
- 활 grow-grew-grown
- ❖ Rice grows in warm countries.
  쌀은 따뜻한 지방에서 자란다.

필수단어 | **227**

1287
lead

[liːd] 리-드

동 인도하다(=guide, follow 따르다) 명 선도

❖ I'll follow your lead.
당신의 지도에 따르겠습니다.

1288
laugh

[læf] 래프

동 웃다, 비웃다 명 웃음, 웃음소리

❖ Then he laughs loudly. 그리고는 그는 커다랗게 웃음을 터뜨려요.

1289
delay

[diléi] 딜레이

동 지연하다 명 지연

❖ The train was delayed by heavy snow. 열차는 폭설로 인하여 연착했다.

1290
prevent

[privént] 프리벤트

동 막다, 예방하다 명 방지, 예방

❖ Nothing can prevent it.
아무것도 그것을 막을 수 없다.

1291
recover

[rikʌ́vər] 리커버

동 되찾다, 회복하다 명 회복

❖ The best way to recover from one's fatigue is to sleep well.
피로를 푸는 데는 잘 자는 것이 제일이다.

1292
recognize

[rékəgnàiz] 레커그나이즈

동 알아보다, 인정하다 명 인식, 인지

❖ I could scarcely recognize my old friend. 옛 벗을 보고도 거의 못 알아볼 정도였다.

1293
excite [동] 흥분하다, 자극하다
[iksáit] 익사이트
❖ He is excited.
그는 흥분해 있습니다.

1294
reduce [동] 줄이다, 감소하다 [명] 축소, 감소
[ridjú:s] 리듀-스
❖ We need to reduce our spending.
우리는 지출을 줄일 필요가 있다.

1295
divide [동] 분할하다, 분류하다, 나누어지다
[diváid] 디바이드
❖ The students divided into small groups.
학생들은 작은 그룹으로 나뉘었다.

1296
repair [동] 수선하다, 수리하다 [명] 수선, 수리
[ripέər] 리페어
❖ The shop will be closed during repairs. 수리 중에는 휴점합니다.

1297
exist [동] 존재하다, 생존하다 [명] 생존, 실존
[igzíst] 이그지스트
❖ Do you believe God does exist?
당신은 신이 존재한다고 믿습니까?

1298
tame [동] 길들이다 [형] 길든(↔wild 야생의), 유순한
[teim] 테임
❖ This puppy is quite tame with me. 이 개는 잘 길들어 있다.

1299
□ rush

[rʌʃ] 러시

[동] 돌진하다, 달려들다 [명] 돌진

❖ The dog rushed upon the child.
개가 그 어린이에게 갑자기 달려들었다.

1300
□ find

[faind] 파인드

[동] 찾아내다, 발견하다
[활] find–found–found

❖ Did you find your wallet?
지갑 찾았어요?

1301
□ mix

[miks] 믹스

[동] 섞다, 혼합하다

❖ Oil and water do not mix.
물과 기름은 섞이지 않는다.

1302
□ chat

[tʃæt] 챗

[동] 잡담하다 [명] 잡담

❖ Let's chat over a cup of tea.
차라도 마시며 이야기하세.

1303
□ spread

[spred] 스프레드

[동] 펴다, 바르다, 퍼지다

❖ She spread the table with a cloth. 그녀는 식탁에 식탁보를 폈다.

1304
□ ask

[æsk] 애스크

[동] 묻다, 물어보다

❖ The price was not asked.
아무도 값을 묻는 사람이 없었다.

1305
fall
[fɔːl] 폴-

- 동 떨어지다 명 가을, 폭포
- 활 fall-fell-fallen
- ❖ It is windy in the fall.
  가을에는 바람이 많이 분다.

1306
act
[ækt] 액트

- 동 행동하다, 하다 명 소행, 행위
- ❖ Animals act on instinct.
  동물은 본능에 따라서 행동한다.

1307
advance
[ədvǽns] 어드밴스

- 동 나아가다, 진보하다 명 전진
- ❖ They could neither advance nor retreat.
  그들은 전진도 후퇴도 할 수 없었다.

1308
aim
[əim] 어임

- 동 ~을 향하게 하다, 겨누다
- ❖ He aimed at the tree with his arrow.
  그는 나무를 향해 화살을 겨누었다.

1309
dislike
[disláik] 디슬라이크

- 동 싫어하다 명 싫어함, 혐오
- ❖ Which animal do you dislike the most? 네가 가장 싫어하는 동물은 어떤 동물이니?

1310
□ employ
[emplɔ́i] 엠플로이

[동] 쓰다, 고용하다, ~에 종사하다

❖ Our company only employs professionals.
우리 회사는 전문 인력만 고용한다.

1311
□ export
[ikspɔ́:rt] 익스포-트

[동] 수출하다 [명] 수출, 수출품

❖ Our exports are increasing.
우리나라의 수출은 증가하고 있다.

1312
□ main
[mein] 메인

[동] 주요한, 주된

❖ The main dish is a steak.
주요리는 스테이크이다.

1313
□ wild
[waild] 와일드

[형] 야생의, 난폭한(↔mild 온순한)

❖ We should protect wild animals.
우리는 야생 동물을 보호해야만 한다.

1314
□ dumb
[dʌm] 덤

[형] 벙어리의

❖ She has been dumb from birth.
그녀는 날 때부터 벙어리였다.

1315
□ sharp
[ʃɑ:rp] 샤-프

[형] 날카로운, 가파른, 뾰족한

❖ A sharp knife is dangerous.
날카로운 칼은 위험하다.

1316
fat
[fæt] 팻

형 살찐(↔thin 마른) 명 비만

❖ This pig is very fat.
이 돼지는 매우 살이 쪘다.

1317
strange
[streindʒ] 스트레인지

형 이상한, 낯선

❖ A strange thing happened.
이상한 일이 일어났다.

1318
bright
[brait] 브라이트

형 밝은(↔dark 어두운), 선명한
부 밝게

❖ The sun shines bright.
해가 밝게 빛난다.

1319
such
[sʌtʃ] 서치

형 그러한, 이러한

❖ He's not such a fool as he looks.
그가 보기만큼 그렇게 바보는 아니다.

1320
able
[éibəl] 에이블

형 ~할 수 있는(↔unable ~할 수 없는), 유능한, 능력 있는

❖ Danny is able to write his name.
Danny는 자기 이름을 쓸 수 있다.

1321
loud
[laud] 라우드

형 목소리가 큰, 시끄러운(↔quiet 조용한)

❖ "Speak loud and clear, please."
큰 소리로 분명히 말해 주세요.

필수단어 | 233

1322
□ **possible**

[pάsəbəl] 파서블

형 가능한(↔impossible 불가능한), 있음직한

❖ He came as soon as possible.
그는 가능한 빨리 왔다.

1323
□ **enough**

[ináf] 이너프

형 충분한 부 충분히

❖ Thank you, that's enough.
고맙습니다, 그것으로 충분합니다.

1324
□ **wise**

[waiz] 와이즈

형 현명한, 분별 있는

❖ It was wise that she had chosen it. 그녀가 그것을 택한 것은 현명한 일이었다.

1325
□ **successful**

[səksésfəl] 석세스펄

형 성공한

❖ It was an exciting and successful event. 그것은 흥미진진하고 성공적인 경기였다.

1326
□ **few**

[fju:] 퓨-

형 거의 없는(↔many), 소수의 대 소수

❖ Accidents at work are few.
작업장에서 사고는 거의 없다.

1327
□ **deep**

[di:p] 디-프

형 깊은 부 깊게

❖ This river is very deep.
이 강은 굉장히 깊어요.

1328
own
[oun] 오운

- 휑 자기 자신의 동 소유하다
- He fought for his own good.
  그는 자신의 이익을 위해 싸웠다.

1329
certain
[sə́:rtən] 서-튼

- 휑 확실한, 어떤
- I am certain of his succeeding.
  그의 성공은 확실하다고 생각한다.

1330
important
[impɔ́:rtənt] 임포-턴트

- 휑 중요한, 유력한
- Health is most important.
  건강이 가장 중요하다.

1331
gay
[gei] 게이

- 휑 명랑한, 화려한
- She likes a gay colors.
  그녀는 화려한 색상을 좋아한다.

1332
confident
[kánfidənt] 칸피던트

- 휑 확신하는, 자신하는
- I am confident of his success.
  그의 성공을 확신하고 있다.

1333
peaceful
[pí:sfəl] 피-스펄

- 휑 평화로운, 조용한
- His parents lead a peaceful life in the country.
  그의 양친은 시골에서 평화로운 생활을 하고 있다.

1334
□ **angry**
[ǽŋgri] 앵그리
[형] 성난, 화가 난
❖ I came to angry words with him.
나는 화가 나서 그와 말다툼하게 되었다.

1335
□ **alone**
[əlóun] 얼로운
[형] 홀로의, 오직 ~뿐인 [부] 혼자서
❖ Do outdoor activities alone.
혼자서 실외 활동을 하라.

1336
□ **different**
[dífərənt] 디퍼런트
[형] ~와 다른, 여러 가지의
❖ She had a different opinion.
그녀는 다른 의견을 가지고 있었다.

1337
□ **difficult**
[dífikʌ̀lt] 디피컬트
[형] 곤란한, 어려운(↔easy 쉬운)
❖ It is difficult to learn English.
영어를 배우는 것은 어렵다.

1338
□ **interesting**
[íntəristiŋ] 인터리스팅
[형] 재미있는, 흥미진진한
❖ It makes interesting reading.
그것은 매우 흥미 있는 기사이다.

1339
□ **afraid**
[əfréid] 어프레이드
[형] 무서워하는, 걱정하는
❖ There's nothing to be afraid of.
두려워할 것은 아무 것도 없다.

1340
□ cool
[ku:l] 쿨-

[형] 시원한, 냉정한 [동] 차게 하다

❖ The cool wind smoothed him.
차가운 바람이 그를 진정시켰다.

1341
□ kind
[kaind] 카인드

[형] 친절한 [명] 종류(=sort), 본질

❖ You are very kind.
무척 친절하시군요.

1342
□ useless
[jú:slis] 유-슬리스

[형] 쓸모 없는(↔useful 쓸모 있는)

❖ It's useless to argue with them.
그들과 논의해 봤자 소용이 없다.

1343
□ busy
[bízi] 비지

[형] 바쁜, 통화중인

❖ She's busy with her homewcork.
그녀는 숙제하느라 바쁘다.

1344
□ dark
[dɑ:rk] 다-크

[형] 어두운 [명] 어둠

❖ The hallway is very dark.
복도는 매우 어둡다.

1345
□ cloudy
[kláudi] 클라우디

[형] 흐린, 그름이 낀

❖ It's cloudy and cold.
흐리고 춥다.

1346
□ low
[lou] 로우

[형] 낮은, 값싼 [부] 낮게, 값싸게

❖ He sits in a low chair.
그는 낮은 의자에 앉습니다.

1347
□ narrow
[nǽrou] 내로우

[형] 좁은, 한정된

❖ The valley narrowed more and more. 골짜기는 점점 더 좁아져 갔다.

1348
□ express
[iksprés] 익스프레스

[형] 급행의 [명] 급행 열차 [동] 표현하다

❖ Express your idea clearly.
네 생각을 명확하게 표현해라.

1349
□ fit
[fit] 피트

[형] (꼭) 맞는, 알맞은(=proper) [동] ~에 맞다

❖ I was very happy because the shirt fit perfectly! 그 셔츠가 꼭 맞아서 나는 매우 행복했다!

1350
□ personal
[pə́ːrsənəl] 퍼-서널

[형] 개인의, 인격적인

❖ I have no personal relations with him.
개인적으로는 그분과 관계가 없다.

1351
□ convenient
[kənvíːnjənt] 컨비-니언트

[형] 편리한(=handy), 형편이 좋은

❖ It's cheaper and more convenient. 그것은 더 싸고 더 편리해.

1352
lazy
[léizi] 레이지

- 형 게으른, 나태한(↔diligent 근면한)
- ❖ What a lazy boy he is!
  그는 얼마나 게으른 소년인가!

1353
brief
[bri:f] 브리-프

- 형 간단한, 짧은(=short) 명 개요, 요약
- ❖ His answer was brief.
  그의 대답은 간결했다.

1354
rude
[ru:d] 루-드

- 형 버릇없는(=impolite), 무례한(↔polite 예의바른), 거친
- ❖ His rude manners caused me uneasiness.
  그의 무례함은 나를 불안하게 했다.

1355
outdoor
[áutdɔːr] 아웃도-

- 형 실외의, 옥외에서의
- ❖ He's not really an outdoor type.
  그는 사실 옥외활동형이 아니다.

1356
full
[ful] 풀

- 형 가득한(↔empty 빈), 충분한
- ❖ Vegetables are full of vitamins.
  야채에는 비타민이 풍부하다.

1357
soft
[sɔ(:)ft] 소-프트

- 형 부드러운, 온화한
- ❖ If you boil potatoes, they get soft. 감자는 삶으면 부드러워진다.

필수단어 | **239**

1358
impossible

[impásəbəl] 임파서블

형 불가능한(↔possible 가능한)

❖ It's absolutely impossible.
그것은 절대적으로 불가능하다.

1359
dependent

[dipéndənt] 디펜던트

형 의지[의존]하고 있는, ~에 좌우되는

❖ Don't let yourself become dependent on others.
다른 사람들에게 의존하지 마라.

1360
domestic

[douméstik] 도메스틱

형 가정의, 가사의, 국내의, 국산의

❖ Her husband is very domestic.
그녀의 남편은 매우 가정적이다.

1361
outer

[áutər] 아우터

형 바깥(쪽)의, 외부의

❖ He heard a voice in the outer room. 그는 바깥쪽 방에서 누군가의 목소리를 들었다.

1362
professional

[prəféʃənəl] 프러페셔널

형 전문직의(↔amateur 초보자의)

❖ I think her singing is on a professional level. 그 여자의 노래는 프로의 수준이라고 생각한다.

1363
correctly

[kəréktli] 커렉틀리

부 정확히, 바르게

❖ He answered correctly.
그는 정확하게 대답했다.

1364
□ **ahead**

[əhéd] 어헤드

(부) 앞으로, 앞에

❖ Many difficulties lay ahead.
많은 어려움이 앞길에 가로놓여 있었다.

1365
□ **instead**

[instéd] 인스테드

(부) 그 대신에

❖ He is playing instead of working.
그는 일하는 대신 놀고 있다.

1366
□ **almost**

[ɔ́:lmoust] 올-모우스트

(부) 거의(=nearly), 대부분

❖ Dinner is almost ready.
저녁 준비가 거의 다 되었다.

1367
□ **exactly**

[igzǽktli] 이그잭(틀)리

(부) 정확히(=correctly), 바로

❖ Repeat exactly what he said.
그가 한 말을 그대로 되풀이해보시오.

1368
□ **apart**

[əpá:rt] 어파-트

(부) 떨어져서, 따로

❖ Keep the boys apart.
그 소년들을 따로 떼어 놓으세요.

1369
□ **later**

[léitər] 레이터

(부) 후에, 나중에

❖ You can do it later.
나중에라도 할 수 있다.

1370
□ **maybe**

[méibiː] 메이비-

(부) 아마(=perhaps), 어쩌면

❖ Maybe on the beach.
  아마 해변인 것 같아요.

1371
□ **forward**

[fɔ́ːrwərd] 포-워드

(부) 앞으로(↔backward 뒤로),
(형) 전방의

❖ She drove the car forward.
  그녀는 차를 앞으로 몰았다.

1372
□ **indeed**

[indíːd] 인디-드

(부) 실로, 참으로

❖ He might indeed be correct.
  그래 참, 그가 옳은지도 몰라.

1373
□ **always**

[ɔ́ːlweiz] 올-웨이즈

(부) 늘, 언제나, 항상

❖ She always works hard.
  그녀는 언제나 열심히 일한다.

1374
□ **behind**

[biháind] 비하인드

(전) ~의 뒤에(↔before 앞에)
(부) 뒤에

❖ I am behind him in English.
  나는 영어에서 그에게 뒤진다.

1375
□ **toward**

[tɔːrd] 토-드

(전) ~쪽으로, ~에 대하여, ~가까이

❖ A bicycle is coming toward me. 자전거 한 대가 나를 향해 오고 있어요.

1376
during [djúəriŋ] 듀(어)링
전 ~동안, ~사이에
❖ During the day, they were busy.
하루 동안 그들은 바빴다.

1377
though [ðou] 도우
접 비록 ~일지라도 부 ~이기는 하지만(=although)
❖ Though he was young, he supported his family.
그는 어렸지만 그의 가족을 부양하고 있었다.

1378
study [stʌ́di] 스터디
명 서재, 공부, 연구
❖ He is devoted to his study.
연구에 여념이 없다.

1379
fame [feim] 페임
명 명성, 명예 동 평판하다
❖ He is famed as a poet.
그는 시인으로서 평판이 나 있다.

1380
air [ɛər] 에어
명 모양, 태도, 뽐내는 모습, 비행기
❖ How much would it cost by air?
항공 우편으로 하면 얼마지요?

1381
architecture [á:rkətèktʃər] 아-커텍처
명 건축, 건축학
❖ I like plain architecture.
나는 단순한 건축물이 좋다.

필수단어 | **243**

1382
fund
[fʌnd] 펀드

명 자금, 축적

- a retirements fund 퇴직 기금
- a fund of knowledge 지식의 축적

1383
picture
[píktʃər] 픽처

명 사진, 꼭 닮은 것, 영화

- She is the picture of her dead mother.
  그녀는 돌아가신 어머니를 꼭 닮았다.

1384
departure
[dipá:rtʃər] 디파-처

명 출발(↔arrival 도착), 떠남

- What are the departure days?
  출발 일은 무슨 요일인가요?
  동 depart 출발하다

1385
skin
[skin] 스킨

명 피부, (동물의)가죽

- skin an onion 양파 껍질을 벗기다

1386
purchase
[pə́:rtʃəs] 퍼-처스

명 구입물, 획득

- At last they purchased freedom with blood. 마침내 그들은 피를 흘려 자유를 획득했다.

1387
range
[reindʒ] 레인지

명 열, 산맥 동 늘어놓다, 뻗다

- The wolf ranged across the field. 늑대가 들판을 가로질러 갔다.

1388
cradle
[kréidl] 크레이들

명 요람, 발상지

❖ A baby is sleeping in the cradle.
아기가 요람에서 자고 있다.

1389
intellect
[íntəlèkt] 인털렉트

명 지성, 지능

❖ Man's intellect distinguishes him from beasts. 인간은 지성이 있음으로써 짐승과 구별된다.
형 intellectual 지적인

1390
cancer
[kǽnsər] 캔서

명 암

❖ die of cancer 암으로 죽다
형 cancered 암에 걸린

1391
ignorance
[ígnərəns] 이그너런스

명 무지

❖ He revealed his ignorance.
그는 자신의 무지를 드러냈다.
동 ignore 무시하다

1392
experiment
[ikspérəmənt] 익스페러먼트

명 실험 동 실험하다

❖ a new experiment in education
교육상의 새로운 시도

1393
benefit
[bénəfit] 베너핏

명 이익, 은혜 동 이익이 되다

❖ benefit by the medicine
약에서 이익을 얻다
- 명 benefiter 수익자
- 형 beneficial 이로운, 유익한

1394
society
[səsáiəti] 서사이어티

명 회(會), 단체, 사교계, 사회

❖ go into society 사회에 나가다

1395
popularity
[pὰpjəlǽrəti] 파퓨어래러티

명 인기, 유행

❖ enjoy popularity 인기가 있다

1396
spell
[spel] 스펠

명 한차례, 한동안, 주문(呪文)
동 철자하다

❖ chant a spell 주문을 외우다

1397
civilization
[sìvəlizéiʃən] 시벌리제이션

명 문명, 문화, 도시

❖ He studies ancient civilization.
그는 고대 문명을 연구한다.

1398
heritage
[héritidʒ] 헤리티지

명 유산

❖ We should preserve our national heritage. 우리는 국가적 유산을 보존해야 한다.

1399
expense
[ikspéns] 익스펜스

명 지출(=expenditure), 비용(=cost), 희생

❖ Repairing a house is an expense.
집수리에는 돈이 든다.

1400
field
[fi:ld] 필-드

명 분야, 들판

❖ My other field is flooded.
나의 다른 분야는 꽉 찼어요.

1401
regard
[rigá:rd] 리가-드

명 안부 동 간주하다

❖ Take care of yourself, and give my best regards to your parents.
건강하고 부모님께 안부 전해줘.

1402
instinct
[ínstiŋkt] 인스팅크트

명 본능, 직감 형 넘치는, 가득찬

❖ Animals act on instinct.
동물은 본능에 따라서 행동한다.
형 instinctive 본능적인

1403
stuff
[stʌf] 스터프

명 재료, 물건 동 채워넣다

❖ His room is full of old stuff.
그의 방은 낡은 물건들로 가득 차 있다.

1404
effect
[ifékt] 이펙트

명 결과(↔cause 원인), 효과

❖ The laws have had a definite effect.
그 법률은 분명한 효과를 가져왔다.

필수단어 | **247**

1405
□ **train**

[trein] 트레인

명 행렬, 연속 동 훈련하다, 열차

❖ How often do you train?
연습을 얼마나 하시나요?

1406
□ **layer**

[léiər] 레이어

명 층

❖ The ozone layer is being destroyed. 오존층은 파괴되고 있다.

1407
□ **resort**

[risɔ́ːrt] 리-소-트

명 피서지, 휴양지 동 의지하다

❖ resort to violence
폭력에 호소하다

명 resorter 유흥지에 잘 가는 사람

1408
□ **welfare**

[wélfɛ̀ər] 웰페어

명 복지

❖ child welfare 아동 복지
❖ on welfare 생활 보호를 받아

1409
□ **soil**

[sɔil] 소일

명 흙, 땅, 나라

❖ rich soil 기름진 땅
❖ on foreign soil 이국에서

1410
□ **medium**

[míːdiəm] 미-디엄

명 중간, 매개 형 중간의, 보통의

❖ by the medium of ~의 매개로
❖ She has a medium height.
그녀는 중간키이다.

1411
□ **defense**

[diféns] 디펜스

명 방어, 변호

❖ He made good his title defense.
그는 타이틀 방어에 성공했다.
동 defend 방어하다

1412
□ **decade**

[dékeid] 데케이드

명 10년

❖ Ramsay lived for another decade.
그는 10년을 더 살았다.

1413
□ **bronze**

[brɑnz] 브란즈

명 청동

❖ The church bell is made of bronze.
교회의 종은 청동으로 만들어졌다.

1414
□ **faith**

[feiθ] 페이스

명 신앙(=belief), 신용, 성실

❖ I have lost faith in him.
나는 그를 신용하지 않는다.

1415
□ **trait**

[treit] 트레이트

명 특색, 특징, 버릇

❖ make the best of traits
특색을 살리다

1416
□ **side**

[said] 사이드

명 측, 자기편, 옆구리 동 편들다

❖ My mother always sided with me. 어머니는 늘 내 편을 드셨다.

필수단어 | **249**

1417
□ **witness**

[wítnis] 위트니스

명 증거, 증인, 목격자 동 목격하다

❖ Who had the witness called?
목격자는 누구에게 전화를 했는가?

1418
□ **ambition**

[æmbíʃən] 앰비션

명 대망, 야심

❖ I have no political ambition.
나는 정치적 야심 따위는 없다.
형 ambitious 야심 있는

1419
□ **creature**

[kríːtʃər] 크리-처

명 피조물, 생물

❖ Animals are natural and beautiful creatures. 동물들은 자연스럽고 아름다운 피조물이다.
동 create 창조하다 형 creatural 생물의

1420
□ **resource**

[ríːsɔːrs] 리-소-스

명 자원, 수단

❖ Conserve our valuable natural resources!
귀중한 우리들의 천연자원을 보존해라.

1421
□ **thrift**

[θrift] 스리프트

명 절약, 검약

❖ A bank account encourages thrift. 은행 거래를 하면 절약하게 된다.

1422
□ **sport**

[spɔːrt] 스포-트

명 농담, 스포츠, 운동경기

❖ make sport of 놀리다, 조롱하다
❖ a strenuous sport 격렬한 스포츠

1423
□ **institution**

[ìnstətjúːʃən] 인스터튜–션

명 기관, 시설, 설립, 창립
- a charitable institution 자선 단체
- a public institution 공공 기관

1424
□ **policy**

[páləsi] 팔러시

명 정책, 방침
- We've changed our policy.
  저희가 정책을 바꿨습니다.

1425
□ **affection**

[əfékʃən] 어펙션

명 애정
- They were closely knit by affection. 그들은 애정으로 굳게 맺어져 있었다.

1426
□ **statue**

[stǽtʃuː] 스태추–

명 조각상
- He is starting at the statues.
  그는 조각상을 쳐다보고 있다.
- 형 statuary 조각상의

1427
□ **passion**

[pǽʃən] 패션

명 정열
- As years go by passion lessens.
  세월이 감에 따라 정열은 쇠한다.
- 형 passionate 정열적인

1428
□ **congress**

[káŋgris] 캉그리스

명 회의, 의회
- Congress passed the bill.
  의회가 그 법안을 가결했다.

1429
□ **world**

[wəːrld] 월-드

명 세계, 세상, ~계, 세상사람, 다수(의)

❖ a journey around the world
세계 일주 여행

1430
□ **philosophy**

[filásəfi] 필라서피

명 철학, 사상

❖ empirical philosophy 경험 철학
❖ the philosophy of Spinoza
스피노자의 철학

1431
□ **device**

[diváis] 디바이스

명 고안, 장치

❖ a nuclear device 핵폭발 장치
동 devise 고안하다

1432
□ **wisdom**

[wízdəm] 위즈덤

명 지혜, 현명함

❖ He showed great wisdom in the act. 그는 정말 총명하게 행동했다.
형 wise 현명한

1433
□ **imagination**

[imædʒənéiʃən] 이매저네이션

명 상상력

❖ a man of remarkable imagination 상상력이 뛰어난 사람
동 imagine 상상하다

1434
□ **consult**

[kənsʌ́lt] 컨설트

명 상의 동 상담하다

❖ consult with a person about a matter 어떤 일에 대해 남과 상의하다

1435
□ **emotion**

[imóuʃən] 이모우션

명 정서, 감정

❖ Anger and love are emotions.
노여움과 사랑은 감정이다.

1436
□ **flesh**

[fleʃ] 플레시

명 살, 육체

❖ The thorn went deep into the flesh. 가시가 살 속 깊이 박혔다.

1437
□ **party**

[páːrti] 파-티

명 당파, 일행, 당사자, 모임

❖ The rest of the party will leave.
그 일행의 나머지는 떠날 것이다.

1438
□ **evolution**

[èvəlúːʃən] 에벌루-션

명 진화, 발전

❖ That's the theory of evolution.
그것이 진화론이다.
동 evolve 발전시키다

1439
□ **physics**

[fíziks] 피직스

명 물리학

❖ nuclear physics 핵물리학
❖ a physics theater 물리학 교실

1440
□ **fantasy**

[fæntəsi] 팬터시

명 공상, 환상

❖ A talking dictionary is no longer a fantasy.
말하는 사전은 더 이상 공상이 아니다.

1441
□ **ethics**

[éθiks] 에식스

명 윤리, 윤리학

❖ Christian ethics disapprove of suicide.
기독교 윤리는 자살을 반대한다.

1442
□ **material**

[mətíəriəl] 머티(어)리얼

명 물질, 재료(=substance)
형 물질적인

❖ They were good quality materials.
재료들은 모두 훌륭했다.

명 materialism 물질주의

1443
□ **access**

[ǽkses] 액세스

명 접근 동 정보를 호출(입력)하다

❖ a man of difficult access
접근하기 어려운 사람

형 accessible 접근하기 쉬운

1444
□ **satisfaction**

[sæ̀tisfǽkʃən] 새티스팩션

명 만족 동 만족시키다

❖ Your satisfaction is guaranteed.
만족 보장합니다.

1445
□ **cell**

[sel] 셀

명 세포, 작은 방, 독방

❖ Cancer begins as a single cell.
암은 단일 세포에서 시작된다.

1446
□ **lung**

[lʌŋ] 렁

명 폐, 허파

❖ His left lung is bad.
그의 왼쪽 폐가 나쁘다.

2단계

1447
case
[keis] 케이스

명 실정, 사실, 환자, 경우, 상자

* In this case, what would you say? 이런 경우에 당신은 뭐라고 말하겠는가?

1448
labor
[léibər] 레이버

명 노동, 노력, 출산 동 일하다

* He joined the labor union.
  그는 노동조합에 가입했다.
* easy labor 순산 / hard labor 난산

1449
majority
[mədʒɔ́(:)rəti] 머조-러티

명 대다수, 대부분(↔minority)
형 대다수의, 주요한

* The majority of them are bloody awful.
  그들 중 대다수는 정말로 꼴 보기 싫다.

1450
organization
[ɔ̀:rɡənəzéiʃən] 오-거너제이션

명 조직, 단체

* the organization of a club
  클럽의 조직
* a nonprofit organization
  비영리 단체

1451
harmony
[hάːrməni] 하-머니

명 조화, 화합, 일치

* the harmony of colors
  색채의 조화
* be out of harmony
  조화되어 있지 않다

1452
justice
[dʒʌ́stis] 저스티스

명 정의, 공정

- He fought for justice bravely.
  그는 정의를 위해 용감하게 싸웠다.
- minister of justice 법무장관

1453
somebody
[sʌ́mbàdi] 섬바디

명 상당한 인물, 누군가

- Somebody left a towel on the floor. 누군가 타월을 바닥에 놔두었다.

1454
meadow
[médou] 메도우

명 목초지, 풀밭

- a floating meadow
  침수가 잘되는 목초지

1455
theme
[θi:m] 심-

명 주제, 제목, 테마

- the main theme of discussions
  토론의 주제

1456
garbage
[gá:rbidʒ] 가-비지

명 쓰레기, 찌꺼기

- The man is throwing some garbage.
  남자가 약간의 쓰레기를 버리고 있다.

1457
parliament
[pá:rləmənt] 팔-러먼트

명 의회, 국회(=assembly)

- Parliament is up.
  의회가 폐회되었다.
  형 parliamentary 의회의

1458
□ **scent**

[sent] 센트

- 명 향기(=smell, fragrance)
- 동 냄새 맡다

❖ A powerful scent is permeating the room.
독한 냄새가 방 안에 배어 있다.

1459
□ **castle**

[kǽsl] 캐슬

- 명 성(城)

❖ The village boasts of a fine castle. 그 마을에는 훌륭한 성이 있다.

1460
□ **facility**

[fəsíləti] 퍼실러티

- 명 설비, 시설

❖ The town lacks amusement facilities.
그 도시에는 오락 시설이 없다
- 형 facile 손쉬운 동 facilitate 쉽게 하다

1461
□ **tendency**

[téndənsi] 텐던시

- 명 경향, 추세

❖ She has a tendency to talk too much. 그녀는 말을 너무 많이 하는 경향이 있다.

1462
□ **disgrace**

[disgréis] 디스그레이스

- 명 불명예, 치욕

❖ It brings disgrace upon our family. 그것은 우리 가문에 불명예스러운 일이다.

필수단어 | **257**

1463
□ **conference**

[kánfərəns] 칸퍼런스

명 회의, 협의, 논의

❖ The man is holding a conference.
남자가 회의를 열고 있다.
동 confer 수여하다

1464
□ **tragedy**

[trǽdʒədi] 트래저디

명 비극

❖ the tragedy of war
전쟁이라고 하는 비참한 참사

1465
□ **capacity**

[kəpǽsəti] 커패서티

명 능력, 수용력 형 최대한의

❖ She has enough capacity to do this job. 그녀는 이 일을 너끈히 해낼 능력이 있다.
형 capable 유능한

1466
□ **shame**

[ʃeim] 셰임

명 수치, 치욕

❖ in shame 부끄러워하여
❖ be without shame 수치를 모르다

1467
□ **myth**

[miθ] 미쓰

명 신화

❖ Most societies have their own creation myths.
대부분의 사회에는 그들 나름의 창조 신화가 있다.

2단계

1468
□ **career**

[kəríər] 커리어

명 직업, 출세, 성공(=occupation)
형 직업적인
* a career diplomat 직업 외교관
* career opportunities 취업 기회

1469
□ **advertisement**

[ǽdvərtáizmənt] 애드버타이즈먼트

명 광고
* put an advertisement in a newspaper 신문에 광고를 내다

1470
□ **minister**

[mínistər] 미니스터

명 장관, 성직자 동 봉사하다
* the Minister for Defense
  국방 장관
* minister to the sick 환자를 돌보다

1471
□ **attitude**

[ǽtitjùːd] 애티튜-드

명 태도, 마음가짐
* His attitude is nauseating.
  그의 태도는 구역질이 난다
  명 posture 자세

1472
□ **magic**

[mǽdʒik] 매직

명 마술(의), 마력(의)
* a magic box 마법의 상자
* the magic of fame
  명예가 지닌 마력

필수단어 | **259**

1473
merit

[mérit] 메리트

명 장점, 공적

- Frankness is one of his merits.
  솔직함은 그의 장점의 하나다.
- 형 meritorious 공적 있는

1474
talent

[tǽlənt] 탤런트

명 재주, 재능

- have a talent for music
  음악의 재능이 있다
- 형 talented 재주있는

1475
lot

[lɑt] 랏

명 운명, 제비, 토지, 많음

- cast in one's lot
  운명을 같이하다
- There are a lot of stones and sand. 많은 돌과 모래들이 있다.

1476
origin

[ɔ́:rədʒin] 오-러진

명 기원, 태생

- He is a Dane by origin.
  그는 덴마크 태생이다.
- 형 original 본래의 독창적인

1477
union

[jú:njən] 유-니언

명 결합, 일치, 합동

- union of two towns into one
  두 마을의 병합

1478
□ **globe**

[gloub] 글로우브

명 지구

❖ He has traveled all around the globe. 그는 지구 곳곳을 여행했다.

1479
□ **fable**

[féibəl] 페이블

명 우화, 꾸며낸 이야기

❖ He regarded it as a mere fable.
그는 그것을 단지 꾸며낸 것으로 생각했다.

1480
□ **circumstance**

[sə́ːrkəmstæns] 서-컴스탠스

명 환경, 사정

❖ She lives in good circumstances.
그녀는 좋은 환경에서 산다.

1481
□ **campaign**

[kæmpéin] 캠페인

명 (선거)운동, 전쟁

❖ They had a campaign against smoking.
그들은 금연 운동을 벌였다.

1482
□ **risk**

[risk] 리스크

명 위험(=danger) 동 위험을 무릅쓰다

❖ Mountain climbing involves great risks.
등산에는 큰 위험이 따른다.

형 riskful 위험이 많은

1483
patience
[péiʃəns] 페이션스

명 인내
- Have patience! 참아라!
- 형 patient 인내심이 강한

1484
pessimist
[pésəmist] 페서미스트

명 비관론자
- One of them was an optimist, and the other was a pessimist.
  그들 중 하나는 낙관론자이고 하나는 비관론자이다.

1485
fancy
[fǽnsi] 팬시

명 공상, 좋아함, 별남 동 생각하다
- I have a fancy that he will not come.
  그가 올 것 같지 않은 예감이 든다.

1486
basis
[béisis] 베이시스

명 기초, 토대
- Love is the basis of education.
  사랑은 교육의 기본이다.
- 형 basic 기본적인

1487
income
[ínkʌm] 인컴

명 수입, 소득(↔expenditure)
- Expenses outran income.
  지출이 수입을 초과했다.

1488
structure

[strʌ́ktʃər] 스트럭처

명 구조, 건물물

- It is complicated in structure.
  그것은 구조가 복잡하다.
- 형 structural 구조상의

1489
biography

[baiágrəfi] 바이아그러피

명 전기

- Do you prefer biography or fiction? 당신은 전기를 좋아합니까 아니면 소설을 좋아합니까?

1490
fortune

[fɔ́ːrtʃən] 포-천

명 부, 재산, 재물

- He left a great fortune to his son.
  그는 아들에게 막대한 재산을 남겼다.

1491
want

[wɔ(ː)nt] 원-트

명 부족 동 필요로 하다, 부족하다, 원하다

- We want a small house.
  우리는 조그만 집을 원한다.

1492
craft

[kræft] 크래프트

명 기능, 공예, 배, 비행기

- a cargo craft[plane] 화물 수송기
- handi-craft 수공예

1493
opportunity
[ùpərtjúːnəti] 아퍼튜－너티

명 기회(=chance), 행운

- I have little opportunity for making a trip.
  여행할 기회가 거의 없다.
  형 opportune 시기가 좋은

1494
hardship
[háːrdʃip] 하－드쉽

명 고난(=suffering), 곤경(=distress)

- Hardship warped his disposition.
  고난으로 그의 성질이 비뚤어졌다.

1495
patent
[pǽtənt] 패턴트

명 특허, 명백 형 특허의, 명백한

- take out a patent for an invention
  발명품의 특허를 취득하다

1496
existence
[igzístəns] 이그지스턴스

명 존재, 생존

- Those characters have no existence in history.
  그런 인물은 역사상 존재하지 않는다.
  동 exist 존재하다

1497
favor
[féivər] 페이버

명 호의, 찬성 동 호의를 보이다

- I am in favor of his opinion.
  나는 그의 견해에 찬성한다.

1498
category
[kǽtigɔ̀ːri] 캐티고-리

명 범주

- There are remarkably few in that category. 그런 범주에 해당하는 경우는 상당히 적습니다.

1499
legend
[lédʒənd] 레전드

명 전설

- Our country is rich in history and legend.
  우리나라는 역사가 깊고 전설이 많다.

1500
digestion
[didʒéstʃən] 디제스천

명 소화, 숙고, 소화력

- This food is hard of digestion.
  이 음식은 소화가 잘 안 된다.

1501
home
[houm] 호움

명 가정, 중심지

- There is nothing like home.
  내 집보다 나은 곳은 없다.

1502
consequence
[kánsikwèns] 칸시퀜스

명 결과, 결말, 중요성

- It has no consequences.
  결과가 없다.

1503
will
[wil] 윌

명 의지, 유언장 동 바라다, 원하다

- have a strong will
  의지가 굳세다

1504
trial
[tráiəl] 트라이얼

(명) 공판, 시도, 재판

* The trial will be held in camera.
  재판은 비공개가 될 것이다.

1505
economy
[ikánəmi] 이카너미

(명) 경제, 절약 (형) 경제적인

* The Korean economy is picking up. 한국경제는 점점 나아지고 있다.

1506
day
[dei] 데이

(명) 전성기, 승리, 시대, 날, 낮

* It is growing hotter every day.
  날씨가 날로 더워진다.

1507
counsel
[káunsəl] 카운설

(명) 의논, 충고 (동) 조언하다

* He counseled me to quit smoking.
  그는 나에게 담배를 끊으라고 충고했다.
  (명) counselor 상담자

1508
ball
[bɔːl] 볼-

(명) 무도회, 공

* They're attending a ball.
  그들은 무도회에 참석하고 있다.
* give a ball 무도회를 열다

1509
□ **view**

[vjuː] 뷰-

명 전망, 광경(=sight) 동 보다, 바라보다

- I'd prefer an ocean view.
  바다가 보이는 전망이 더 좋아요.

1510
□ **insurance**

[inʃúərəns] 인슈(어)런스

명 보험, 보증

- insurance for life 종신 보험
- 동 insure 보증하다

1511
□ **bomb**

[bɑm] 밤

명 폭탄 동 폭격하다

- an A-bomb 원자 폭탄
- a smoke bomb 연막탄

1512
□ **charity**

[tʃǽrəti] 채러티

명 자비, 구호, 자선 단체

- He gave all he had to charity.
  그는 전 재산을 자선 사업에 바쳤다.
- charity bazaar 자선바자회

1513
□ **broadcast**

[brɔ́ːdkæst] 브로-드캐스트

명 방송 동 방송하다

- What is this broadcast about?
  무엇에 관한 방송인가?

1514
sacrifice

[sǽkrəfàis] 새크러파이스

명 희생 동 희생하다

- I will make any sacrifice to save her. 그녀를 구하기 위해 어떤 희생이라도 치르겠다.

형 sacrificial 희생의

1515
chemistry

[kémistri] 케미스트리

명 화학

- applied chemistry 응용 화학
- organic chemistry 유기 화학

형 chemical 화학의

1516
evidence

[évidəns] 에비던스

명 증거(=proof), 증언 동 증언하다

- There is no evidence that he is guilty. 그가 범인이라는 증거가 없다.

1517
school

[sku:l] 스쿨-

명 학파, 학교, 수업 동 훈련하다

- There is no school today. 오늘은 수업이 없다.

1518
author

[ɔ́:θər] 오-서

명 작가, 창시자 동 저작하다

- God is the author of nature. 신은 만물의 조물주이시다.

명 authority 권위

1519
measure
[méʒər] 메저

명 수단, 방책 동 치수를 재다, 조정하다

❖ The circumstances warrant such measures.
사정상 그런 수단이 용납된다.

1520
impression
[impréʃən] 임프레션

명 인상, 감명

❖ an agreeable impression 호감
❖ visual impressions 시각적 인상

1521
harm
[hɑːrm] 함-

명 해악, 손해 동 해치다

❖ There is no harm in doing so.
그렇게 해도 해는 없다.

1522
audience
[ɔ́ːdiəns] 오-디언스

명 관객, 방청객

❖ There was a large audience.
관객이 많았다.

1523
bloom
[bluːm] 블룸-

명 꽃 동 꽃피다

❖ Trees burst into bloom.
나무에 꽃이 활짝 피었다.

1524
alternative
[ɔːltə́ːrnətiv] 올-터-너티브

명 양자택일 형 양자택일의

❖ the alternative of death or submission
죽음이냐 항복이냐의 이자택일

1525
satellite
[sǽtəlàit] 새털라이트

명 위성 형 위성의

- satellite communications
  위성 통신
- satellite broadcasting
  위성 방송

1526
term
[tə:rm] 텀-

명 조건, 교제관계, 용어, 기간

- the terms of payment 지불조건
- a term of two years 2년의 임기

1527
throne
[θroun] 스로운

명 왕위, 왕좌 동 왕위에 앉히다

- The revolution toppled the king from his throne.
  그 혁명으로 왕은 왕위에서 쫓겨났다.

1528
reserve
[rizə́:rv] 리저-브

명 예비, 비축 동 예약하다

- This table is reserved.
  이 좌석은 예약된 것입니다.
  명 reservation 예약

1529
profit
[práfit] 프라핏

명 이익 명 이익을 보다

- I have read it with profit.
  그것을 읽고 덕을 보았다.

1530
frame

[freim] 프레임

몡 구조, 골격, 틀 동 형성하다

- the frame of the universe
  우주 구조
- fix a picture in a frame
  사진을 틀에 끼우다

1531
recreation

[rèkriéiʃən] 레크리에이션

몡 휴양, 보양

- take recreation 휴양하다
- for recreation 보양을 위하여

1532
generation

[dʒènəréiʃən] 제너레이션

몡 세대 동 발생시키다

- The environment must be preserved for future generations.
  미래 세대를 위해 환경이 보전되어야 한다.

1533
assist

[əsíst] 어시스트

동 돕다

- She assisted me in my work.
  그녀는 내 일을 도와주었다.

몡 assistance 원조

1534
proceed

[prousíːd] 프로시―드

동 나아가다, 계속하다

- We proceeded on our way.
  우리는 가던 길을 계속 갔다.

1535
□ attempt

[ətémpt] 어템(프)트

동 시도하다, 기도하다(=try) 명 시도, 기도

❖ The attempt issued in failure.
그 시도는 실패로 끝났다.

1536
□ sentence

[séntəns] 센텐스

동 판결하다, 선고하다 명 문장, 판결, 선고

❖ stop a sentence
문장에 마침표를 찍다

1537
□ approach

[əpróutʃ] 어프로우치

동 접근하다 명 접근

❖ Spring approaches.
봄이 다가온다.

형 approachable 가까이하기 쉬운

1538
□ greet

[griːt] 그리―트

동 인사하다, 들리다

❖ He greeted me politely.
그는 내게 정중히 인사했다.

1539
□ classify

[klǽsəfài] 클래서파이

동 분류하다

❖ The books in the library are classified according to subject.
도서관에 있는 책들은 주제에 따라 분류되어 있다.

1540
compare

[kəmpέər] 컴페어

동 비교하다, 비유하다 명 비교

❖ She's comparing the drinks.
그녀는 음료수를 비교하고 있다.

1541
make

[meik] 메이크

동 만들다, 나아가다, 도착하다, 벌다
명 체격, 제작

❖ Wine is made from grapes.
포도주는 포도를 원료로 하여 만든다.

1542
alter

[ɔ́:ltər] 올터

동 변경하다, 바꾸다(=change)

❖ He altered his house into a store.
그는 자기 집을 상점으로 개조했다.

1543
suspect

[səspékt] 서스펙트

동 의심하다 명 용의자

❖ I suspected that he was the offender. 나는 그가 범인이 아닌가 하고 생각했다.

명 suspicion 혐의, 의심

1544
grumble

[grʌ́mbəl] 그럼블

동 불평하다, 투덜대다

❖ grumble out a protest
투덜거리며 항의하다
❖ grumble for wine
술이 없다고 불평하다

필수단어 | **273**

1545
approve
[əprúːv] 어프루-브

(동) 찬성하다, 시인하다

❖ I approve your choice.
나는 네 선택에 찬성한다.
(명) approval 승인

1546
defeat
[difíːt] 디피-트

(동) 패배하다, 격퇴하다(=beat)
(명) 패배

❖ He was defeated soundly.
그는 확실히 패배했다.

1547
tempt
[tempt] 템프트

(동) 유혹하다, 마음을 끌다

❖ The offer tempts me.
그 제안에 마음이 끌렸다.
(명) temptation 유혹

1548
refer
[rifə́ːr] 리퍼-

(동) 나타내다, 참조하다, 언급하다

❖ He referred lightly to his wound.
그는 상처에 관해 가볍게 언급했다.
(명) reference 언급, 참조문

1549
research
[risə́ːrtʃ] 리서-치

(동) 연구하다, 조사하다 (명) 연구, 조사

❖ research into a matter thoroughly
문제를 철저하게 조사하다
(명) researcher 연구자

1550
consume
[kənsúːm] 컨숨-

동 소비하다(↔produce 생산하다)

❖ This car consumes a lot of gas.
이 차는 휘발유를 많이 소비한다.
명 consumption 소비

1551
apply
[əplái] 어플라이

동 적용하다, 전념하다, 신청하다

❖ Can I apply for another one?
다른 자리에 지원해도 됩니까?
명 application 신청, 신청서

1552
ignore
[ignɔ́ːr] 이그노-어

동 무시하다

❖ He completely ignored their opinions.
그는 그들의 의견을 완전히 무시했다.
명 ignorance 무지, 무학

1553
encounter
[enkáuntər] 엔카운터

동 ~에 맞서다, 부딪치다 (=confront) 명 우연한 만남, 조우

❖ encounter an old friend on the street
거리에서 옛 친구를 우연히 만나다.

1554
confirm
[kənfə́ːrm] 컨펌-

동 확인하다, 굳히다

❖ He was confirmed in his decision.
그는 더욱 결심을 굳게 했다.
명 confirmation 확인

1555
stand

[stænd] 스탠드

동 (~상태에) 있다, 서다, 견디다

❖ The old building stands up well.
저 낡은 건물은 잘 지탱하고 있다.

1556
afford

[əfɔ́ːrd] 어포-드

동 주다, ~할 여유가 있다

❖ I can ill afford the expense.
비용을 부담할 여유가 없다.

1557
specialize

[spéʃəlàiz] 스페셜라이즈

동 전공하다, 전문화하다

❖ specialize in chemistry
화학을 전공하다
명 specialist 전문가

1558
spoil

[spɔil] 스포일

동 망치다, 손상하다

❖ The heavy rain spoiled the crops.
큰 비가 농작물을 망쳐 버렸다.

1559
observe

[əbzə́ːrv] 어브저-브

동 관찰하다, 준수하다

❖ Observe how the machine works.
기계가 어떻게 움직이는지 지켜보십시오.
명 observation 관찰

1560
deposit
[dipázit] 디파지트

동 맡기다 명 예금, 맡긴 것

❖ He deposited the book with me.
그는 그 책을 나에게 맡겼다.

1561
detect
[ditékt] 디텍트

동 발견하다, 수색하다

❖ I detected the man stealing money.
그 자가 돈을 훔치는 것을 보았다.

명 detective 형사

1562
reproduce
[rì:prədjú:s] 리-프러듀-스

동 재생하다, 번식하다

❖ Most plants reproduce by seed. 대부분의 식물은 종자에 의해 번식한다.

1563
blame
[bleim] 블레임

동 깜짝 놀라게 하다

❖ He blamed me for the accident.
그는 사고의 책임이 내게 있다고 비난했다.

형 blameful 비난받을

1564
head
[hed] 헤드

동 앞장서다, 나아가다 명 우두머리, 머리수

❖ His name heads the list.
그의 이름이 명단 맨 앞에 있다.

필수단어 | **277**

1565
□ sob

[sɑb] 사브

[동] 흐느껴 울다

❖ He sobbed out the whole sad story. 그는 흐느끼면서 모든 슬픈 이야기를 말하였다.

1566
□ sell

[sel] 셀

[동] 팔다, 팔리다, 매도하다

❖ a house to sell 팔려고 내놓은 집

❖ sell like hot cakes 날개 돋히듯 팔리다

1567
□ start

[stɑːrt] 스타-트

[동] 출발하다, (놀라)움찔하다, 시작하다

❖ I suggest an early start. 일찍 출발할 것을 제안합니다.

1568
□ punish

[pʌ́niʃ] 퍼니시

[동] 벌하다, 혼내주다

❖ Don't punish your child for being honest. 당신 아이를 정직하다고 벌하지 마시오.

[명] punisher 벌주는 사람

1569
□ ally

[əlái] 얼라이

[동] 동맹하다 [명] 동맹자국

❖ Japan was once allied with England. 일본은 영국과 동맹을 맺은 적이 있다.

1570
□ settle
[sétl] 세틀

[동] 놓다, 정착하다, 해결하다

❖ The matter must be settled without delay.
이것은 시급히 해결해야 할 문제다.

1571
□ admit
[ædmít] 애드밋

[동] 승인하다, 인정하다

❖ He admitted his wrongs.
그는 자기의 잘못을 인정했다.

1572
□ help
[help] 헬프

[동] 삼가다, 돕다 [명] 도움

❖ It was a great help to me.
그것은 내게 큰 도움이 되었다.

1573
□ imply
[implái] 임플라이

[동] 의미하다, 암시하다

❖ Silence often implies consent.
침묵은 종종 동의를 의미한다.

1574
□ relate
[riléit] 릴레이트

[동] 말하다, 관계관련시키다

❖ relate the result to a cause
결과를 어떤 원인과 관련시키다

1575
□ tell
[tel] 텔

[동] 식별하다, 말하다

❖ He told me his name.
그는 나에게 이름을 가르쳐 주었다.

1576
□ **adapt**

[ədǽpt] 어댑트

동 적응시키다, 개작하다

❖ She had the ability to adapt easily to all circumstance.
그녀는 모든 상황에 대해 적응력이 있다.

명 adaptation 적응

1577
□ **inform**

[infɔ́ːrm] 인폼-

동 알리다, 통지하다

❖ I wrote to inform him of my decision. 나는 나의 결정을 알리는 편지를 그에게 보냈다.

명 information 정보

1578
□ **seize**

[siːz] 시-즈

동 붙잡다, 포착하다, 움켜쥐다

❖ seize a rope 밧줄을 꽉 붙잡다
❖ seize the leadership
지도권을 쥐다

1579
□ **read**

[riːd] 리-드

동 읽다, 예언하다

❖ read a book through
책을 통독하다
❖ read the future 미래를 예언하다

1580
□ **run**

[rʌn] 런

동 달리다, 경영하다, 출마하다

❖ run back 달려서 돌아오다
❖ run a firm 회사를 운영하다

1581
differ
[dífər] 디퍼

- 동 다르다, 틀리다
- He differs with me entirely.
  그는 나와 의견이 전혀 다르다.
- 명 difference 차이

1582
spring
[spriŋ] 스프링

- 동 튀다, 도약하다 명 봄, 용수철, 샘
- 활 spring -sprang -sprung
- the spring of life 인생의 봄
- spring into the air
  공중으로 뛰어오르다

1583
provide
[prəváid] 프러바이드

- 동 주다, 준비하다
- Cows provide milk for us.
  암소는 젖을 제공한다.

1584
convince
[kənvíns] 컨빈스

- 동 확신시키다
- She convinced me of her honesty that she was honest.
  그녀는 자기가 정직하다는 것을 내게 납득시켰다.
- 명 conviction 신념

1585
mean
[miːn] 민-

- 동 뜻하다, ~할 작정이다 명 중간 형 비열한
- What does that mean to you.
  그런 말들이 당신에게 무슨 의미가 있겠어요.

1586
occupy

[ákjəpài] 아큐파이

동 차지하다, 점령하다

❖ This desk occupies too much space.
이 책상은 자리를 너무 많이 차지한다.
명 occupation 점령

1587
predict

[pridíkt] 프리딕트

동 예측하다(=foretell), 예언하다 (=prophesy)

❖ He predicted when war would break out.
그는 전쟁이 언제 일어날 것인지 예언하였다.

1588
estimate

[éstəmèit] 에스터메이트

동 어림잡다, 평가하다(=appraise)
명 견적, 평가

❖ I estimated the room to be 20 feet long. 나는 그 방의 길이를 20피트로 어림잡았다.

1589
move

[mu:v] 무브

동 감동시키다, 제의하다, 이사하다

❖ be moved to tears
감동해 눈물을 흘리다

1590
dismiss

[dismís] 디스미스

동 해고하다, 해산하다, 내쫓다

❖ They dismissed me without any good reason. 그들은 나를 타당한 이유도 없이 해고하였다.
형 dismissible 해고를 면치 못할

1591
□ avoid
[əvɔ́id] 어보이드

[동] 피하다

❖ Avoid eating fatty foods.
기름진 음식의 섭취를 피해라.

1592
□ inhabit
[inhǽbit] 인해비트

[동] ~에 살다, 거주하다(=dwell in)

❖ Only artists inhabit the region.
그 지역에는 예술가들만이 살고 있다.

1593
□ participate
[pɑːrtísəpèit] 파-티서페이트

[동] 참가하다, 관여하다

❖ They participated with the family in their sufferings.
그들은 그 가족과 괴로움을 함께했다.

1594
□ land
[lænd] 랜드

[동] 하차하다(↔take off), 착륙하다
[명] 육지

❖ The boat is on land.
배가 상륙하고 있다.

1595
□ argue
[ɑ́ːrgjuː] 아-규-

[동] 논하다, 설득하다

❖ He argued with his father about the matter. 그는 아버지와 그 일에 대해 논의하였다.
[명] argument 논의

1596
□ **manufacture**

[mænjəfǽktʃər] 매뉴팩처

동 제조하다(=make) 명 제조, 제품

❖ Oil is used in the manufacture of many goods.
석유는 많은 상품의 제조에 사용된다.

1597
□ **starve**

[stɑːrv] 스타-브

동 굶어죽다, 갈망하다

❖ The poor child starved for domestic affection.
그 가엾은 아이는 가정적인 애정에 굶주려 있었다.
명 starvation 굶주림

1598
□ **affect**

[əfékt] 어펙트

동 영향을 주다, 감동시키다, ~인체하다

❖ affect one's future
장래에 영향을 주다
명 effect 영향

1599
□ **appeal**

[əpíːl] 어필-

동 호소하다, 항소하다 명 호소

❖ I'll appeal to the public.
나는 여론에 호소할 것이다.

1600
□ **guarantee**

[gæ̀rəntíː] 개런티-

동 보증하다 명 보증

❖ a money-back guarantee
환불 보증
❖ under guarantee of
~의 보증 아래

1601
□ **invest**

[invést] 인베스트

[동] 투자하다, 부여하다

❖ invest in stocks
주식에 투자하다
[명] investment 투자

1602
□ **unify**

[júːnəfài] 유-너파이

[동] 통일하다, 통합하다

❖ The country was unified in the 18th century.
그 나라는 18세기에 통일되었다.
[명] unification 통일

1603
□ **seek**

[siːk] 시-크

[동] 찾다, 구하다

❖ He is seeking for employment.
그는 일자리를 찾고 있다.

1604
□ **interpret**

[intə́ːrprit] 인터-프리트

[동] 통역하다, 해석하다

❖ He interpreted difficult parts of the book. 그는 그 책의 어려운 부분들을 해석했다.

1605
□ **communicate**

[kəmjúːnəkèit] 커뮤-너케이트

[동] 전달하다, 통신하다

❖ They communicate with each other by mail.
그들은 서로 편지로 연락하고 있다.
[명] communication 의사소통

1606
devote [divóut] 디보우트
(동) 바치다, 충당하다
- He devoted his life to the study of physics.
  그는 물리학 연구에 한평생을 바쳤다.
  (명) devotion 헌신

1607
exhaust [igzɔ́:st] 이그조-스트
(동) 다 써버리다 (명) 배출, 배기관
- We have exhausted our money.
  우리는 돈을 다 써버렸다.

1608
resume [rizú:m] 리줌-
(동) 다시 시작하다, 되찾다 (명) 이력서
- The House resumed work.
  의회가 재개되었다.

1609
arise [əráiz] 어라이즈
(동) 일어나다, 발생하다
- A serious problem has arisen.
  심각한 문제가 발생했다.

1610
contain [kəntéin] 컨테인
(동) 포함하다(=hold)
- Sea-water contains much salt.
  바닷물에는 다량의 염분이 포함되어 있다.
  (형) containable 억누를 수 있는

1611
say [sei] 세이
(동) 말하다 (명) 주장
- say a word 한 마디 말하다
- so to say 말하자면

1612
award [əwɔ́ːrd] 어워-드
- 동 (심사하여)주다, 수여하다
- ❖ How often is the award given?
  상은 얼마나 자주 수여되는가?

1613
spare [spɛər] 스페어
- 동 절약하다, 아끼다 형 예비의
- ❖ Spare the rod and spoil the child.
  매를 아끼면 아이를 버린다.

1614
fascinate [fǽsəneit] 패서네이트
- 동 황홀케하다, 매혹시키다
- ❖ Her beauty fascinated everyone.
  그녀의 아름다움은 모두를 매혹했다.
- 형 fascinating 매혹적인

1615
display [displéi] 디스플레이
- 동 보이다, 나타내다, 전시하다
- 명 표시, 진열, 전시물
- ❖ Cards are on display.
  카드들이 진열되어 있다.

1616
aware [əwɛ́ər] 어웨어
- 형 알고 있는, 알아차린
- ❖ He was aware that it was a trick.
  그는 그것이 속임수인 줄 알고 있었다.

1617
military [mílitèri] 밀리테리
- 형 군대의, 육군의
- ❖ compulsory military service
  강제 징병
- ❖ military discipline 군대의 규범

1618
official

[əfíʃəl] 어피셜

⟨형⟩ 공식의, 공무상의

- The committee held an official inquiry into the matter. 위원회는 그 문제를 공식적으로 조사했다.

1619
humble

[hʌ́mbəl] 험블

⟨형⟩ 겸손한, 하찮은

- a man of humble origin
  미천한 집안에 태어난 사람

1620
shy

[ʃai] 샤이

⟨형⟩ 수줍어하는, 소심한

- He was presented as very shy.
  그는 아주 소심한 것처럼 보였다.

1621
frank

[fræŋk] 프랭크

⟨형⟩ 솔직한, 숨김없는

- frank criticism 솔직한 비평
- to be frank with you
  솔직히 말하면

1622
loyal

[lɔ́iəl] 로이얼

⟨형⟩ 충성스러운, 성실한

- The king has many loyal subjects.
  왕은 충성스러운 부하들을 많이 거느리고 있다.

1623
visible

[vízəbəl] 비저블

⟨형⟩ 눈에 보이는

- Are there any visible symptoms?
  눈에 보이는 증상이 있나요?
  ⟨부⟩ visibly 눈에 보이게

1624
ashamed [əʃéimd] 어셰임드
- 형 부끄러워하는, 당황한
- I am ashamed to see you.
  부끄러워서 널 만나고 싶지 않다.

1625
capable [kéipəbəl] 케이퍼블
- 형 능력있는, 유능한
- She is a capable teacher.
  그녀는 유능한 교사다.
- 부 capably 유능하게

1626
temporary [témpərèri] 템퍼레리
- 형 임시의(↔permanent), 한때의
- temporary measures 임시조처
- temporary expedient 임시방편

1627
prime [praim] 프라임
- 형 제일의, 주요한
- His prime concern is the peace of the world.
  그의 주요한 관심사는 세계 평화이다.
- 부 primely 훌륭하게

1628
exact [igzǽkt] 이그잭트
- 형 정확한
- the exact time 정확한 시간
- exact to the letter 대단히 정확한

1629
steep [stiːp] 스티-프
- 형 가파른, 급경사진, 험한 동 담그다
- The stairs are high and steep.
  계단이 높고 가파르다.

1630
□ **good**

[gud] 구드

형 뛰어난, 친절한 명 선, 이익, 상품

- a good artist 뛰어난 화가
- be no good 아무 쓸모도 없다

1631
□ **faint**

[feint] 페인트

형 희미한, 약한 동 기절하다

- His strength grew faint.
  그의 체력이 약해졌다.

1632
□ **civil**

[sívəl] 시벌

형 예의바른, 공손한, 문명의

- John seems unable to keep a civil tongue.
  존은 공손하게 말할 수가 없을 것 같다.

1633
□ **minute**

[mínit] 미닛

형 상세한, 사소한 명 분

- with minute attention
  세심한 주의를 기울여

1634
□ **rare**

[rɛər] 레어

형 드문, 진기한

- It is rare for him to go out.
  그가 외출하는 일은 드물다.
- 명 rareness 희귀

1635
□ **guilty**

[gílti] 길티

형 유죄의(↔innocent 무죄의)

- The judge pronounced him guilty.
  판사는 그가 유죄라고 선언했다.

1636
□ **complex**

[kəmpléks] 컴플렉스

- 형 복잡한 명 복합체
- ❖ a complex problem 복잡한 문제
- ❖ a complex system 복합 시스템

1637
□ **pure**

[pjuər] 퓨어

- 형 순수한, 맑은
- ❖ pure in body and mind
  몸과 마음이 청순한

1638
□ **choice**

[tʃɔis] 초이스

- 형 고급의 명 선택
- ❖ I approve your choice.
  나는 네 선택에 찬성한다.

1639
□ **plain**

[plein] 플레인

- 형 명백한, 검소한 명 평원, 벌판
- ❖ in plain terms 명백하게 말하자면
- ❖ a plain meal 검소한 식사

1640
□ **net**

[net] 넷

- 형 정미(正味)의 명 그물
- ❖ lay a net 그물을 치다
- ❖ draw in a net 그물을 올리다

1641
□ **potential**

[poutén ʃəl] 포우텐셜

- 형 잠재적인 명 잠재력, 가능성
- ❖ How is the growth potential in that market?
  그 시장의 성장 가능성은 어떻습니까?

1642
□ **meet**

[mi:t] 미-트

(동) 응하다, 만나다

❖ What time can we meet today?
오늘 몇 시에 만날까요?

1643
□ **absurd**

[æbsə́:rd] 앱서-드

(형) 터무니없는, 불합리한

❖ Don't be absurd.
터무니없이 굴지 마라.

1644
□ **separate**

[sépərèit] 세퍼레이트

(형) 분리된 (동) 분리하다

❖ Please separate the pencils from the pens.
연필을 펜과 분리하세요.

1645
□ **vital**

[váitl] 바이틀

(형) 생명의, 중요한, 필수적인

❖ tear the vitals out of a subject
문제의 핵심을 찌르다
(명) vitality 생명력

1646
□ **physical**

[fízikəl] 피지컬

(형) 육체의, 물질적인(↔mental)
(명) 신체검사

❖ a physical impossibility
물리적으로 불가능한 일

1647
□ permanent

[pə́ːrmənənt] 퍼-머넌트

[형] 영구한(=everlasting), 내구성의(↔temporary 임시의)

❖ She is looking for a permanent place to stay.
그녀는 영구적으로 살 집을 찾고 있다.

1648
□ casual

[kǽʒuəl] 캐주얼

[형] 우연한, 변덕스러운

❖ a very casual sort of person
심한 변덕쟁이

[명] casualness 변덕

1649
□ sufficient

[səfíʃənt] 서피션트

[형] 충분한, 족한 [명] 충분한 양

❖ He has sufficient qualifications for a team captain.
그는 팀의 주장으로서 충분한 자격이 있다.

1650
□ tidy

[táidi] 타이디

[형] 단정한

❖ They are so clean and tidy.
그들은 깔끔하고 단정하다.

1651
□ free

[friː] 프리-

[형] 무료의, 면세의, 자유로운

❖ the free world 자유세계

❖ free imports 비과세(稅) 수입품

1652
□ **extreme**

[ikstrí:m] 익스트림-

- 혱 극도의(=excessive), 맨끝의
- 몡 극도
- ❖ the girl on the extreme right
  오른쪽 끝의 여자

1653
□ **subjective**

[səbdʒéktiv] 서브젝티브

- 혱 주관적인, 사적인
- ❖ a subjective evaluation
  개인적인 평가
- ❖ be too subjective
  주관에 치우치다

1654
□ **proof**

[pru:f] 프루-프

- 혱 ~에 견디는 몡 증명, 증거
- ❖ proof against temptation
  유혹에 안 넘어가는
- 동 prove 입증하다

1655
□ **long**

[lɔ:ŋ] 롱-

- 혱 길이가 긴 동 동경하다
- ❖ It had been a long month.
  기나긴 한 달이었습니다.

1656
□ **actual**

[ǽktʃuəl] 액추얼

- 혱 현실의
- ❖ He doesn't know your actual state.
  그는 너의 현실의 상황을 모른다.

1657
□ holy

[hóuli] 호울리

[형] 신성한

✣ The nun led a holy life.
그 수녀는 성스러운 삶을 보냈다.

1658
□ slight

[slait] 슬라이트

[형] 적은, 근소한, 가냘픈

✣ a slight increase 근소한 증가

✣ be slight of figure 몸이 가냘프다

1659
□ ready

[rédi] 레디

[형] 준비가 된, 즉석에서의

✣ Dinner is ready.
식사 준비가 되었습니다.

1660
□ human

[*h*jú:mən] 휴-먼

[형] 인간의, 인간다운

✣ Trees are also being cut down by human hands. 나무들도 사람의 손에 의해서 잘려나간다.

1661
□ panic

[pǽnik] 패닉

[형] 당황케 하는 [동] 공포를 일으키다

✣ Don't be shocked or panic.
놀래거나 당황하지 마십시오.

1662
□ typical

[típikəl] 티피컬

[형] 전형적인, 대표적인(=characteristic)

✣ It is a typical folk song.
이것은 전형적인 민요이다.
[부] typically 전형적으로

1663
□ **selfish**

[sélfiʃ] 셀피시

형 이기적인, 이기주의의

❖ They blame young people for being selfish.
그들은 젊은 사람들은 이기적이라고 비난한다.

1664
□ **tremendous**

[triméndəs] 트리멘더스

형 엄청난, 무서운

❖ She has tremendous ambition.
그녀는 엄청난 야심이 있다.

1665
□ **innocent**

[ínəsnt] 이너슨트

형 순결한, 결백한(=pure, naive)

❖ Let us suppose that he is innocent.
그가 결백하다고 가정해 보자.

1666
□ **particular**

[pərtíkjələr] 퍼티큘러

형 특수한, 까다로운

❖ She is particular about who she dates.
그녀는 데이트 상대를 매우 까다롭게 가린다.

1667
□ **conscious**

[kánʃəs] 칸셔스

형 의식적인(↔unconscious)
명 의식

❖ He is conscious of his own faults.
그는 자기의 결함을 알고 있다.

1668
strict
[strikt] 스트릭트

형 엄격한, 엄밀한

❖ Products must conform to strict standards.
제품은 엄격한 기준에 합격해야 한다.

명 strictness 엄격함

1669
positive
[pázətiv] 파저티브

형 긍정적인(↔negative 부정적인)

❖ Seek the positive rather than the negative. 부정적인 것보다 긍정적인 것을 찾아라.

1670
very
[véri] 베리

부 바로 대단히, 매우

❖ She worked very hard.
그녀는 매우 열심히 일했다.

1671
abroad
[əbrɔ́ːd] 어브로-드

부 외국에(=overseas), 널리

❖ live abroad 해외에서 살다
❖ send abroad 해외에 파견하다

1672
but
[bʌt] 벗

전 ~을 제외하고, 다만, ~하지 않은

❖ But I left it at home.
하지만 집에 놓고 왔어요.

1673
over
[óuvər] 오우버

전 ~이상, ~위에

❖ the bridge over the river
강에 걸려 있는 다리

"Never put off till tomorrow what you can do today"
오늘에 할 일을 내일로 미루지 마라.

Part III

3-step

3단계

* 핵심단어 *

3-step 3단계

1674
attain
[ətéin] 어테인

동 달성하다

* He attained his goal at the fifth trial. 그는 다섯 번째 시도에서 목적을 달성했다.

명 attainment 달성

1675
exploit
[éksplɔit] 엑스플로이트

동 개발하다, 이용하다 명 공훈, 위업

* exploit natural resources 천연 자원을 이용하다

1676
yearn
[jəːrn] 여-언

동 그리워하다, 갈망하다

* They yearned to see their motherland again. 그들은 모국을 다시 한번 보기를 갈망했다.

1677
imprison
[imprízən] 임프리즌

동 투옥하다, 감금하다

* He was imprisoned on no evidence. 그는 아무런 증거도 없는데 감금되었다.

명 imprisonment 투옥

1678
□ **within**

[wiðín] 위딘

전 이내에, ~안에 명 내부

- within two hours
  2시간 이내에
- within and without
  안에도 밖에도

1679
□ **engagement**

[engéidʒmənt] 인게이지먼트

명 약혼, 약속

- a previous engagement 선약
  동 engage 약속하다
  명 engagement ring 약혼반지

1680
□ **species**

[spíːʃi(ː)z] 스피-쉬이즈

명 인류, 종(류)

- It is a rare species of roses.
  그것은 희귀한 장미종이다.

1681
□ **dictator**

[díkteitər] 딕테이터

명 독재자, 절대권력자

- Down with the dictator!
  독재자를 타도하라!
  명 dictatorship 독재

1682
□ **constitution**

[kànstətjúːʃən] 칸스터튜-션

명 헌법, 체격

- a written constitution 성문 헌법
- a good constitution 좋은 체격
  동 constitute 성립시키다

1683
fury

[fjúəri] 퓨어리

명 격분, 격노

- the fury of the elements
  맹렬한 폭풍우
- fly into a fury 격노하다

1684
ray

[rei] 레이

명 광선, 희망의 빛, 방사선

- There is not a ray of hope.
  한 가닥의 희망도 없다.

1685
curiosity

[kjùəriásəti] 큐(어)리아서티

명 호기심, 진기한 물건

- Satisfy my curiosity.
  내 호기심을 채워 줘.
  형 curious 호기심 있는

1686
mischief

[místʃif] 미스치프

명 장난, 손해

- out of pure mischief
  순전히 장난기로
- full of mischief 장난기로 가득찬

1687
twilight

[twáilàit] 톼일라이트

명 황혼, 희미한 빛 형 박명의

- We took a walk in the twilight.
  우린 황혼녘에 산책을 했다.

1688
rank

[ræŋk] 랭크

명 열, 지휘, 계급, 사병 동 자리잡다

- What is that soldier's rank?
  저 군인의 계급은 무엇입니까?

1689
prose
[prouz] 프로우즈

명 산문(↔verse 운문), 평범
- in prose 산문으로
- a writer of prose 산문 작가

형 prosy 산문의

1690
benefactor
[bénəfæktər] 베너팩터

명 은인, 후원자
- He is looked up to as their benefactor. 그는 그들의 은인으로서 앙모를 받고 있다.

1691
behalf
[bihǽf] 비해프

명 위함, 이익
- He spoke on behalf of his colleagues. 그는 동료들의 이익을 대변해서 말했다.

1692
extent
[ikstént] 익스텐드

명 범위, 정도
- To some extent I agree with you. 나는 어느 정도 너에게 동의한다.

1693
patriotism
[péitriətìzəm] 패트리어티즘

명 애국심
- Their hearts burn with patriotism. 그들의 마음은 애국의 정열로 끓고 있다.

1694
moisture
[mɔ́istʃər] 모이스처

명 습기
- Moisture rots lumber. 습기는 재목을 썩힌다.

1695
□ **religion**

[rilídʒən] 릴리전

명 **종교**

❖ It is the primary form of religion.
그것은 종교의 초기 형태이다.

명 religionist 광신자

1696
□ **solitude**

[sálitjùːd] 솔리튜-드

명 **고독**

❖ She is fond of solitude.
그녀는 고독을 사랑한다.

1697
□ **drought**

[draut] 드라우트

명 **가뭄, 한발**

❖ financial drought 재정 궁핍

형 가뭄의

1698
□ **bait**

[beit] 베이트

명 **미끼, 유혹** 동 **미끼로 꾀다**

❖ A fish snapped at the bait.
물고기가 덥석 미끼를 물었다.

1699
□ **endeavor**

[endévər] 엔데버

명 **노력** 동 **노력하다**

❖ endeavor to do one's duty
의무를 다하려고 노력하다

1700
□ **generalization**

[dʒènərəlizéiʃən] 제너럴리제이션

명 **일반화, 보편화**

❖ Don't make a hasty generalization. 섣불리 일반화 하지 말라.

1701
gratitude
[grǽtətjùːd] 그레티튜드

명 감사

- express one's gratitude to a person
  ~에게 감사의 마음을 표시하다

1702
glacier
[gléiʃər] 글레이서

명 빙하

- the margin of a glacier 빙하의 끝
- a continental glacier 대륙성 빙하
  형 glacial 빙하의

1703
efficiency
[ifíʃənsi] 이피션시

명 능률; 효력

- efficiency wages 능률급
- an efficiency test 능률 시험
  부 efficiently 능률적으로

1704
disorder
[disɔ́ːrdər] 디스오-더

명 무질서, 혼란 동 혼란시키다

- The troops fled in disorder.
  그 군대는 무질서하게 달아났다.

1705
genius
[dʒíːnjəs] 자-니어스

명 천재

- I allow that he is a genius.
  과연 그는 천재다.

1706
apology

[əpálədʒi] 어팔러지

명 사과, 변명

- Make an earnest apology for your mistake.
  네 실수를 진지하게 사과하거라.
  형 apologetic 변명의

1707
conscience

[kánʃəns] 칸션스

명 양심, 도의심

- Everyone has a conscience.
  누구에게나 양심은 있다.
  형 conscientious 양심적인

1708
cast

[kæst] 캐스트

명 형(붕대), 주조, 배역   동 던지다, 주조하다

- cast a stone at a person
  ~에게 돌을 던지다

1709
candidate

[kǽndədèit] 캔더데이트

명 지원자, 후보자

- The man was a candidate for the office of mayor.
  그 남자는 시장 후보였다.

1710
sin

[sin] 신

명 죄, 죄악

- sin against good manners
  예절 없음, 예의에 벗어남

1711
□ **relief**
[rilíːf] 릴리-프

명 구제, 안심, 제거

- feel a sense of relief
  안도감을 느끼다
- a relief fund 구제 기금

1712
□ **nightmare**
[náitmɛ̀ər] 나이트메어

명 악몽, 공포감

- wake from a nightmare
  악몽에서 깨어나다

1713
□ **proposal**
[prəpóuzəl] 프러포우절

명 제의, 신청

- make a proposal to a woman
  여자에게 청혼하다

1714
□ **orientation**
[ɔ̀ːrientéiʃən] 오-리엔테이션

명 동쪽으로 향함, 지도, 안내

- an orientation course
  오리엔테이션 과정

1715
□ **crime**
[kraim] 크라임

명 범죄, 죄

- He is guilty of the crime.
  그는 죄를 지었다.
  형 criminal 범죄의 명 criminal 범죄자

1716
□ **scale**
[skeil] 스케일

명 체중계, 저울, 규모, 음계, 비늘

- He scales 150 pounds.
  그는 체중이 150파운드 나간다.

1717
□ **oracle**

[ɔ́(ː)rəkəl] 오러클

명 신탁(神託)

※ He asked the oracle at Delphi.
그는 델피신전에 신탁을 요청했다.

1718
□ **refuge**

[réfjuːdʒ] 레퓨-지

명 피난, 보호, 위안물

※ People sought refuge in a neighboring country.
사람들이 이웃 나라로 피난했다.

1719
□ **elegance**

[éligəns] 엘리건스

명 고상함, 우아함

※ It's about elegance and having fun. 그것은 우아함과 즐거움에 관한 것입니다.
형 elegant 기품 있는

1720
□ **strategy**

[strǽtədʒi] 스트래터지

명 전략, 전술

※ His strategy worked.
그의 전략은 맞아떨어졌다.
형 strategic 전략의

1721
□ **well-being**

[wélbíːiŋ] 웰빙-

명 복지, 행복

※ It makes for the well-being of the people.
그것은 국민의 복지를 증진시킨다.

1722
□ destiny

[déstəni] 데스티니

[명] 운명(=fate), 숙명, 운

❖ Destiny appointed it so.
그렇게 될 운명이었다.

1723
□ heir

[ɛər] 에어

[명] 상속인, 후계자

❖ an heir to property 유산 상속인

❖ an heir to the throne 왕위 계승자

1724
□ phase

[feiz] 페이즈

[명] 국면, 양상

❖ The war now entered on its new phase. 전쟁의 국면이 일변했다.

1725
□ disillusion

[dìsilú:ʒən] 디실루-전

[명] 환멸 [동] 환멸을 느끼게 하다

❖ He falls into deep disillusion.
그는 환멸에 빠졌다.

1726
□ reign

[rein] 레인

[명] 통치, 군림 [동] 군림하다, 통치하다

❖ hold the reigns of government
정권을 잡다

1727
□ hindrance

[híndrəns] 힌드런스

[명] 방해

❖ He was more of a hindrance than a help. 그는 도움이 되기보다는 오히려 방해가 되었다.

1728
masterpiece
[mǽstərpìːs] 매스터피-스

명 명작, 걸작

- This picture counts as a masterpiece. 이 그림은 걸작으로 간주된다.

1729
applause
[əplɔ́ːz] 어플로-즈

명 박수갈채, 칭찬

- Her performance elicited wild applause. 그녀의 연기는 요란한 박수갈채를 끌어냈다.
- 동 applaud 성원하다

1730
folly
[fáli] 팔리

명 어리석음, 어리석은짓

- to a folly 어리석을 정도로
- youthful follies 젊었을 때의 바보짓

1731
relish
[réliʃ] 렐리쉬

명 맛, 흥미

- find no relish in one's work 일에 흥미가 없다

1732
heredity
[hirédəti] 히레더티

명 유전

- What vegetable did Mendel use to explain his law of heredity? 멘델이 그의 유전법칙을 설명하는데 사용했던 식물은 무엇입니까?

1733
stature
[stǽtʃər] 스태쳐

명 키, 신장, 도덕적 발달

- small in stature 몸집이 작은
- moral stature 도덕 수준

1734
reliance

[riláiəns] 릴라이언스

명 신뢰, 믿음

* I place complete reliance on his judgment.
  나는 그의 판단을 전적으로 신뢰한다.

1735
anarchy

[ǽnərki] 애너키

명 무정부 상태

* Anarchy prevailed in Russia at that time.
  당시 러시아는 무정부 상태였다.

1736
strife

[straif] 스트라이프

명 투쟁

* a party strife 파벌 경쟁
* cause strife 싸움을 일으키다

1737
pace

[peis] 페이스

명 걸음, 걷는 속도 동 보조를 맞추어 걷다

* He advanced twenty paces.
  그는 20보 전진했다.

1738
prejudice

[prédʒədis] 프레저디스

명 편견(=bias), 선입관

* Ignorance breeds prejudice.
  무지는 편견을 낳는다.

1739
haste

[heist] 헤이스트

명 급함, 서두름

* More haste, less speed.
  급할수록 천천히.

1740
property [prápərti] 프라퍼티
명 재산, 소유물(=possessions)
- This car is the property of our family. 이 차는 우리 가족 재산이다.

1741
merchandise [mə́ːrtʃəndàiz] 머-천다이즈
명 상품
- The man is examining the merchandise.
남자가 상품을 들여다보고 있다.

1742
factor [fǽktər] 팩터
명 요인, 인자, 요소(=element)
- a common factor
공통 인수, 공약수

1743
retort [ritɔ́ːrt] 리토-트
명 말대꾸 동 말대꾸하다
- He retorted saying I was to blame.
그는 내가 나쁘다고 말대꾸했다.

1744
grief [griːf] 그리-프
명 큰 슬픔(=sorrow), 비탄
- Time will heal your grief. 당신의 슬픔은 세월이 낫게 해 줄 것이다.
- 동 grieve 몹시 슬퍼하다

1745
motive [móutiv] 모우티브
명 동기 동 동기가 되다
- mixed motives 잡다한 동기
- I suspect his motives.
그의 동기를 의심한다.

1746
□ barbarian
[baːrbέəriən] 바–베어리언

[명] 야만인 [형] 야만의, 잔인한

❖ The country was conquered by the barbarians.
그 나라는 야만인들에게 정복당했다.

1747
□ scrutiny
[skrúːtəni] 스크루–터니

[명] 면밀한 조사, 응시

❖ Their defense policy did not stand up under scrutiny.
그들의 방위 정책은 세밀히 살펴보면 허점이 드러난다.

1748
□ summary
[sʌ́məri] 서머리

[명] 요약 [형] 요약한, 즉석의

❖ I'd read the plot summary before I saw the play. 그 연극을 보기 전에 줄거리 요약을 읽었다.

1749
□ vocation
[voukéiʃən] 보우케이션

[명] 직업(occupation), 소질

❖ He has little vocation to literature.
그에게는 문학에 대한 소질이 별로 없다.
[형] vocational 직업상의

1750
□ metropolis
[mitrάpəlis] 미트라펄리스

[명] 수도, 중심지

❖ the middle schools in the metropolis 수도의 각 중학교

1751
□ warfare
[wɔ́ːrfὲər] 워–페어

[명] 전쟁, 교전

❖ chemical warfare 화학전
❖ economic warfare 경제 전쟁

1752
privilege
[prívəlidʒ] 프리벌리지

명 특권 동 특권을 주다

- The privilege has been conceded to him. 그 특권이 그에게 주어졌다.

1753
predecessor
[prédisèsər] 프레디세서

명 전임자, 선배, 선조

- Our new doctor is younger than his predecessor.
  우리의 새 의사는 전임자보다 젊다.

1754
contract
[kántrækt] 칸트랙트

명 계약 동 계약하다

- Is it an avoidable contract?
  그거 취소 가능한 계약인가요?

1755
scope
[skoup] 스코우프

명 범위, 시야

- a mind of wide scope
  시야가 넓은 사람
- the scope of science
  과학이 미치는 범위

1756
impulse
[ímpʌls] 임펄스

명 충동, 추진력

- He bought the car on impulse.
  그는 충동적으로 그 차를 샀다.
  형 impulsive 충동적인

1757
□ **scheme**

[skiːm] 스킴-

명 계획, 기획, 설계

❖ Their scheme of building the road has failed. 그들의 도로 건설 계획은 실패로 돌아갔다.

1758
□ **plot**

[plɑt] 플랏

명 음모, 계획, 줄거리

❖ There are many twists to the plot. 그 줄거리는 많은 반전을 가지고 있다.

1759
□ **courtesy**

[kə́ːrtəsi] 코-터시

명 예절, 공손

❖ He doesn't have one dram of courtesy.
그는 예절이라곤 전혀 없다.

1760
□ **notion**

[nóuʃən] 노우션

명 생각, 개념

❖ I have no notion of going there.
나는 그 곳에 갈 생각이 없다.

1761
□ **note**

[nout] 노우트

명 문서, 주의 동 적어두다

❖ I will note it lest I should forget (it). 잊어버리지 않도록 그것을 적어 두어야겠다.

1762
defect
[difékt] 디펙트

명 결점, 단점

- He pointed out several defects in the new law. 그들은 그 새로운 법의 결점 몇 개를 지적했다.

1763
diplomacy
[diplóuməsi] 디플로머시

명 외교(술)

- Skillful diplomacy helps to avert war. 능숙한 외교가 전쟁을 피하는 데 도움이 된다.

1764
relic
[rélik] 렐릭

명 유물, 유적

- relics of antiquity 고대의 유물
- the Roman relics 로마 유적

1765
sincerity
[sinsérəti] 신세러티

명 성실, 진심

- a man of sincerity 성실한 사람
- in all sincerity 거짓 없이

1766
virtue
[vɔ́ːrtʃuː] 버-추-

명 미덕(↔vice 악덕), 장점

- He praised the virtue of his car. 그는 자기 차의 장점을 칭찬했다.

1767
utmost
[ʌ́tmòust] 어트모우스트

명 최대한도 형 최상급의, 최대한도의

- a matter of the utmost importance 최고로 중요한 문제

1768
theory
[θíəri] 시-어리

명 이론, 학설

❖ Where is your theory now?
자네의 이론은 어찌 된 건가?

1769
calling
[kɔ́:liŋ] 코-링

명 소명, 부르심, 직업, 천직

❖ Let every man stick to his calling.
각자는 그의 직업에 착실해야 한다.

1770
volume
[válju:m] 발륨-

명 책, 권(卷), 다량

❖ This book is in six volumes.
이 책은 여섯 권으로 되어 있다.

1771
legislation
[lèdʒisléiʃən] 레지슬레이션

명 법률 제정, 입법행위

❖ Congress has the power of legislation. 의회는 입법권을 가진다.

명 legislator 입법자

1772
testimony
[téstəmóuni] 테스터모우니

명 증거, 증명

❖ I can bear testimony to his good character.
그가 훌륭한 인물임을 나는 입증할 수 있다.

1773
piety
[páiəti] 파이어티

명 경건, 신앙심

❖ She was eminent for her piety.
그녀는 신앙심이 깊기로 유명했다.

핵심단어 | 317

1774
symmetry

[símətri] 시머트리

명 균형, 조화

- I can feel the delicate symmetry of a leaf. 나는 나뭇잎의 섬세한 균형미를 느낄 수 있다.

1775
hospitality

[hàspitǽləti] 하스피탤러티

명 환대

- He enjoyed the hospitality of Mr. Kim. 그는 김 씨의 환대를 받았다.

1776
mine

[main] 마인

명 광산 동 채굴하다, 나의것

- an abandoned mine 폐광
- mine for coal 석탄을 채굴하다

  명 miner 광부

1777
vice

[vais] 바이스

명 악덕(↔virtue), 결점

- Miseries are attendant on vice. 악덕에는 불행이 따른다.

1778
aviation

[èiviéiʃən] 에이비에이션

명 비행(술), 항공(술)

- Pilots of large aircraft are masters of aviation. 대형 항공기의 조종사들은 비행술의 달인이다.

1779
haven

[héivən] 헤이븐

명 항구, 피난처, 안식처

- Their home was a haven for stray animals. 그들의 집은 길 잃은 동물을 위한 안식처였다.

1780
adolescence

[ǽdəlésəns] 애덜레선스

명 청년기, 청춘기

- become adolescent
  사춘기에 달하다
- an adolescent boy 사춘기의 소년

1781
emigrant

[éməgrənt] 에머그런트

명 이주자(↔immigrant 타국에서의 이민, 이주) 형 이주하는

- The number of emigrants is increasing.
  이주민의 수가 증가하고 있다.

1782
status

[stéitəs] 스테이터스

명 지위, 현상

- maintain the status quo
  현상을 유지하다

1783
principle

[prínsəpl] 프린서플

명 원리, 원칙

- I approve of his opinion in principle. 나는 원칙적으로는 그의 의견에 찬성한다.

1784
pomp

[pɑmp] 팜프

명 화려

- the pomps and glories of the world 속세의 영화

1785
historian
[históːriən] 히스토-리언

명 역사가

❖ One of the notable historians of the period is Adam Ulam.
아담 울람은 그 시대에 손꼽힐 만한 역사가들 중 한 명이다.

1786
phenomenon
[finámənàn] 피나머난

명 현상, 사건

❖ It's quite a phenomenon.
매우 놀랄만한 현상이다.

1787
antiquity
[æntíkwəti] 앤티쿼티

명 고대(인)

❖ a city of great antiquity
아주 오래된 도시

1788
shortcoming
[ʃɔ́ːrtkʌ̀miŋ] 쇼-트커밍

명 결점, 단점

❖ I am well aware of my shortcomings.
내 자신의 결점은 내가 잘 알고 있다.

1789
toll
[toul] 토울

명 통행료 동 종을 울리다

❖ toll in people
종을 울려서 사람들을 모으다

1790
stimulus
[stímjələs] 스티뮬러스

명 자극

❖ Light is a stimulus to growth in plants. 빛은 식물을 성장하게 하는 자극이다.
동 stimulate 자극하다

1791
propaganda
[pràpəgǽndə] 프라퍼갠더

명 선전, 주장
- antiwar propaganda 반전 선전
- propaganda film 선전 영화

1792
navigation
[næ̀vəgéiʃən] 내버게이션

명 항해(술), 항공(술)
- Navigation is an application of astronomy.
  항해술은 천문학을 응용한 것이다.

1793
traitor
[tréitər] 트레이터

명 배반자, 반역자
- a traitor to the nation 매국노
- turn traitor to ~을 배반하다

1794
literate
[lítərit] 리터리트

명 글을 읽고 쓸 줄 아는(사람), (특정 분야에 관해) 지식이 있는
- Only half of the children in this class are literate.
  이 학급 어린이들의 절반만이 글을 읽고 쓸 수 있다.

1795
malice
[mǽlis] 맬리스

명 악의, 원한
- I bear them no malice.
  나는 그들에게 아무런 악의도 품고 있지 않다.

1796
crisis
[kráisis] 크라이시스

명 위기, 고비

❖ The economy remains wallowed in crisis.
경제는 위기에 처해있습니다.

1797
usage
[jú:sidʒ] 유-시지

명 용법, 어법, 습관

❖ Grammar is based on usage.
문법은 관용 어법에 기초한다.

1798
treason
[trí:zən] 트리-전

명 반역죄, 배신

❖ They were condemned of treason.
그들에게 반역죄가 선고되었다.

1799
multitude
[mʌ́ltitjù:d] 멀티튜-드

명 다수, 군중

❖ a multitude of girls 다수의 소녀들
❖ the stars in multitude 무수한 별들

1800
melancholy
[mélənkàli] 멜런칼리

명 우울 형 우울한(= dismal)

❖ When she left, he sank into melancholy.
그녀가 떠나자 그는 우울해졌다.

1801
victim
[víktim] 빅팀

명 희생자, 피해자

❖ a victim of circumstances
환경의 희생자
동 victimize 희생시키다

1802
vanity
[vǽnəti] 배너티

명 허영심, 덧없음

❖ Perhaps he did it from vanity.
그는 아마 허영심에서 그렇게 했을 것이다.
형 vain 허영심이 강한

1803
trifle
[tráifəl] 트라이플

명 사소한 일, 조금

❖ stick at trifles
사소한 일에 구애되다

1804
cruelty
[krú:əlti] 크루―얼티

명 잔인, 잔학

❖ He is famed for his cruelty.
그는 잔인하기로 유명하다.

1805
emphasis
[émfəsis] 엠퍼시스

명 강조, 역설

❖ dwell on a subject with emphasis
되풀이 강조하다
동 emphasize 강조하다

1806
negligence
[néglidʒəns] 네글리전스

명 태만, 자유분망, 부주의

❖ His failure is due to his negligence.
그의 실패는 태만으로 말미암은 것이다.

1807
drudgery
[drʌ́dʒəri] 드러저리

명 고된 일, 고역(苦役)

❖ a hole-and-corner existence of daily drudgery
매일 고된 일을 하는 시원찮은 생활

핵심단어 | 323

1808
exertion

[igzə́ːrʃən] 이그**저**션

명 노력, 전력

❖ He made great exertions to pass the test.
그는 그 시험에 합격하기 위해 굉장히 노력했다.

1809
temper

[témpər] 템퍼

명 기질, 기분, 노여움

❖ an equal temper 차분한 성미
❖ in a bad temper 기분 나쁘게

1810
trend

[trend] 트렌드

명 경향, 추세 동 향하다, 기울다

❖ What trend does the graph show?
도표는 어떤 추세를 나타내고 있는가?

1811
proportion

[prəpɔ́ːrʃən] 프러**포**—션

명 비례, 비율

❖ in just proportions
적정한 비율로
❖ direct proportion
정비례

1812
solace

[sáləs] 살러스

명 위안(=comfort), 위로 동 위로하다

❖ seek solace in religion
종교에서 위안을 구하다

1813
contrast

[kάntræst] 칸트래스트

명 대조, 대비 동 대조하다

❖ The snowcapped peak contrasted with the blue sky.
눈 덮인 산봉우리가 푸른 하늘과 아름다운 대조를 이루고 있었다.

1814
bent

[bent] 벤트

명 경향 형 구부러진, 열중한

❖ The river bent toward the west.
강은 서쪽으로 굽어있었다.

1815
envy

[énvi] 엔비

명 질투, 시기, 부러움 동 부러워하다

❖ I envy her golden hair.
나는 그녀의 금발 머리가 부럽다.

형 envious 질투심이 강한

1816
spectacle

[spéktəkəl] 스펙터클

명 광경, 장관

❖ The tourists admired the magnificent spectacle. 관광객들은 그 장려한 광경에 탄복했다.

형 spectacular 볼만한

1817
vision

[víʒən] 비전

명 시력, 통찰력, 환상

❖ What is your vision?
당신의 시력은 어떻습니까?

1818
succession

[səkséʃən] 석세션

명 연속, 계승

❖ the law of succession 상속법
❖ in succession 잇달아서

1819
decay
[dikéi] 디케이

명 부패, 쇠퇴 동 부패하다, 쇠퇴하다

- This potato is decayed.
  이 고구마는 부패했다.

1820
passage
[pǽsidʒ] 패시지

명 통과, 한구절

- transcribe a passage from a letter 편지의 한 구절을 발췌하다.
- 동 pass 지나가다

1821
rumo(u)r
[rʌ́mər] 러-머

명 소문 동 소문을 내다

- It is rumored that he is ill.
  그는 앓고 있다는 소문이다.

1822
creed
[kri:d] 크리-드

명 신조, 주의

- That is an article of my creed.
  그것은 내 신조 중의 하나이다.

1823
jealousy
[dʒéləsi] 젤러시

명 질투, 시샘

- This case originated in jealousy. 이 사건은 질투에서 시작되었다.
- 부 jealously 질투하여

1824
reverence
[révərəns] 레버런스

명 존경 동 존경하다

- make a profound reverence
  정중히 경례하다

1825
bliss
[blis] 블리스

명 더없는 행복, 환희

* It was a sheer bliss.
더할 나위 없는 행복이다.

1826
homage
[hámidʒ] 하미지

명 경의

* We pay homage to the genius of Mozart. 우리는 모차르트의 천재성에 경의를 표한다.

1827
finance
[finǽns] 피낸스

명 재정, 재무

* adjust[order] finances
재정을 관리하다
* 형 financial 재정(상)의

1828
conceit
[kənsíːt] 컨사-트

명 자부심 동 우쭐대다

* She has a great conceit regarding her own beauty. 그녀는 자신의 미모에 큰 자부심을 가지고 있다.

1829
antipathy
[æntípəθi] 앤티퍼시

명 반감(↔sympathy 동정)

* Toads are his antipathy.
그는 두꺼비가 질색이다.

1830
treachery
[trétʃəri] 트레쳐리

명 배신, 반역

* I prefer poverty to treachery.
배반보다 가난이 더 낫다.

1831
□ **fatigue**

[fətíːg] 퍼티그

명 피로, 피곤

❖ He was suffering from fatigue.
그는 피로에 지쳐 있었다.

1832
□ **summit**

[sʌ́mit] 서미트

명 정상

❖ At last we saw the summit of the mountain.
마침내 산 정상을 보았다.

1833
□ **procedure**

[prəsíːdʒər] 프러시-저

명 수속, 진행

❖ I have gone through the entry procedure. 입국 수속을 다 마쳤다.

1834
□ **significance**

[signífikəns] 시그니피컨스

명 의의, 중요성

❖ with a look of great significance
매우 의미심장한 표정으로

1835
□ **faculty**

[fǽkəlti] 팩컬티

명 능력, 재능, 학부

❖ a faculty for making friends
친구를 사귀는 재주
형 facultative 능력의

1836
□ **disguise**

[disgáiz] 디스가이즈

명 변장 동 변장시키다, 가장하다

❖ horseflesh disguised as beef
쇠고기로 꾸며 속인 말고기
명 disguisement 변장

1837

□ **pasture**

[pǽstʃər] 패-스쳐

명 목장, 목초지

❖ The ox arrives at the pasture.
황소가 초원에 도착해요.

1838

□ **hostility**

[hɑstíləti] 하스틸러티

명 적의, 적개심

❖ meet with hostility
적의에 부닥치다

1839

□ **image**

[ímidʒ] 이미지

명 상(像), 꼭 닮은 사람(물건)

❖ He carved an image in wood.
그는 나무에 초상을 새겼다.

1840

□ **colony**

[kɑ́ləni] 칼러니

명 식민지, 거류지

❖ The American colonies formed a union.
미국 식민지들이 연방을 결성했다.

형 colonial 식민지의

1841

□ **crust**

[krʌst] 크러스트

명 (빵)껍질, 파이껍질

❖ I like the crust on French bread.
나는 프랑스 빵 껍질을 좋아합니다.

1842

□ **cliff**

[klif] 클리프

명 절벽, 낭떠러지

❖ The sea trashes against the cliffs. 사나운 파도가 절벽에 부딪친다.

형 cliffy 험준한

핵심단어 | **329**

1843
suffrage
[sʌ́fridʒ] 서프리지

명 참정권, 투표

❖ She cried loudly for female suffrage.
그녀는 여성 참정권을 외쳤다.

1844
frustration
[frʌstréiʃən] 프러스트레이션

명 좌절, 차질

❖ Frustration can occur in a number of different ways.
좌절은 여러 다양한 방식으로 일어날 수 있다.

동 frustrate 좌절시키다

1845
rage
[reidʒ] 레이지

명 격노, 대유행 동 격노하다

❖ I remember when long hair was all the rage.
긴머리가 유행이었던 것을 기억한다.

1846
famine
[fǽmin] 패민

명 기아, 굶주림

❖ Famine threatens the district.
기근이 그 지방을 위협하고 있다.

1847
trap
[træp] 트랩

명 덫, 함정 동 덫을 놓다

❖ trap the wood
숲에 덫을 놓다

1848
boredom
[bɔ́ːrdəm] 보-덤

명 지루함

❖ They began to chat to relieve the boredom of the flight.
그들은 비행의 지루함을 달래기 위해 잡담을 하기 시작했다.
형 bored 지루한

1849
germ
[dʒəːrm] 점-

명 병균, 세균

❖ a germ disease 세균병
❖ a germ carrier 보균자

1850
boss
[bɔ(ː)s] 보-스

명 우두머리, 사장

❖ The boss is returning tomorrow.
사장은 내일 돌아올 것이다.

1851
renown
[rináun] 리나운

명 명성

❖ be highly renowned
명성이 자자하다

1852
doctrine
[dáktrin] 닥트린

명 교리, 학설, 주의

❖ Catholic doctrines 가톨릭 교리
❖ the Monroe Doctrine 먼로주의

1853
prey
[prei] 프레이

명 먹이, 희생   동 잡아먹다

❖ Lions are pursuing their prey.
사자들이 먹이를 쫓고 있다.

1854
calamity

[kəlǽməti] 컬래머티

명 재난, 불행

❖ A miserable calamity befell him. 처참한 재난이 그에게 닥쳤다.

1855
agony

[ǽgəni] 애거니

명 고민, 고뇌, 고통

❖ The man cries in great agony.
그 남자는 고통의 몸부림을 치며 소리쳤다.

동 agonize 번민하다

1856
algebra

[ǽldʒəbrə] 앨저브러

명 대수(학)

❖ I'm beyond my depth in algebra class.
내게는 대수 공부가 너무 어렵다.

1857
tumult

[tjúːmʌlt] 튜−멀트

명 소동, 법석

❖ Presently the tumult died down.
이윽고 소동은 가라앉았다.

1858
thirst

[θəːrst] 서−스트

명 목마름, 갈망 동 갈망하다

❖ He has a thirst for adventure.
그는 모험을 갈망한다.

1859
pity

[píti] 피티

명 연민, 유감, 동정

❖ Nobody wants pity from others.
남의 동정을 받고 싶어할 사람은 없다.

1860
□ awe
[ɔː] 오-

[명] 경외심, 두려움

❖ They are in awe of their teacher.
그들은 선생님을 무서워한다.
[형] awful 두려운
[형] awed 경외심에 휩싸인

1861
□ sermon
[səːrmən] 서-먼

[명] 설교, 잔소리

❖ The preacher delivers a sermon every Sunday.
목사는 매주 일요일 설교를 한다.

1862
□ vessel
[vésəl] 베슬

[명] (큰)배, 그릇

❖ a merchant vessel 상선
❖ a weak vessel 약한 그릇

1863
□ commodity
[kəmɑ́dəti] 커마더티

[명] 일용품, 필수품

❖ Which commodity cost $5 three years ago?
3년 전 가격이 5달러였던 용품은?

1864
□ surrender
[səréndər] 서렌더

[명] 항복 [동] 항복하다

❖ He surrendered voluntarily to the police.
그는 자진해서 경찰에 자수했다.

1865
nutrition

[nju:tríʃən] 뉴-트리션

명 영양섭취(↔malnutrition 영양실조)

❖ Good nutrition is important for good health.
충분한 영양 섭취는 건강에 중요하다.

1866
greed

[gri:d] 그리-드

명 탐욕, 욕심

❖ There are no limits to man's greed.
사람의 욕심은 한없기 짝이 없다.

형 greedy 욕심 많은

1867
specimen

[spésəmən] 스페서먼

명 표본, 실례(實例)

❖ specimens in spirits
알코올에 담근 표본

❖ ask for a specimen
견본을 청구하다

1868
geometry

[dʒi:ámətri] 지-아머트리

명 기하학

❖ solid geometry
입체 기하학

형 geometric 기하학의

1869
admiration

[ӕdməréiʃən] 애드머레이션

명 감탄, 칭찬

❖ struck with admiration
감탄하는 마음 금할 수 없어.

1870
unprecedented
[ʌ̀nprésədèntid] 언프레서덴티드

명 전례가 없는, 공전(空前)의

❖ an unprecedented event
지금까지 없던 사건

1871
infancy
[ínfənsi] 인펀시

명 유년 시대, 초기

❖ I wanted to be a designer from my infancy.
어릴 적부터 디자이너가 되고 싶었다.

1872
omen
[óumən] 오우먼

명 전조, 조짐

❖ be of good omen 징조가 좋다
형 ominous 불길한

1873
trace
[treis] 트레이스

명 자국 동 자국을 밟아가다

❖ No traces of his steps are left.
그의 발자국은 하나도 없다.

1874
obligation
[ɑ̀bləɡéiʃən] 아블러게이션

명 책임, 은혜

❖ repay an obligation
은혜에 보답하다
❖ sense of obligation 책임의식

1875
reputation
[rèpjətéiʃən] 레퓨테이션

명 평판, 세평

❖ of great reputation 평판이 높은
동 repute ~라고 평하다

1876
contagion

[kəntéidʒən] 컨테이전

명 전염(병)

❖ Cholera spreads by contagion.
콜레라는 접촉 전염으로 퍼진다.

1877
sojourn

[sóudʒəːrn] 소저-언

명 체류 동 묵다

❖ We sojourned at the beach for a month.
우리는 한 달 동안 해변에 머물렀다.

1878
hatred

[héitrid] 헤이트리드

명 증오, 몹시 싫음

❖ Dislike easily rises into hatred.
혐오는 곧 증오로 변한다.

1879
adoration

[ӕdəréiʃən] 애더레이션

명 숭배, 동경

❖ Adoration of the Magi
동방박사의 경배

1880
propriety

[prəpráiəti] 프러프라이어티

명 예의바름, 교양

❖ a breach of propriety
예절에 어긋남
형 proper 적당한

1881
distress

[distrés] 디스트레스

명 고통 동 괴롭히다

❖ be distressed 고민하다, 괴로워하다
❖ moan in distress 고통으로 신음하다

1882
conduct
[kándʌkt] 칸덕트

명 행위, 지도 동 행동하다

- His wanton conduct irritates me. 그의 방자한 행동에 화가 난다.

명 conductor 안내자

1883
landscape
[lǽndskèip] 랜드스케이프

명 풍경(=scenery), 경치

- She took a picture of the beautiful landscape. 그녀는 그 아름다운 풍경을 사진에 담았다.

1884
satire
[sǽtaiər] 새타이어

명 풍자, 빈정거림

- a satire on modern civilization 현대문명에 대한 풍자

1885
discourse
[dískɔːrs] 디스코-스

명 강화, 이야기 동 이야기하다

- Sweet discourse makes short days and nights. 재미있는 이야기는 밤과 낮을 짧게 한다.

1886
reward
[riwɔ́ːrd] 리워-드

명 보답, 보상(↔punishment 벌)

- They received rewards for their efforts. 그들은 노력한 보답을 받았다.

동 reward 보답하다

1887
slumber
[slʌ́mbər] 슬럼버

명 잠 동 잠자다

- The baby slumbers peacefully for hours. 아기는 몇 시간이고 평화스럽게 잠잔다.

1888
diameter

[daiǽmitər] 다이애미터

명 직경, 지름

❖ The diameter measures twice the radius.
지름의 치수는 반지름의 두 배이다.
명 radius 반지름

1889
expedition

[èkspədíʃən] 엑스피디션

명 탐험대

❖ go on an expedition
탐험길에 오르다
동 expedite 일을 신속히 처리하다

1890
posterity

[pɑstérəti] 파스테러티

명 자손, 후세사람들

❖ leave one's name on posterity
후세에 이름을 남기다

1891
definition

[dèfəníʃən] 데퍼니션

명 정의

❖ Is that definition accurate?
그 정의는 정확합니까?

1892
hypocrisy

[hipɑ́krəsi] 히파크러시

명 위선

❖ She is annoyed by their hypocrisy.
그녀는 그들의 위선에 화가 났다.

1893
peer

[piər] 피어

명 귀족, 동료 동 응시하다

❖ I peered into every window to find a clue. 단서를 얻기 위해 모든 창 안을 자세히 보았다.

1894
□ **hypothesis**

[haipάθəsis] 하이**파**서시스

명 가설

❖ Let's start with this hypothesis.
이 가설에서부터 시작합시다.

1895
□ **aspect**

[ǽspekt] 애스펙트

명 양상, 관점, 면

❖ He has a gentle aspect.
그에게는 정중한 면이 있다.

1896
□ **timber**

[tímbər] 팀버

명 재목, 목재(=lumber)

❖ Heavy timbers supported the floor above. 굵은 목재들이 위층을 지탱하고 있었다.

1897
□ **epidemic**

[èpədémik] 에퍼데믹

명 유행병 형 전염병의

❖ There are signs of the prevalence of epidemics.
전염병의 징조가 있다.
명 endemic 풍토병

1898
□ **fallacy**

[fǽləsi] 팰러시

명 오류, 잘못된 생각

❖ I will not subscribe to popular fallacies.
세상의 잘못된 생각에 동참할 생각은 없다.

1899
controversy

[kάntrəvə̀ːrsi] 칸트러버-시

명 논쟁(=debate), 논의

❖ The controversy is unlikely to die down.
논쟁의 기세가 숙을 것 같지 않다.

1900
offspring

[ɔ́(ː)fspriŋ] 오프스프링

명 자손, 소산(所産)

❖ That girl is my pretty offspring.
저 소녀는 사랑스러운 나의 자식이다.

1901
anniversary

[æ̀nəvə́ːrsəri] 애너버-서리

명 기념일

❖ It's their anniversary.
그들의 기념일입니다.

1902
proposition

[prὰpəzíʃən] 프라퍼지션

명 명제, 제의

❖ I made a proposition to buy the shop.
그 가게를 사들이자고 제의했다.

1903
adversity

[ædvə́ːrsəti] 애드버-서티

명 역경

❖ wrestle against adversity
역경과 싸우다
❖ be in adversity 역경에 처하다

1904
analogy

[ənǽlədʒi] 어낼러지

명 유사, 유추

❖ have some analogy with
~와 약간 비슷하다

1905
tact
[tækt] 택트

명 재치, 요령

❖ He is the personification of tact. 그는 재치 덩어리다.

1906
legacy
[légəsi] 레거시

명 유산

❖ They are quarreling over their legacy.
그들은 유산을 갖고 싸우고 있다.

1907
issue
[íʃuː] 이슈-

명 논쟁, 논점, 문제(=question)
동 발행하다

❖ bring a matter to an issue
문제의 결말을 짓다

1908
violence
[váiələns] 바이얼런스

명 폭력, 맹렬

❖ crimes of violence 폭행죄
  형 violent 난폭한

1909
dispute
[dispjúːt] 디스퓨-트

명 논쟁 동 논쟁하다(=argue)

❖ a labor dispute 노동 쟁의
❖ a point in dispute 논쟁점

1910
snare
[snɛər] 스네어

명 덫, 유혹 동 덫으로 잡다, 유혹하다

❖ be caught in one's own snare
자신이 놓은 덫에 자신이 걸리다

1911
□ **laboratory**

[lǽbərətɔ̀:ri] 래버러토-리

명 실험실, 연구소

❖ He studies in the chemical laboratory.
그는 화학 실험실에서 연구한다.

1912
□ **element**

[éləmənt] 엘러먼트

명 요소, 원소

❖ It resolves into its elements.
그것은 원소로 분해된다.

1913
□ **growth**

[grouθ] 그로우스

명 성장, 발전

❖ industrial growth 산업의 발달
❖ rapid growth 고도성장

1914
□ **perfume**

[pə́:rfju:m] 퍼-퓸-

명 향수, 향기(=fragrance)

❖ an aromatic perfume
향기로운 향수
❖ put on perfume
향수를 바르다

1915
□ **conflict**

[kánflikt] 칸플릭트

명 대립, 투쟁(=fight) 동 싸우다

❖ Our interests conflict with theirs. 우리의 이해는 그들의 이해와 상충된다.
명 confliction 싸움

1916
orbit
[ɔ́ːrbit] 오-빗

명 (천체의) 궤도

- It was drawing a circular orbit.
  그것은 원 궤도를 그리고 있었다.
- 형 orbital 궤도의

1917
pang
[pæŋ] 팽

명 심한 고통, 양심의 가책

- the pang of conscience
  양심의 가책
- the pang of death 죽음의 고통

1918
miniature
[míniətʃər] 미니어처

명 축소지도, 축소모형 형 소형의

- a miniature railway 꼬마 철도
- a miniature of the White House
  백악관 모형

1919
contempt
[kəntémpt] 컨템프트

명 경멸, 모욕

- She showed him contempt.
  그녀는 그를 경멸했다.

1920
analysis
[ənǽləsis] 어낼러시스

명 분석, 분해(↔synthesis 총합)

- It requires a detailed analysis.
  그것은 세밀한 분석이 필요하다.
- 형 analytic 분석적인

1921
psychology
[saikálədʒi] 사이칼러지

명 심리학, 심리

- He specialized in social psychology.
  그는 사회 심리학을 전공했다.

1922
disaster

[dizǽstər] 디재스터

명 재해, 불행

- War brings disaster.
  전쟁은 재난을 초래한다.
- natural disaster 천재
- man-made disaster 인재

1923
nationality

[næ̀ʃənǽləti] 내셔낼러티

명 국적, 국민성

- What's your nationality?
  당신의 국적은 어디입니까?

1924
leisure

[líːʒər] 리-저

명 틈, 여가, 한가

- Read this book at your leisure.
  한가할 때에 이 책을 읽어라.

1925
supplement

[sʌ́plmənt] 서플먼트

명 보충 동 보충하다

- The employers, meanwhile, can supplement their work forces.
  한편 고용주 입장에서는 축소했던 노동력을 보충한다.

1926
convention

[kənvénʃən] 컨벤션

명 회의, 인습

- He is a slave to convention.
  그는 인습에 사로잡혀 있다.

1927
estate
[istéit] 이스테이트

명 재산, 지위

❖ He portioned his estate to his son.
그는 아들에게 재산을 나누어 주었다.
명 real estate 부동산

1928
bond
[band] 반드

명 묶음, 유대, 채권 형 노예의

❖ The bond will reach maturity in ten years
그 채권은 10년 후에 만기가 된다.

1929
mortal
[mɔ́ːrtl] 모-틀

명 인간 형 치명적인, 필멸의

❖ Man is mortal.
사람은 죽게 마련이다.

1930
flaw
[flɔː] 플로-

명 결점, 흠

❖ We are flawed and vulnerable.
우리 개개인은 결점도 많고 약해.

1931
channel
[tʃǽnl] 채늘

명 해협, 경로

❖ English Channel 영국 해협
❖ The channels of trade
정상적 무역 경로

1932
chivalry
[ʃívəlri] 시벌리

명 기사도

❖ The age of chivalry is not dead.
기사도는 아직 살아 있다.

1933
□ indignation
[ìndignéiʃən] 인디그네이션

명 분개, 분노

❖ He could hardly contain his indignation.
그는 분노를 참을 수 없었다.

1934
□ personality
[pə̀ːrsənǽləti] 퍼-서낼러티

명 개성, 인격(=character)

❖ He is a man of weak personality.
그는 개성이 약한 사람이다.
형 personal 개인의

1935
□ riot
[ráiət] 라이어트

명 폭동 동 폭동을 일으키다

❖ The riot was nipped in the bud.
폭동은 크게 번지기 전에 진압되었다.

1936
□ budget
[bʌ́dʒit] 버짓

명 예산

❖ Are you working on the budget?
예산안을 짜고 있는 거에요?

1937
□ providence
[prɑ́vədəns] 프라버던스

명 섭리, 신의 뜻, 신

❖ by divine providence
신의 섭리로
❖ a visitation of Providence
천재(天災)

1938
□ orator
[ɔ́(ː)rətər] 오러터

명 웅변가

❖ She was an outstanding orator.
그녀는 탁월한 웅변가였다.

1939
region
[ríːdʒən] 리-전

명 지방, 지구

❖ It seldom snows in this region.
이 지방은 좀처럼 눈이 안 온다.

1940
substance
[sʌ́bstəns] 서브스턴스

명 실질, 실체, 내용

❖ the substance of his lecture
그의 강연의 실체

1941
everything
[évriθìŋ] 에브리씽

명 가장 중요한 것, 모든 것

❖ He talks as if he knew everything.
그는 마치 모두 알고 있는 것처럼 말한다.

1942
plea
[pliː] 플리-

명 탄원, 구실, 신청

❖ turn down[reject] a plea
탄원을 거절하다

1943
behavio(u)r
[bihéivjər] 비헤이비어

명 행위, 태도

❖ Your behavior went to extremes.
네 행동은 도가 지나쳤다.
동 behave 행동하다

1944
scorn
[skɔːrn] 스콘-

명 경멸, 비웃음, 냉소

❖ He is the scorn of his neighbors.
이웃의 웃음거리다.

1945
intercourse

[ìntərkɔ́ːrs] 인터코-스

명 교제, 왕래
- social intercourse 사교
- friendly intercourse
  우호 관계, 교우

1946
comment

[kάmənt] 카먼트

명 주석, 논평 동 주석을 달다
- comment on the original
  원전에 주석을 달다
- No comment. 할 말이 없다.
  명 commentary 주석

1947
prosecution

[prὰsəkjúːʃən] 프라서큐-션

명 실행, 수행, 기소, (the ~) 검찰 당국
- the prosecution and the defense
  검찰측과 변호인측
  명 prosecutor 검사

1948
manuscript

[mǽnjəskrìpt] 매뉴스크립트

명 필사본, 원고
- The book is still in manuscript.
  그 책은 아직 원고대로 있다.

1949
slang

[slæŋ] 슬랭

명 은어, 속어
- slang expression 속어 표현
- college slang 학생 은어

1950
discipline

[dísəplin] 디서플린

명 훈련, 규율 동 훈련하다
- Discipline is strict in that school.
  그 학교는 규율이 엄하다.

1951
□ domain
[douméin] 도메인

명 영토, 영역

❖ The island didn't belong to the king's domain.
그 섬은 왕의 영지에 속하지 않았다.
형 domanial 영지의

1952
□ temperance
[témpərəns] 템퍼런스

명 절제, 금주

❖ a temperance movement
금주운동
❖ a temperance pledge
금주의 맹세

1953
□ routine
[ruːtíːn] 루-틴

명 일상 형 일상의

❖ It's just routine stuff.
그냥 일상적인 것들이요.

1954
□ chaos
[kéiɑs] 케이아스

명 혼돈, 무질서

❖ The political situation of the country is in chaos.
그 나라의 정국은 혼돈 상태에 있다.

1955
□ caricature
[kǽrikətʃùər] 캐리커처

명 풍자만화

❖ He was drawing a caricature of the teacher.
그는 선생님을 풍자한 만화를 그리고 있었다.

1956
mechanism
[mékənìzəm] 메커니즘

명 기계(장치), 기구

❖ Something is wrong with the mechanism of our refrigerator.
우리 냉장고의 기계 장치에 무언가 이상이 있다.

1957
dignity
[dígnəti] 디그너티

명 위엄, 존엄

❖ a man of dignity 관록 있는 사람
❖ the dignity of labor 노동의 존엄성

1958
shortage
[ʃɔ́ːrtidʒ] 쇼-티지

명 부족(=deficiency), 결핍(↔abundance)

❖ a shortage of cash 현금 부족
❖ a food shortage 식량난

1959
nobody
[nóubàdi] 노우바디

명 보잘 것 없는 사람

❖ He is just a nobody.
그는 정말 하찮은 사람이다.

1960
poverty
[pávərti] 파버티

명 가난(↔wealth), 빈곤

❖ live in poverty 가난한 생활을 하다
형 poor 가난한, 빈곤한

1961
torture
[tɔ́ːrtʃər] 토-쳐

명 고문, 고뇌 동 고문하다

❖ be tortured by neuralgia
신경통으로 고생하다
명 torturer 고문하는 사람

1962
enterprise
[éntərprài z] 엔터프라이즈

명 기업, 진취적 기상

* a spirit of enterprise
  기업열, 진취적인 기상
* government enterprise 관영 기업

1963
article
[á:rtikl] 아-티클

명 조항, 기사, 물품, 관사

* How's your article coming?
  당신 기사는 어떻게 되어가세요?

1964
mob
[mɑb] 마브

명 군중, 폭도

* a mob of angry workers
  성난 노동자 무리
* mob psychology 군중 심리

1965
anguish
[æŋgwiʃ] 앵귀쉬

명 고민, 고뇌

* It causes him mental anguish.
  그것 때문에 번민한다.

1966
cottage
[kátidʒ] 카티지

명 오두막, 작은집

* He lives in the yonder cottage.
  그는 저쪽에 있는 오두막집에 산다.

1967
monotony
[mənátəni] 머나터니

명 단조로움

* The monotony of the man's voice was irritating. 그 남자 목소리의 단조로움은 짜증을 돋군다.

  부 monotonously 단조롭게

1968
protest
[prətést] 프러테스트

명 항의, 주장 동 항의하다, 주장하다

❖ He protested his innocence.
그는 자신이 결백하다고 항변했다.

1969
vigor
[vígər] 비거

명 활력, 원기

❖ vim and vigor 정력
❖ lose one's vigor 활기를 잃다

1970
menace
[ménəs] 메너스

명 협박 동 위협하다

❖ a menace to world peace
세계 평화에 대한 위협

1971
ravage
[rǽvidʒ] 래비지

명 황폐, 파괴 동 황폐해지다

❖ The building was secure from ravage by fire.
그 건물은 불의 파괴로부터 안전했다.

1972
cowardice
[káuərdis] 카우어디스

명 겁, 비겁, 소심

❖ Cowardice means lack of courage.
비겁이란 용기의 부족을 의미한다.

1973
donation
[dounéiʃən] 도우네이션

명 기부(금), 기증, 증여

❖ The woman is taking the children's donations. 여자는 아이들의 기부금을 가지고 있다.

1974
decree
[dekríː] 데크리-

명 명령, 포고 동 명령하다, 포고하다

- He declared the new decree null and void. 야당은 새 포고령이 법적으로 무효라고 선언했다.

1975
luxury
[lʌ́kʃəri] 럭셔리

명 사치품, 호사

- They live in luxury.
  그들은 호화롭게 살고 있다.

1976
hygiene
[háidʒiːn] 하이진-

명 위생

- We have to care about public hygiene, too.
  공중위생 또한 주의해야 한다.

1977
revenue
[révənjùː] 레버뉴-

명 소득, 세입(=income)

- The government was short of revenues.
  그 정부는 세입이 부족했다.

1978
plague
[pleig] 플레이그

명 전염병 동 전염병에 걸리다

- They fled the town because of the plague. 그들은 전염병 때문에 그 마을에서 떠났다.

1979
hell
[hel] 헬

명 지옥(↔heaven 천국)

- make one's life a living hell
  생지옥 같은 생활을 하다

1980
□ **miracle**

[mírəkəl] 미러클

명 기적, 경이

- the miracles of Christ
  그리스도의 기적
- a miracle of skill
  경이적인 기술

1981
□ **prophecy**

[práfəsi] 프라퍼시

명 예언, 예언서

- His prophecy has come true.
  예언이 들어맞았다.

1982
□ **temperament**

[témpərəmənt] 템퍼러먼트

명 기질, 성질

- a person of artistic temperament
  예술가 기질의 사람

1983
□ **logic**

[ládʒik] 라직

명 논리학

- I cannot follow her logic.
  나는 그녀의 논리를 따를 수 없다.

1984
□ **anachronism**

[ənǽkrənìzəm] 어내크러니즘

명 시대착오

- His ideas are nothing but an anachronism. 그의 착상은 시대착오에 지나지 않는다.

1985
□ **conspiracy**

[kənspírəsi] 컨스피러시

명 음모, 공모

- The three men are accused of conspiracy. 그 세 사람은 음모를 꾸민 혐의로 기소됐다.

1986
explanation
[èksplənéiʃən] 엑스플러네이션

명 설명

- give an explanation for
  ~의 이유를 설명하다
- 동 explain 설명하다

1987
eloquence
[éləkwəns] 엘러퀀스

명 웅변, 능변

- fiery eloquence 열변
- with eloquence 달변으로

1988
miser
[máizər] 마이저

명 구두쇠, 수전노

- We call a man like him a miser.
  저런 사람을 가리켜 구두쇠라고 한다.

1989
expansion
[ikspǽnʃən] 익스팬션

명 확장, 팽창

- the expansion of armaments
  군비 확장
- 동 expand 확장하다

1990
accordance
[əkɔ́:rdəns] 어코-던스

명 일치, 조화

- out of accordance with
  ~에 따르지 않고, ~와 일치하지 않고

1991
hazard
[hǽzərd] 해저드

명 위험, 우연 동 위험을 무릅쓰다

- Have you reported this hazard to a supervisor?
  관리자에게 이 위험을 보고했는가?

1992
□ **horror**

[hɔ́ːrər] 호-러

명 공포

❖ shrink back in horror
공포로 뒷걸음질 치다

1993
□ **output**

[áutpùt] 아웃풋

명 생산량, 출력

❖ The man is stepping up his output.
남자는 자신의 생산량을 늘리고 있다.

1994
□ **dialect**

[dáiəlèkt] 다이얼렉트

명 방언, 사투리 형 방언의

❖ She speaks a broad Gyeong-sang-do dialect. 그 여자는 순전히 경상도 사투리를 쓴다.

1995
□ **muscle**

[mʌ́səl] 머슬

명 근육, 완력

❖ Physical exercises develop muscle. 체조는 근육을 발달시킨다.

1996
□ **pastime**

[pǽstàim] 패스타임

명 오락, 기분전환

❖ Reading is a good pastime.
독서는 좋은 오락이다.

1997
□ **conquest**

[káŋkwest] 칸퀘스트

명 정복, 획득

❖ Win by destroying all enemies in military conquest. 모든 적을 무력으로 정복하면 승리합니다.

동 conquer 정복하다

1998
pattern

[pǽtərn] 패턴

영 모범, 모형
- set the pattern 모범을 보이다
- an antique pattern 고대 모형

1999
unemployment

[ʌ̀nimplɔ́imənt] 언임플로이먼트

영 실업, 실직
- push unemployment down 실업률을 낮추다
- unemployment benefit 실직 수당

2000
obstacle

[ábstəkəl] 압스터컬

영 장애물, 방해물
- raise an obstacle 장애물을 설치하다, 방해하다

2001
essay

[ései] 에세이

영 수필, 시도 동 해보다
- He essayed escape. 그는 도주를 시도했다.

2002
ecstasy

[ékstəsi] 엑스터시

영 무아의 경지, 황홀
- She was thrown into ecstasy. 그 여자는 황홀해졌다.

2003
siege

[si:dʒ] 시-지

영 포위 공격
- They laid siege to the city. 그들은 그 시를 포위 공격했다.

2004
□ **glance**

[glæns] 글랜스

명 반짝임, 섬광 동 얼핏보다

- steal a glance at a person's watch 시계를 힐긋 훔쳐보다

2005
□ **barrier**

[bǽriər] 배리어

명 울타리, 방벽 동 울타리로 둘러싸다

- The man is untying the barrier.
  남자가 장애물을 해체하고 있다.
- language barrier 언어장벽

2006
□ **arithmetic**

[ərίθmətik] 어리스머틱

명 산수, 셈

- She surpassed me in arithmetic.
  그녀는 산수에서 나를 능가했다.

2007
□ **barometer**

[bərάmitər] 버라미터

명 기압계, 지표

- A barometer is used to measure the pressure of the atmosphere.
  기압계는 기압을 재는 데 이용된다.

2008
□ **armament**

[άːrməmənt] 아―머먼트

명 군비

- They accelerated the expansion of armaments.
  그들은 군비 확장을 가속화했다.

2009
□ **misery**

[mízəri] 미저리

명 비참, 불행

- live in misery 비참하게 살다
- miseries of mankind 인류의 불행

2010
□ **fluid**
[flúːid] 플루-이드
- 몡 액체 혱 유동성의
- Water and oil are fluids.
  물과 기름은 액체다.

2011
□ **majesty**
[mǽdʒisti] 매지스티
- 몡 존엄, 권위
- with majesty 위엄 있게
- the majesty of the law 법의 권위

2012
□ **vein**
[vein] 베인
- 몡 혈관, 광맥, 기질, 기분
- strike a vein of ore
  광맥을 찾아내다
- 혱 venous 정맥의

2013
□ **insight**
[ínsàit] 인사이트
- 몡 통찰, 통찰력
- She has a subtle insight.
  그녀는 예민한 통찰력이 있다.

2014
□ **astronomy**
[əstránəmi] 어스트라너미
- 몡 천문학, 성학
- Astronomy is difficult for us.
  천문학은 우리에게 어렵다.
- 혱 astronomical 천문학의

2015
□ **modesty**
[mádisti] 마디스티
- 몡 겸손, 겸양
- You carry modesty too far.?
  자넨 지나치게 겸손해.
- 혱 modest 겸손한

2016
□ **despair**

[dispέər] 디스페어

명 절망(↔hope 희망) 동 절망하다

❖ Don't despair. 절망하지 마십시오.
형 desperate 절망적인

2017
□ **allowance**

[əláuəns] 얼라우언스

명 용돈, 허가, 승인

❖ He conned me out of my allowance.
그는 내 용돈을 속여서 빼앗았다.
동 allow 허락하다

2018
□ **process**

[práses] 프라세스

명 경과, 과정

❖ Enjoy the process, not just the goal. 목표를 위해서만이 아닌 과정을 즐겨라.
동 proceed 나아가다

2019
□ **conclusion**

[kənklú:ʒən] 컨클루-전

명 결말, 결론

❖ I didn't agree with the conclusion.
그 결과에 동의하지 않아요.
동 conclude 끝내다

2020
□ **revolt**

[rivóult] 리보울트

명 반란, 혐오 동 반역하다

❖ People revolted against their rulers. 민중은 지배자들에 대하여 반란을 일으켰다.
형 revolted 반란을 일으킨

2021
agriculture
[ǽgrikʌ̀ltʃər] 애그리컬쳐

명 농업

❖ Agriculture is the first industry.
농업은 1차 산업이다.
형 agricultural 농업의

2022
maxim
[mǽksim] 맥심

명 격언, 금언

❖ What do think about this maxim? 이 격언을 어떻게 생각하니?

2023
generosity
[dʒènərásəti] 제너라서티

명 관대, 너그러움

❖ He flung himself on my generosity.
그는 나의 관대함에 매달렸다.
형 generous 관대한

2024
disciple
[disáipəl] 디사이플

명 제자, 문하생

❖ They were Jesus and his twelve disciples.
그들은 예수와 그의 열 두 제자였다.

2025
standpoint
[stǽndpɔ̀int] 스탠드포인트

명 입장, 견지

❖ define[state] one's standpoint
입장을 천명하다

2026
criticism
[krítisìzəm] 크리티시즘

명 비평, 비판

❖ His work is beyond criticism.
그의 작품은 비평의 여지가 없다.
명 critic 비평가 동 criticize 비평하다

2027
□ **quality**

[kwɑ́ləti] 쾀러티

명 질(↔quantity 양), 특질, 성질
- of good quality 질이 좋은
- a quality publisher 일류 출판사

2028
□ **playwright**

[pléiràit] 플레이라이트

명 극작가, 각본가
- The playwright fleshed out the story.
  극작가는 이야기에 살을 붙였다.

2029
□ **perspective**

[pəːrspéktiv] 퍼-스펙티브

명 원근, 견해, 시각(=view)
- from a historical perspective
  역사적인 관점에서

2030
□ **confidence**

[kɑ́nfidəns] 칸피던스

명 신용, 신뢰, 자신
- He is full of confidence.
  그는 자신감에 차 있다.
- 형 confident 자신감 있는

2031
□ **technology**

[teknɑ́lədʒi] 테크날러지

명 과학기술, 공예학
- modern technology 현대 기술
- core technology 핵심 기술

2032
□ **skyscraper**

[skaiskréipər] 스카이스크레이퍼

명 고층건물
- the cityscape of skyscrapers
  초고층 건물의 도시 풍경

2033
equator 명 적도

[ikwéitər] 익퀘이터

- right on the equator
  적도 직하에서
- equatorial current 적도 해류

2034
weapon 명 무기

[wépən] 웨펀

- women's weapons, waterdrops
  여자의 무기인 눈물
- 형 weaponed 무기를 지닌

2035
apparatus 명 기구, 기계

[æpəréitəs] 애퍼레이터스

- This is a handy apparatus.
  이것은 편리한 기계다.

2036
truce 명 휴전, 정전

[truːs] 트루-스

- a flag of truce 휴전의 백기
- agree on a truce 정전에 동의하다

2037
enthusiasm 명 열심, 열중, 열광

[enθúːziæzəm] 엔슈-지애즘

- enthusiasm for (music) (음악)열
- 형 enthusiastic 열렬한

2038
quantity 명 양, 품질, 다량

[kwántəti] 콴터티

- There is only a small quantity left. 조금밖에 안 남았다.
- 명 quality 질

핵심단어 | **363**

2039
□ **reverie**
[révəri] 레버리

명 환상(幻想), 공상
- fall into reverie 공상에 잠기다
- be lost in reverie 몽상에 잠기다

2040
□ **nuisance**
[njúːsəns] 뉴―슨스

명 방해물, 성가신 것
- Flies are a nuisance.
  파리란 성가신 놈이다.

2041
□ **mode**
[moud] 모우드

명 방법, 양식
- They had a special mode of life. 그들은 특별한 생활양식을 가지고 있었다.

2042
□ **commerce**
[káməːrs] 카머―스

명 상업
- America holds the first rank in the world for commerce.
  미국은 상업에 있어 세계 제일의 나라이다.
- 형 commercial 상업의

2043
□ **resistance**
[rizístəns] 리지스턴스

명 저항, 반항
- His resistance hardened.
  그의 저항은 강해졌다.
- 동 resist 저항하다

2044
□ **mixture**

[míkstʃər] 믹스처

명 혼합(물)

❖ It involves a mixture of water, salt, and sugar.
거기에는 물, 소금, 설탕의 혼합물이 포함된다.

2045
□ **vehicle**

[ví:ikəl] 비-이클

명 탈것, 차량, 매개물, 전달수단

❖ Air is the vehicle of sound.
공기는 소리의 매질이다.

2046
□ **opponent**

[əpóunənt] 어포우넌트

명 적, 적수

❖ a political opponent 정적
❖ a good opponent 걸맞는 적수

부 opposingly 대항하여

2047
□ **peril**

[pérəl] 페럴

명 위험, 모험

❖ She is in mortal peril.
그녀는 생명이 위험하다.

2048
□ **defiance**

[difáiəns] 디파이언스

명 도전, 무시

❖ Do we learn science in defiance of faith? 우리 믿음에 대한 도전으로 과학을 배우는가?

2049
□ **aristocracy**

[ǽrəstákrəsi] 애러스타크러시

명 귀족정치(사회)

❖ Dukes and earls were members of the aristocracy. 공작과 백작은 귀족 사회의 일원이었다.

2050
spur

[spə:r] 스퍼-

명 박차 동 박차를 가하다

❖ The rider spurred his horse on.
기수는 자기 말에 박차를 가했다.

2051
outcome

[áutkʌm] 아웃컴

명 결과, 성과

❖ Our fortune lies upon the outcome.
우리의 운명은 그 결과에 달려 있다.

2052
aid

[eid] 에이드

명 도움 동 도와주다

❖ She aided me to cook.
그녀는 내가 요리하는 것을 거들어 주었다.

2053
feat

[fi:t] 피-트

명 공적, 위업

❖ Headlines blazed the Apollo feat. 신문의 표제가 아폴로의 위업을 알렸다.

2054
convenience

[kənví:njəns] 컨비-니언스

명 편리, 편의

❖ You can pick up the ticket at your convenience. 편리한 때에 티켓을 가져갈 수 있습니다.
형 convenient 편리한

2055
peculiarity

[pikjù:liǽrəti] 피큘-리애러티

명 특색, 버릇

❖ Each city has its own peculiarities.
각 도시는 나름대로의 특성을 가지고 있다.

2056
conception
[kənsépʃən] 컨셉션

명 개념, 생각

- have no conception of
  ~인지 도무지 모른다
  동 conceive 마음에 품다

2057
livelihood
[láivlihùd] 라이블리후드

명 생계, 살림

- He wrote for a livelihood.
  그는 생계를 위해 글을 썼다.

2058
gravity
[grǽvəti] 그레버티

명 진지함, 인력, 중력

- Gravity is a natural phenomenon.
  중력은 자연현상이다.

2059
fiction
[fíkʃən] 픽션

명 소설, 꾸며낸 이야기

- read fiction 소설을 읽다
  형 fictitious 가공의

2060
fuel
[fjúːəl] 퓨-얼

명 연료 동 연료를 공급하다

- Petrol is no longer a cheap fuel. 석유는 더 이상 싼 연료가 아니다.

2061
expert
[ékspəːrt] 엑스퍼-트

명 전문가(=specialist, ↔amateur)

- an expert at skiing 스키의 명수
- an expert surgeon 외과 전문 의사

2062
□ **treaty**

[tríːti] 트리-티

명 조약, 협정

❖ The treaty made for peace.
그 조약은 평화를 조장했다.

2063
□ **identity**

[aidéntəti] 아이덴터티

명 정체, 주체성

❖ The person's identity has not been established. 신원미상이다.
❖ identity card 신분증명서

2064
□ **wage**

[weidʒ] 웨이지

명 임금, 급료 동 수행하다

❖ demand higher wages [a wage hike] 노동 임금의 인상을 요구하다

2065
□ **detail**

[díːteil] 디-테일

명 상세 동 상세히 말하다

❖ give a full detail of
~을 상세히 설명하다
❖ in minute detail 아주 상세하게

2066
□ **countenance**

[káuntənəns] 카운터넌스

명 표정, 안색

❖ Her countenance fell.
그녀의 안색이 침울해졌다.

2067
□ **zeal**

[ziːl] 지-일

명 열중, 열의(=passion)

❖ He feels zeal for his work.
그는 일에 대해 열의를 가지고 있다.
형 zealous 열심인, 열광적인

2068
advantage
[ədvǽntidʒ] 어드밴티지

명 유리, 이점

❖ be of great advantage to a person 남에게 있어서 큰 이익이 되다
형 advantageous 유리한

2069
ridicule
[rídikjùːl] 리디큘-

명 조롱, 조소 동 조소하다

❖ hold up to ridicule
사람을 우롱하다
형 ridiculous 웃기는

2070
friction
[frík∫ən] 프릭션

명 마찰, 압력

❖ Heat is produced by friction.
열은 마찰로 생긴다.

2071
fortitude
[fɔ́ːrtətjùːd] 포-터튜-드

명 인내, 용기

❖ He is a miracle of fortitude.
그는 놀라울 정도로 인내심이 강하다.

2072
doom
[duːm] 둠-

명 운명, 파멸 동 운명짓다

❖ His doom is sealed.
그의 운명은 정해졌다.

2073
draft
[dræft] 드래프트

명 설계도, 초안 동 설계하다, 징벌하다

❖ He was drafted into the army.
그는 군대에 징집당했다.

2074
communism
[kɑ́mjənìzəm] 카뮤니즘

명 공산주의

* We are against communism.
  우리는 공산주의에 반대한다.
  명 communist 공산주의자

2075
rapture
[rǽptʃər] 랩쳐

명 큰 기쁨, 황홀

* He gazed at the woman in rapture.
  그는 황홀해서 그 여자를 바라보았다

2076
implement
[ímpləmənt] 임플러먼트

명 기구, 도구

* What has been implemented in the office?
  사무실에 들여 놓은 도구는 무엇인가?

2077
compromise
[kɑ́mprəmàiz] 캄프러마이즈

명 타협, 양보 동 타협하다, 화해하다

* They reached a satisfactory compromise.
  그들은 만족할 만한 타협을 보았다.

2078
shelter
[ʃéltər] 셸터

명 피난처 동 피난하다, 보호하다

* He sheltered himself in the crannies of the rocks.
  그는 바위의 갈라진 틈에 피신했다.

2079
utility
[ju:tíləti] 유-틸러티

명 유익, 효용 형 실용적인

* of no utility 쓸모가 없는
* the utility of money 돈의 효용

2080
verse
[vəːrs] 버-스

명 운문(↔prose 산문), 시, 절

❖ blank verse 무운시
❖ quote a verse 시의 한 행을 인용하다

2081
bravery
[bréivəri] 브레이버리

명 용기

❖ The judge commended her for her bravery. 판사는 그녀의 용기 있는 행동을 칭찬했다.

2082
tribe
[traib] 트라이브

명 부족, 종족

❖ I know another African tribe, too. 저도 다른 아프리카 부족을 압니다.

2083
tide
[taid] 타이드

명 조류 조석(=flow)

❖ The tide is flowing. 조수가 밀려든다.

2084
prosperity
[prɑspérəti] 프라스페러티

명 번영, 번창

❖ Peace brings prosperity.
평화는 번영을 가져다준다.
형 prosperous 부유한

2085
pioneer
[pàiəníər] 파이어니어

명 개척자, 선구자

❖ the pioneer spirit 개척자 정신
❖ a pioneer in the field
그 분야의 선각자

2086
slavery

[sléivəri] 슬레이버리

몡 노예상태, 노예의 신분

- be sold into slavery
  노예로 팔리다
- slavery to the habit
  습관의 노예

2087
catastrophe

[kətǽstrəfi] 커태스트러피

몡 파국, 재난(=disaster), 비극적 결말

- The novel ends in catastrophe.
  그 소설은 비극적 결말로 끝난다.

2088
pursue

[pərsúː] 퍼수-

몡 추구 동 추구하다, 쫓다

- pursue a prey 사냥감을 쫓다
- pursue one's studies
  연구에 종사하다

2089
revenge

[rivéndʒ] 리벤지

몡 복수, 원한 동 복수하다

- I will revenge myself on them.
  나는 그들에게 복수할 작정이다.

2090
nerve

[nəːrv] 너-브

몡 신경, 용기

- a bundle of nerves
  신경과민인 사람
  형 nervous 신경질적인

2091
remedy

[rémədi] 레머디

명 치료, 구제 동 구제하다

- have no remedy at law
  법적으로는 구제 방법이 없다.

2092
epoch

[épək] 에퍼크

명 신기원, 신시대

- This is an epoch in biology.
  이것은 생물학상의 신기원이다.

2093
realm

[relm] 렐름

명 영지, 왕국

- The realm of England
  잉글랜드 왕국
- The realm of God 신의 나라

2094
fate

[feit] 페이트

명 운명, 숙명

- Nobody foretells his fate.
  아무도 자기 운명을 예언하지 못한다.

2095
honesty

[ánisti] 아니스티

명 정직, 성실

- Honesty is the best policy.
  정직은 최선의 방책
  형 honest 정직한

2096
token

[tóukən] 토우컨

명 표시, 증거

- Malnutrition is a token of poverty. 영양실조는 가난의 증거다.

2097
value
[vǽljuː] 밸류-
- 명 가치 동 평가하다
- ❖ rate glory at its true value
  명성을 올바르게 평가하다

2098
caution
[kɔ́ːʃən] 커-션
- 명 조심, 경고
- ❖ The policeman cautioned the driver.
  경관은 운전자에게 주의를 주었다.

2099
inability
[ìnəbíləti] 이너빌러티
- 명 무능, 무력
- ❖ His inability to get the joke bothered me.
  나는 그가 농담을 이해하지 못해 당황했다.

2100
symptom
[símptəm] 심프텀
- 명 증세, 조짐
- ❖ a clear symptom 명백한 징후
- ❖ AIDS symptoms 에이즈 증세

2101
brute
[bruːt] 브루-트
- 명 짐승 형 야만적인
- ❖ You are worse than a brute!
  이 짐승만도 못한 녀석!

2102
fright
[frait] 프라이트
- 명 놀람, 공포
- ❖ The fright made her sink down in a swoon.
  공포 때문에 그녀는 졸도했다.

2103
reaction [riːǽkʃən] 리-액션
- 명 반응, 반작용
- ❖ What was his reaction?
  그 사람 반응이 어땠어요?
  - 동 react 반응하다 형 reactive 반응이 빠른

2104
flavor [fléivər] 플레이버
- 명 맛(=savor), 향기
- ❖ a story with a romantic flavor
  낭만의 향기 높은 이야기
- ❖ garlic flavor 마늘 맛

2105
tyranny [tírəni] 티러니
- 명 전제정치, 포악
- ❖ Where laws end, tyranny begins.
  법[법치주의]이 끝난 곳에서 전제 정치가 시작된다.
  - 형 tyrannical 폭군의

2106
addition [ədíʃən] 어디션
- 명 부가
- ❖ in addition 게다가, 더구나, 그 위에
- ❖ easy additions 쉬운 덧셈 (문제)

2107
tension [ténʃən] 텐션
- 명 긴장, 흥분 동 긴장시키다
- ❖ at tension 긴장상태에
- ❖ ease the tension 긴장을 완화하다

2108
sphere [sfiər] 스피어
- 명 구(球), 범위, 영역
- ❖ That is outside my sphere.
  그것은 내 영역이 아니다.

2109
district [dístrikt] 디스트릭트
- 명 구역, 지역 동 지구로 나누다
- Which is the largest district of Seoul? 서울에서 가장 넓은 지역은 어디입니까?

2110
territory [térətɔ̀ːri] 테러토-리
- 명 영토, 분야
- the territory of social history 사회사의 영역
- the territory of biochemistry 생화학의 분야

2111
heed [hiːd] 히-드
- 명 주의 동 주의하다
- He did not heed the warning. 그는 경고를 무시했다.

2112
transition [trænzíʃən] 트랜지션
- 명 과도기, 변천(=change)
- We are in a time of transition. 우리는 과도기에 있다.

2113
sympathy [símpəθi] 심퍼시
- 명 동정, 공감(↔antipathy 반감)
- His eyes were warm with sympathy. 그의 눈은 동정심으로 온화해졌다.

2114
achievement [ətʃíːvmənt] 어치-브먼트
- 명 성취(=accomplishment), 업적, 학력
- He produced eminent achievements. 그는 탁월한 업적을 쌓았다.

2115
imitation
[ìmitéiʃən] 이미테이션

명 모방, 모조품(=fake)
- imitation leather 모조 가죽
- in imitation of ~을 모방하여
- 동 imitate 모방하다

2116
prospect
[práspekt] 프라스펙트

명 기대, 예상, 가망
- Our prospect has not come good. 우리의 예상은 맞지 않았다.
- 형 prospective 장래의
- 동 prosper 번성하다

2117
inspiration
[ìnspəréiʃən] 인스퍼레이션

명 영감, 고취
- get inspiration from a novel 소설로부터 영감을 받다
- 명 inspirationism 영감설
- 동 inspire 고무하다

2118
elegy
[élədʒi] 엘러지

명 애가, 비가
- A song or poem expressing sorrow or lamentation is called an elegy. 슬픔이나 애도를 표현하는 노래 또는 시를 비가라고 한다.

2119
perseverance
[pə̀ːrsivíːrəns] 퍼-시비-런스

명 인내, 버팀
- Perseverance is the first essential to success. 성공에는 인내가 제일이다.
- 동 persevere 인내하다

2120
credit
[krédit] 크레딧

명 신용, 명예

- He is a credit to his family.
  그는 가문의 명예이다.
- 명 creditor 채권자

2121
textile
[tékstail] 텍스타일

명 직물 형 직물의

- Glass can be used as a textile.
  유리는 섬유 재료서 쓰일 수 있다.

2122
intelligence
[intélədʒəns] 인텔러전스

명 지능, 지성

- Nature has endowed her with wit and intelligence. 하늘은 그녀에게 기지와 지성을 주었다.
- 형 intelligent 지적인

2123
biology
[baiálədʒi] 바이알러지

명 생물학

- I studied biology at university.
  나는 대학에서 생물학을 공부했다.

2124
accommodate
[əkámədèit] 어카머데이트

동 수용하다, 편의를 도모하다

- The hospital can accommodate 100 patients or so. 저 병원은 환자를 100명가량 수용할 수 있다.
- 명 accommodation 숙박시설

2125
vogue
[voug] 보우그

명 유행, 인기 형 유행하는

- a vogue word 유행어
- come into vogue 유행하기 시작하다

2126
heathen
[híːðən] 히-던

명 이교도, 이방인 형 이교의

* heathen gods 이교의 신(神)들
* heathen days 이교(異敎) 시대

2127
sage
[seidʒ] 세이지

명 현자, 성인 형 현명한, 슬기로운

* Laughed at the other sage.
  다른 현자들을 조롱하며 웃었다.

2128
foliage
[fóuliidʒ] 포울리-지

명 (무성한)나뭇잎

* My flower arrangement needs more foliage. 나의 꽃꽂이에는 잎이 좀 더 많아야겠다.

2129
disgust
[disɡʌ́st] 디스거스트

명 싫증, 혐오 동 불쾌하게 하다

* He made a face of disgust.
  그가 혐오스럽다는 듯한 표정을 지었다.

2130
organ
[ɔ́ːrɡən] 오-건

명 기관, 장기 명 오르간

* an intelligence organ 정보 기관
* organs of digestion 소화 기관

2131
strain
[strein] 스트레인

명 긴장, 압박 동 잡아당기다

* The strain is hard to bear.
  긴장은 참기 어렵다.

2132
gravitation
[grǽvətéiʃən] 그래버테이션

명 중력, 인력
- terrestrial gravitation 지구 인력
- the law of gravitation 인력의 법칙

2133
preface
[préfis] 프레피스

명 머리말, 서문
- I began by reading the preface.
  나는 서문을 읽는 일부터 시작했다.
- 형 prefatorial 서문의

2134
oblivion
[əblíviən] 어블리비언

명 망각, 건망상태
- a former movie star now in oblivion
  지금은 잊혀진 왕년의 영화 스타

2135
outlook
[áutlùk] 아웃룩

명 전망, ~관(觀)
- the political outlook 정치적 전망
- a dark outlook on life
  어두운 인생관

2136
occasion
[əkéiʒən] 어케이전

명 경우, 기회
- I couldn't take an occasion to tell him.
  그에게 말할 기회를 잡을 수가 없었다.

2137
independence

[ìndipéndəns] 인디펜던스

명 독립심

- They later won their independence from Mexico. 그 후 그들은 멕시코로부터 독립을 얻었습니다.
  - 형 independent 독립한

2138
bribe

[braib] 브라이브

명 뇌물 동 뇌물을 주다

- bribe a person with money
  ~를 돈으로 매수하다
  - 형 bribable 뇌물로 매수할 수 있는

2139
excess

[iksés] 익세스

명 초과, 과잉 형 초과의

- an excess of exports
  수출 초과액
- excess population 과잉 인구

2140
monopoly

[mənápəli] 머나펄리

명 독점, 전매

- Cigarette production is still a state monopoly in China.
  담배 생산은 중국에서 여전히 국가가 독점한다.

2141
embassy

[émbəsi] 엠버시

명 대사관

- Can you tell me when the embassy is open? 대사관이 언제 여는지 알려주시겠습니까?

2142
document

[dákjəmənt] 다큐먼트

명 문서, 서류 형 문서로 된

❖ I'm organizing these documents.
이 서류들을 정리하고 있어.

2143
criminal

[krímənəl] 크리머널

명 범인, 범죄자

❖ The criminal turned himself in.
범인이 자수했다.

2144
persuade

[pəːrswéid] 퍼-스웨이드

동 설득하다

❖ He persuaded me to forgive her. 그는 그녀를 용서하도록 나를 설득했다.

명 persuasion 설득

2145
subscribe

[sʌ́bskraib] 서브스크라이브

동 서명하다, 기부하다, 구독하다

❖ subscribe to charities
자선 사업에 기부하다

❖ subscribe to a magazine
잡지를 예약 구독하다

2146
enforce

[enfɔ́ːrs] 엔포-스

동 실시하다, 강제하다

❖ The regulations should always be strictly enforced.
규칙은 언제나 엄격하게 실시되어야 한다.

2147
contradict
[kàntrədíkt] 칸트러딕트

(동) 반박하다, 모순되다

❖ Everything I say you seem to want to contradict.
내가 하는 말을 전부 반박하고 싶어 하는 것 같아.

(형) contradictory 모순된

2148
advocate
[ǽdvəkit] 애드버키트

(동) 변호하다, 주장하다

❖ She advocated higher salaries for teachers.
그녀는 교사의 봉급 인상을 주장했다.

2149
forsake
[fərséik] 퍼세이크

(동) 버리다, 떠나다

❖ She forsook him for another.
그녀는 그를 버리고 다른 사내와 친해졌다.

2150
transact
[trænsǽkt] 트랜색트

(동) 처리하다, 거래하다

❖ He transacts business with a large number of stores.
그는 많은 상점과 거래를 하고 있다.

2151
interfere
[ìntərfíər] 인터피어

(동) 간섭하다, 방해하다

❖ It is not my part to interfere.
내가 간섭할 일이 아니다.

(명) interference 간섭, 방해

2152
suspend

[səspénd] 서스펜드

(동) 걸다, 매달다

❖ The satellite dish is suspended in space. 위성방송 수신용 접시 안테나가 매달려 있다.

(명) suspension 정지

2153
recede

[ri:sí:d] 리-시-드

(동) 물러가다, 멀어지다

❖ A ship receded from the shore. 배가 해안에서 멀어져 갔다.

2154
restore

[ristɔ́:r] 리스토-

(동) 회복시키다, 복구하다

❖ restore order 질서를 회복하다
❖ restore to life 부활시키다

(명) restorer 원상복구시키는 사람

2155
heal

[hi:l] 힐-

(동) 치유하다, 낫다, 고치다

❖ She was healed of her sickness. 그녀는 병이 나았다.

2156
cling

[kliŋ] 클링

(동) 달라붙다, 고수하다

❖ My wet clothing clings to my body. 젖은 옷이 몸에 짝짝 달라붙는다.

2157
injure

[índʒər] 인저

(동) 해치다

❖ Too much smoking tends to injure the voice. 과도한 흡연은 성대를 해치기 쉽다.

2158
ponder
[pándər] 판더

(동) ~을 깊이 생각하다, 숙고하다

- Now let's ponder some more questions.
  지금 더 약간의 질문들을 숙고하자.

2159
partake
[pɑːrtéik] 파-테이크

(동) 같이하다, 참가하다

- They partook of our fare.
  그들은 우리와 식사를 함께 했다.

2160
inherit
[inhérit] 인헤리트

(동) 상속하다, 유전하다

- inherit the family business
  가업을 물려받다
- an inherited quality 유전 형질
- (명) inheritance 상속

2161
soothe
[suːð] 수-스

(동) 위로하다, 진정시키다

- He tried to soothe the crying child.
  그는 우는 아이를 달래려고 해보았다.

2162
congratulate
[kəngrǽtʃəlèit] 컨그래출레이트

(동) 축하하다

- We congratulated him on his success. 그의 성공을 축하했다.
- (명) congratulation 축하

핵심단어 | **385**

2163
emancipate

[imǽnsəpèit] 이맨서페이트

(동) 해방하다

- I will emancipate them.
  나는 그들을 해방하겠다.

2164
bestow

[bistóu] 비스**토**우

(동) 주다

- He bestowed a special gift on his son.
  그는 아들에게 특별한 선물을 주었다.
- (명) bestowment 수여

2165
entrust

[entrʌ́st] 엔트러스트

(동) 위임하다, 맡기다

- entrust with a task
  일거리를 맡기다
- entrust with full powers
  전권을 위임하다

2166
disperse

[dispə́ːrs] 디스퍼-스

(동) 퍼뜨리다, 흩어지다

- The crowd soon dispersed.
  군중은 곧 사방으로 흩어졌다.
- (부) dispersedly 흩어져, 뿔뿔이

2167
undertake

[ʌ̀ndərtéik] 언더테이크

(동) 떠맡다, 착수하다

- undertake a task 일을 맡다
- undertake an experiment
  실험에 착수하다

2168
adhere
[ædhíər] 애드히어

동 들러붙다, 고수하다, 견지하다

❖ adhere to the idea of democracy
민주주의를 견지하다
형 adherent 부착하는

2169
confuse
[kənfjúːz] 컨퓨-즈

동 혼란시키다, 잘못 알다

❖ You're confusing him !
당신이 그를 혼란스럽게 하고 있어요!
명 confusion 혼동

2170
embrace
[embréis] 엠브레이스

동 ~을 껴안다, 포옹하다   명 포용

❖ Father embraced me.
아버지가 나를 껴안았다.

2171
improve
[imprúːv] 임프루-브

동 개선하다, 진보하다

❖ People can improve their ability to remember. 사람들은 기억하는 능력을 개선할 수 있다.
명 improvement 개선

2172
transmit
[trænsmít] 트랜스미트

동 보내다, 전달하다

❖ Iron transmits electricity.
쇠는 전기를 전도한다.
명 transmission 전달

2173
maintain

[meintéin] 메인테인

(동) 유지하다, 주장하다

- He maintained that he was right.
  그는 자기가 옳다고 주장했다.
- (명) maintenance 지속

2174
represent

[rèprizént] 레프리젠트

(동) 나타내다, 묘사하다, 대표하다

- What does this sign represent?
  이 기호는 무엇을 나타내느냐?
- (명) representation 표현

2175
infect

[infékt] 인펙트

(동) 전염시키다, 감염시키다

- He was infected with typhus.
  그는 발진티푸스에 감염됐다.

2176
mourn

[mɔːrn] 몬-

(동) 슬퍼하다, 애도하다

- She mourned over the death of her friend.
  그녀는 친구의 죽음을 애도했다.
- (명) mourner 조문객

2177
diffuse

[difjúːz] 디퓨즈

(동) 퍼지게 하다, 보급하다 (형) 흩어진

- His fame is diffused throughout the city.
  그의 명성은 시중에 널리 퍼져 있다.

2178
exclude
[iksklú:d] 익스클루-드

통 제외하다(↔include 포함하다)

❖ Shutters exclude light.
덧창은 빛을 차단한다.

명 exclusion 배척

2179
dissolve
[dizálv] 디잘브

통 ~을 녹이다, 해산하다

❖ Water dissolves sugar.
물은 설탕을 녹인다.

2180
reckon
[rékən] 레컨

통 세다, 판단하다

❖ He is not reckoned among my friends. 그는 내 친구로는 볼 수 없다.

명 reckoner 청산인

2181
wither
[wíðər] 위더

통 시들다, 말라죽다

❖ The flowers withered up.
꽃이 시들었다.

2182
cultivate
[kʌ́ltəvèit] 컬터베이트

통 경작하다, 기르다, 갈다

❖ Farmers cultivate their land.
농부들은 땅을 경작한다.

2183
justify
[dʒʌ́stəfài] 저스터파이

통 정당화하다, 변명하다

❖ The end justifies the means.
목적은 수단을 정당화한다.

2184
□ throb

[θrɑb] 스라브

[동] (심장이)뛰다, 두근거리다

❖ My heart is throbbing heavily.
내 심장은 몹시 두근거리고 있다.

2185
□ oblige

[əbláidʒ] 어블라이지

[동] 강요하다

❖ Falling profits obliged them to close the factory. 이윤 감소가 그들에게 공장을 닫도록 강요했다.

2186
□ suppress

[səprés] 서프레스

[동] 억압하다, 억제하다

❖ suppress one's feelings
감정을 억제하다

2187
□ speculate

[spékjəlèit] 스페큘레이트

[동] 사색하다, 추측하다, 투기하다

❖ speculate about the meaning of life 인생의 의미에 대해 깊이 사색하다

[명] speculation 투기, 사색

2188
□ decline

[dikláin] 디클라인

[동] 기울다, 쇠퇴하다, 거절하다 [명] 경사

❖ decline a person's offer
~의 제의를 거절하다

2189
□ sum

[sʌm] 섬

[동] 합계하다, 요약하다 [명] 합계, 요점

❖ I summed up the changes.
난 잔돈의 합계를 냈다.

2190
□ **inflict**

[inflíkt] 인플릭트

동 (형벌, 고통, 손해를)주다, 입히다

❖ It couldn't inflict a slight buff on him. 그것은 그에게 조그만 타격도 입힐 수 없었다.

2191
□ **irritate**

[irətèit] 이러테이트

동 화나게 하다, 안달나게 하다

❖ He irritates me very often. 그는 매우 자주 나를 화나게 한다.

2192
□ **accustom**

[əkʌ́stəm] 어커스텀

동 익히다, 습관을붙이다

❖ We got accustomed to noises. 우리는 소음에 익숙해졌다.

2193
□ **esteem**

[istíːm] 이스팀-

동 존중하다, 간주하다 명 존경, 존중

❖ I esteem your advice highly. 당신의 충고를 크게 존중합니다.

형 estimable 존중할 만한

2194
□ **entertain**

[èntərtéin] 엔터테인

동 즐겁게 하다, 마음에 품다

❖ The play entertained me very much. 그 연극은 나를 매우 즐겁게 했다.

2195
□ **undergo**

[ʌ̀ndərgóu] 언더고우

동 겪다, 견디다(=experience)

❖ The country is undergoing many changes. 그 나라는 많은 변화를 겪고 있다.

2196
prolong
[proulɔ́:ŋ] 프로우롱-

동 연장하다, 연기하다

- prolong one's stay abroad
  외국에서의 체재 기간을 연장하다.
- 명 prolongation 연장

2197
throng
[θrɔ(:)ŋ] 스롱

동 떼지어 모이다 명 군중

- The street was thronged with people.
  거리는 군중으로 들끓고 있었다.

2198
commit
[kəmít] 커밋

동 맡기다, 범하다, 저지르다

- Many criminals commit crimes again and again.
  많은 범죄자들은 범죄를 또 저지르고 또 저지릅니다.

2199
preoccupy
[pri:ákjəpài] 프리-아큐파이

동 마음을 빼앗다, 먼저 차지하다

- He is totally preoccupied with his work. 그는 일에만 몰두해 있다.

2200
urge
[əːrdʒ] 어-지

동 재촉하다, 주장하다, 몰아내다

- urge silence 침묵을 강요하다
- urge a horse on 말을 몰아대다

2201
withstand
[wiðstǽnd] 위드스탠드

동 저항하다, 견디다

- withstand temptation
  유혹을 견디다
- withstand an attack
  공격에 저항하다

2202
salute
[səlúːt] 설루―트

동 인사(하다) 명 경례

- We saluted each other.
  우리는 서로에게 인사했다.

2203
recommend
[rèkəménd] 레커멘드

동 추천하다, 권하다

- I recommend that the work be done at once.
  그 일을 즉시 하도록 권합니다.
  명 recommendation 추천

2204
utilize
[júːtəlàiz] 유―털라이즈

동 활용하다, 소용되게 하다

- utilize leftovers in cooking
  남은 것을 요리에 이용하다

2205
postpone
[poustpóun] 포우스트포운

동 연기하다, 미루다

- The meeting has been postponed to next Sunday.
  모임은 다음 일요일까지 연기되었다.
  형 postponable 연기할 수 있는

2206
revise
[riváiz] 리바이즈

(동) 개정하다, 수정하다(=edit)

* I think we have to revise it.
  수정할 필요가 있어요.

2207
resign
[rizáin] 리자인

(동) 사직하다(=quit), 단념하다

* He resigned as president.
  그는 사장직을 사임했다.
* (명) resignation 사직

2208
command
[kəmǽnd] 커맨드

(동) 명령하다, 지휘하다 (명) 명령, 지휘

* He commanded silence.
  그는 조용히 하라고 명령했다.
* command key 명령 키

2209
convert
[kənvə́ːrt] 컨버-트

(동) 바꾸다, 전환하다

* This sofa converts into a bed.
  이 소파는 침대로도 쓴다.
* (명) conversion 전환

2210
seclude
[siklúːd] 시클루-드

(동) 분리하다, 은퇴시키다

* My parents seclude me from TV.
  부모님은 나를 TV에서 떼어놓으셨다.
* (명) seclusion 격리, 분리

2211
withhold
[wiðhóuld] 위드호울드

(동) 보류하다, 억제하다

* The captain withheld his men from the attack. 대장은 부하들을 제지하여 공격하지 못하게 했다.

2212
□ reconcile

[rékənsàil] 레컨사일

[동] 화해시키다, 조정하다(=resolve)

❖ We have been reconciled with each other. 우리는 서로 화해했다.

[명] reconciler 조정자, 화해자

2213
□ modify

[mádəfài] 마더파이

[동] 변경하다, 수정하다, 완화하다

❖ modify the terms of a treaty 조약 조건을 바꾸다

[명] modification 수정변경

[형] modified 조직의

2214
□ exempt

[igzémpt] 이그젬프트

[동] 면제하다 [형] 면제된

❖ exempt a person from taxes 아무의 조세를 면제하다

2215
□ intoxicate

[intáksikèit] 인탁시케이트

[동] 취하게 하다

❖ He is intoxicated with victory. 그는 승리에 취해 있다.

2216
□ lessen

[lésn] 레슨

[동] 적어지다, 적게하다

❖ This circumstance lessens danger. 이런 상황에서는 위험이 적어진다.

2217
□ adorn

[ədɔ́:rn] 어도-온

[동] 장식하다

❖ Trees are adorned with streamers. 나무들이 리본으로 장식되어 있다.

[명] adornment 장식품

2218
□ appoint
[əpɔ́int] 어**포**인트

동 임명하다, 지정하다

- He is sure to be appointed.
  그가 임명되는 것은 확실하다.
- 명 appointment 임명, 지정

2219
□ contribute
[kəntríbjut] 컨트**리**뷰-트

동 기부하다, 기여하다

- It has contributed in no way to civilization.
  그것은 문명에 기여한 바가 없다.
- 명 contribution 기부

2220
□ despise
[dispáiz] 디스**파**이즈

동 경멸하다, 혐오하다(=dislike)

- You should not despise him because he is poor. 가난하다고 해서 그를 경멸해서는 안 된다.

2221
□ permit
[pəːrmít] 퍼-**밋**

동 허가하다, 허락하다 명 허가, 면허

- Don't permit him to leave.
  그가 떠나는 것을 허락해선 안 된다.

2222
□ offend
[əfénd] 어**펜**드

동 화나게 하다, 범하다

- She was deeply offended by her companion. 그녀는 친구 때문에 몹시 화가 나 있었다.

2223
animate

[ǽnəmèit] 애너메이트

동 활기를 주다, 고무하다

❖ The dust of the ground was animated by God.
신은 땅의 흙에 생명을 불어넣었다.

2224
commence

[kəméns] 커멘스

동 시작하다

❖ We will commence with this work. 우리는 이 일부터 시작합니다.

명 commencement 시작

2225
transport

[trænspɔ́ːrt] 트랜스포-트

동 수송하다 명 수송

❖ the transport of mail by air
우편물의 항공 수송

2226
beguile

[bigáil] 비가일

동 속이다

❖ The salesman beguiled him into buying a car. 세일즈맨은 그를 속여서 차를 사게 했다.

2227
accumulate

[əkjúːmjəlèit] 어큐-뮬레이트

동 모으다, 축적하다

❖ accumulate a fortune 축재하다
❖ accumulate money 돈을 저축하다

명 accumulation 축적

2228
distribute

[distríbju:t] 디스트리뷰-트

동 분배하다, 분류되다

❖ The plants are distributed into 30 classes.
그 식물은 30종으로 분류된다.

명 distribution 분배

2229
induce

[indjúːs] 인듀-스

동 권유하다(↔deduce 연역하다)

❖ Nothing shall induce me to go.
어떠한 권유가 있더라도 나는 가지 않는다.

2230
associate

[əsóuʃièit] 어소우시에이트

동 교제하다, 연상하다 명 동료

❖ I don't care to associate with them. 그들과 교제하고 싶지 않다.

2231
lurk

[ləːrk] 러-크

동 숨어 있다, 잠복하다

❖ lurk in the mountains
산악 지대에 잠복하다

2232
oppress

[əprés] 어프레스

동 압박하다

❖ A good government will not oppress the people. 훌륭한 정부는 국민을 압박하지 않는다.

2233
extinguish

[ikstíŋgwiʃ] 익스팅귀쉬

동 끄다, 진화하다

❖ The fire was soon extinguished.
불은 얼마 안 가서 진화되었다.

2234
□ exaggerate

[동] 과장하다, 침소봉대하다

[igzǽdʒərèit] 이그재저레이트

❖ Don't exaggerate.
허풍떨지 마라.

2235
□ bid

[동] 명령하다, 말하다, 값을 매기다

[bid] 비드

❖ bid a person good-bye
~에게 작별을 고하다

❖ Do as you are bidden.
명령대로 하시오.

2236
□ emerge

[동] 나타나다, 나오다

[imə́ːrdʒ] 이머–지

❖ The full moon will soon emerge from behind the clouds.
보름달이 곧 구름 뒤에서 나타날 것이다.

2237
□ acquaint

[동] 알리다

[əkwéint] 어퀘인트

❖ Acquaint your friend with what you have done. 당신 친구에게 당신이 한 일을 알리시오.

2238
□ conceal

[동] 감추다(↔reveal 나타내다)

[kənsíːl] 컨실–

❖ I do not conceal anything from you.나는 너에게 아무것도 감추지 않는다. [명] concealment 은폐

2239
assimilate

[əsíməlèit] 어시멀레이트

동 동화하다

- They rapidly assimilated into the American way of life.
  그들은 미국의 생활 방식에 빠르게 동화되었다.

2240
reap

[ri:p] 리-프

동 베어들이다, 수확하다

- reap a harvest 농작물을 거둬들이다
- reap fields 밭의 작물을 수확하다

2241
behold

[bihóuld] 비호울드

동 보다

- Her grief was painful to behold.
  그녀의 슬픔은 보기에도 딱했다.

2242
provoke

[prəvóuk] 프러보우크

동 화나게 하다, 도발하다

- He was provoked out of patience.
  그는 화가 나서 견딜 수 없었다.

2243
impose

[impóuz] 임포우즈

동 부과하다, 강요하다

- A new tax has been imposed on wine.
  새로운 조세가 포도주에 부과되었다.

2244
□ mingle

[동] 섞다, 혼합하다(=mix)

[míŋgəl] 밍글

❖ truth mingled with falsehood
거짓이 섞인 진실

2245
□ equip

[동] 갖추다, 장비하다

[ikwíp] 이퀴프

❖ equip oneself for a journey
여행의 채비를 하다
[명] equipment 장비

2246
□ impoverish

[동] 가난하게하다, 피폐하게 하다

[impɑ́vəriʃ] 임파버리쉬

❖ a country impoverished by war
전쟁으로 피폐해진 나라

2247
□ concede

[동] 양보하다, 인정하다(=admit)

[kənsíːd] 컨시-드

❖ He didn't concede his seat to senior person. 그는 노인에게 자리를 양보하지 않았다.

2248
□ trim

[동] 정돈하다, 손질하다

[trim] 트림

❖ trim a nail 손톱을 깎다
❖ trim one's beard 수염을 손질하다

2249
utter 동 내다, 발하다 형 완전한

[ʌ́tər] 어터

- He is an utter stranger to me.
그는 전연 모르는 사람이다.

2250
trespass 동 침해하다, 방해하다 명 침입, 방해

[tréspəs] 트레스퍼스

- trespass on[upon] a person's privacy ~의 사생활을 침해하다

2251
flatter 동 아첨하다

[flǽtər] 플랫터

- Don't flatter me. 아첨하지 마라.
  명 flatterer 아첨꾼

2252
resent 동 분개하다

[rizént] 리젠트

- He resented being called a fool. 바보라는 소리에 분개했다.

2253
lade 동 싣다, 적재하다

[leid] 레이드

- lade a ship with goods
배에 화물을 적재하다

2254
venture 동 위험을 무릅쓰고 가다, 감히 가다

[véntʃər] 벤쳐

- I venture to write to you.
실례를 무릅쓰고 글을 올립니다.

2255
rebuke

[ribjúːk] 리뷰-크

- 동 비난하다, 꾸짖다 명 비난
- ❖ rebuke a person for his carelessness 아무의 부주의를 나무라다

2256
ornament

[ɔ́ːrnəmənt] 오-너먼트

- 동 장식하다 명 장식
- ❖ She ornamented the table with a bunch of flowers. 그녀는 테이블을 한 다발의 꽃으로 장식하였다.

2257
feature

[fíːtʃər] 피-처

- 동 특징으로 하다 명 특징, 용모
- ❖ The best feature of the house is the sun porch.
  그 집의 가장 큰 특징은 일광욕실이다.

2258
deplore

[diplɔ́ːr] 디플로-

- 동 한탄하다, 애도하다
- ❖ They deplored the corruption of politics.
  그들은 정치의 부패를 한탄했다.

2259
release

[rilíːs] 릴리-스

- 동 발표하다, 공개하다 명 면제
- ❖ Details are to be released today.
  자세한 내용은 오늘 발표될 예정이다.

2260
invert

[invə́ːrt] 인버-트

- 동 ~을 거꾸로 하다, 뒤집다
- ❖ The order is inverted.
  순서의 전후가 바뀌어 있다.

2261
□ furnish
[fə́:rniʃ] 퍼-니시

[동] 공급하다, 비치하다(=provide)

❖ The sun furnishes heat.
태양은 열을 제공한다.

2262
□ precede
[pri:sí:d] 프리-시-드

[동] ~에 앞서다, 능가하다

❖ This precedes all others.
이것은 다른 모든 것보다 우선한다.

2263
□ conform
[kənfɔ́:rm] 컨폼-

[동] 일치시키다(하다), 따르다

❖ conform A with B
A와 B를 일치시키다

❖ conform to the laws
법률에 따르다

2264
□ yield
[ji:ld] 일-드

[동] 생산하다, 굴복하다 [명] 생산고

❖ yield under pressure
압박에 굴복하다

❖ an optimum yield 최적 생산량

2265
□ compete
[kəmpí:t] 컴피-트

[동] 경쟁하다

❖ They competed for the prize.
그들은 그 상을 타려고 경쟁을 했다.

[명] competition 경쟁

2266
□ accomplish
[əkάmpliʃ] 어캄플리시

[동] 성취하다, 이루다, 달성하다

❖ What does the band hope to accomplish? 이 밴드가 성취하고 싶은 것은 무엇인가?

[명] accomplishment 성취, 달성

2267
□ worship
[wə́ːrʃip] 워–십

[동] 숭배하다 [명] 숭배

❖ hero worship 영웅 숭배

❖ worship money 돈을 중히 여기다

2268
□ perceive
[pərsíːv] 퍼시–브

[동] 지각하다, 감지하다

❖ He perceived a small figure in the distance.
그는 멀리서 작은 형체를 감지했다.

[명] perception 인식, 지각

2269
□ shrink
[ʃriŋk] 쉬링크

[동] 줄다, 오그라들다

❖ shrink up 움츠러들다

❖ shrink from drought 가뭄으로 줄다

2270
□ meditate
[médətèit] 메더테이트

[동] 숙고하다, 묵상하다

❖ They decided to meditate on the matter. 그들은 그 문제에 대해 숙고하기로 결정했다.

2271
better
[bétər] 베터

동 개선하다 형 더 좋은

❖ They are reading a better story.
그들은 더 좋은 이야기를 읽고 있다.

2272
banish
[bǽniʃ] 배니쉬

동 추방하다

❖ The banished king was restored to the throne.
추방되었던 왕은 복위하였다.

2273
violate
[váiəléit] 바이얼레이트

동 위반하다

❖ He violated the traffic regulations.
그는 교통 규칙을 위반했다.

2274
embark
[embá:rk] 엠바크

동 배를 타다, 탑승하다, 착수하다

❖ embark upon a business
사업에 착수하다
명 embarkation 탑승

2275
respond
[rispánd] 리스판드

동 응답하다

❖ He is ever quick to respond.
그는 언제나 응답이 빠르다.

2276
aspire
[əspáiər] 어스파이어

동 열망하다

- He aspired to be captain of the team.
  그는 그 팀의 주장이 되기를 열망했다.
  명 aspiration 열망

2277
stride
[straid] 스트라이드

동 성큼성큼 걷다 명 성큼성큼 걷기

- stride ahead
  성큼성큼 앞으로 나서다
- stride away
  큰 걸음으로 성큼성큼 가버리다

2278
stifle
[stáifəl] 스타이플

동 억누르다, 숨 막히다

- stifle a laugh 웃음을 억누르다
  형 stifling 숨 막히는

2279
detach
[ditǽtʃ] 디태치

동 떼어놓다(↔attach 붙이다)

- You can detach the hood if you prefer the coat without it.
  만약 모자가 없는게 더 좋으시다면, 코트에서 모자를 떼어내실 수 있습니다.

2280
compel
[kəmpél] 컴펠

동 강요하다(=force), 억지로 시키다

- They compelled obedience from us.
  그들은 우리에게 복종을 강요했다.

핵심단어 | **407**

2281
soar
[sɔːr] 소-

(동) 높이 날다, 치솟다

- soar up to the sky
  하늘로 날아오르다
- a soaring ambition
  치솟는 큰 포부

2282
flourish
[fláːriʃ] 플러-리쉬

(동) 번창하다(=thrive), 과시하다
(명) 화려함

- He is flourishing in his new business.
  그는 새 사업이 아주 잘 되고 있다.
- (형) flourishy 화려한

2283
enchant
[enchant] 엔찬트

(동) 매혹시키다, 황홀케 하다

- Venice enchanted me instantly.
  나는 베니스에 즉각적으로 매혹되었다.

2284
rebel
[rébəl] 레블

(동) 반역하다 (명) 반역자

- They rebelled against the government.
  그들은 정부에 대한 반란을 일으켰다.

2285
forbear
[fɔːrbɛ́ər] 포-베어

(동) 참고 견디다, 삼가다

- I forbore my thirst for drink.
  술 마시고 싶은 것을 꾹 참았다.

2286
☐ deprive

[dipráiv] 디프라이브

[동] 빼앗다, 박탈하다

❖ deprive a man of his property
~에게서 재산을 빼앗다

2287
☐ comprehend

[kàmprihénd] 캄프리헨드

[동] 이해하다, 포함하다

❖ The price comprehends service charges.
대금에는 수수료가 포함되어 있다.
[명] comprehension 터득

2288
☐ mock

[mɑk] 막(크)

[동] 비웃다 [명] 조롱 [형] 모의의

❖ mock the poor
가난한 사람들을 조롱하다

2289
☐ embarrass

[imbǽrəs] 임배러스

[동] 난처하게 하다, 당혹하게 하다

❖ I was embarrassed by his question.
그에게서 질문을 받고 당황했다.

2290
☐ transform

[trænsfɔ́ːrm] 트랜스폼-

[동] 변형시키다, 바꾸다

❖ Heat is transformed into energy.
열은 에너지로 바뀐다.
[형] transformable 변형할 수 있는
[명] transformation 변형

2291
register

[rédʒəstər] 레저스터

동 등록하다, 가리키다

❖ Register now for fall classes.
지금 가을학기 등록을 받고 있습니다.

명 registration 등록

2292
reproach

[ripróutʃ] 리프로우치

동 비난하다

❖ He reproached me with extravagance.
그는 나를 사치스럽다고 비난했다.

2293
repel

[ripél] 리펠

동 쫓아버리다, 불쾌감을 주다

❖ The odor repels me.
냄새가 불쾌하다.

2294
diminish

[dəmíniʃ] 더미니시

동 줄어들다, 감소시키다

❖ diminish in population
인구가 감소되다

형 diminishable 줄일 수 있는

2295
recall

[rikɔ́ːl] 리콜-

동 상기하다, 생각해내다(=remember)
명 회상, 소환

❖ I recall that I read the news.
그 뉴스를 읽은 일을 기억하고 있다.

2296
□ **calculate**

[kǽlkjəlèit] 캘큘레이트

동 계산하다

❖ Oil prices are calculated in dollars.
석유 가격은 달러로 계산된다.
명 calculation 계산

2297
□ **amaze**

[əméiz] 어메이즈

동 몹시 놀라게 하다

❖ I was amazed at his courage.
그의 용기에 놀랐다.
형 amazed 놀린

2298
□ **qualify**

[kwάləfài] 콸러파이

동 자격을 주다, 한정하다

❖ He has not yet qualified for the race.
그는 아직 레이스에 나갈 자격이 없다.
명 qualification 자격

2299
□ **coincide**

[kòuinsáid] 코우인사이드

동 동시에 일어나다, 일치하다

❖ Your interests coincide with mine.
너와 나는 이해관계가 일치한다.
명 coincidence 우연의 일치

2300
□ **derive**

[diráiv] 디라이브

동 ~을 얻다, 유래하다

❖ He derived a lot of profit from the business.
그는 그 일에서 많은 이익을 얻었다.

핵심단어 | **411**

2301
annihilate
[ənáiəlèit] 어나이어레이트

동 전멸시키다

* The army annihilated the enemy.
  그 군대는 적을 전멸시켰다.

2302
bewilder
[biwíldər] 비윌더

동 당황하게 하다

* She was bewildered by their questions. 그녀는 그들의 질문 공세에 당황하게 되었다.

2303
retain
[ritéin] 리테인

동 보유하다, 간직하다

* retain one's right
  권리를 보유하다
* retain the championship
  선수권을 보유하다
  명 retention 보유

2304
overcome
[òuvərkʌ́m] 오우버컴

동 이겨내다, 극복하다(=defeat)

* overcome an obstacle
  장애를 극복하다
* overcome difficulties
  곤란을 이겨내다

2305
allude
[əlúːd] 얼루-드

동 언급하다, 암시하다

* She was far too polite to allude to the stain.
  그녀는 너무나 예의 바른 사람이어서 얼룩을 언급하지도 않았다.

2306
expose
[ikspóuz] 익스**포**우즈

(동) 드러내다, 폭로하다 (명) 노출, 폭로

❖ expose a person to danger
~을 위험에 드러내 놓다

2307
plow
[plau] 플라우

(동) 밭을 갈다, 경작하다 (명) 쟁기

❖ The field plows easily.
그 밭은 경작하기가 쉽다.

2308
assemble
[əsémbəl] 어**셈**블

(동) 모이다, 조립하다

❖ We are assembled here to see him off. 우리는 그를 전송하기 위해 여기에 모였다.

2309
complicate
[kámpləkèit] 캄플러케이트

(동) 복잡하게 하다

❖ The matter became complicated.
일이 복잡해졌다.

2310
penetrate
[pénətrèit] 페너트레이트

(동) 꿰뚫다, 간파하다

❖ The flashlight penetrated the darkness.
불빛이 어둠 속을 꿰뚫었다.
(명) penetration 관통

2311
retreat
[ri:trí:t] 리-트리-트

(동) 물러가다 (명) 후퇴, 피난처

❖ retreat from the front
전선에서 퇴각하다

핵심단어 | **413**

2312
withdraw

[wiðdrɔ́ː] 위드드로-

동 물러나다, 탈퇴하다

* He has decided to withdraw from the association. 그는 그 모임에서 탈퇴하기로 작정했다.

2313
grasp

[græsp] 그래스프

동 붙잡다, 이해하다 명 파악, 이해

* He grasped me by the arm.
  그는 내 팔을 잡았다.

2314
discern

[disə́ːrn] 디선-

동 분간하다, 식별하다

* discern between honesty and dishonesty 성실과 불성실을 식별하다
  명 discernment 식별력

2315
accelerate

[æksélərèit] 액셀러레이트

동 가속하다(↔decelerate 감속하다), 촉진하다(=speed up)

* accelerate the growth of a plant
  식물의 성장을 촉진하다
  명 acceleration 가속

2316
rejoice

[ridʒɔ́is] 리조이스

동 기쁘게 하다, 즐겁게 하다

* I rejoiced that he got better.
  그가 좋아졌다는 소식을 들으니 기뻤다.

2317
sting

[stiŋ] 스팅

동 찌르다 명 (동물의)침, 고통

* A bee stung me on the arm.
  벌이 내 팔을 쏘았다.

2318
assert
[əsə́ːrt] 어서-트

동 주장하다, 단언하다

- He asserted his innocence.
  그는 자기의 결백을 강력히 주장했다.
- 명 assertion 주장

2319
extend
[iksténd] 익스텐드

동 넓히다, 뻗치다, ~에 이르다

- They've extended the runway, to take larger jets.
  그들은 더 큰 비행기를 들이기 위해 활주로를 넓혔다.

2320
allure
[əlúər] 얼루어

동 유혹하다 명 매력, 애교

- Sports has a subtle allure.
  스포츠에는 묘한 매력이 있다.

2321
promote
[prəmóut] 프러모우트

동 촉진하다, 승진시키다

- be promoted captain
  육군 대위로 진급하다
- promote digestion
  소화를 촉진하다
- 명 promotion 승진

2322
betray
[bitréi] 비트레이

동 배반하다, 누설하다

- That he should betray us!
  그가 우리를 배신하다니!
- 명 betrayal 배반

2323
stumble

[stʌ́mbəl] 스텀블

동 넘어지다, 우연히 만나다

❖ He stumbled across an old friend.
그는 우연히 옛 친구를 만났다.

2324
reprove

[riprúːv] 리프루-브

동 비난하다, 꾸짖다

❖ He reproved her for telling lies.
그는 그녀를 거짓말한다고 꾸짖었다.

2325
remark

[rimáːrk] 리마-크

동 말하다, 주목하다 명 주의, 비평

❖ He remarked that it was a masterpiece.
그는 그것이 걸작이라고 말하였다.

2326
nourish

[nə́ːriʃ] 너-리쉬

동 기르다, 영양분을 주다

❖ Pigs can be nourished on any food.
돼지는 아무 먹이로나 기를 수 있다.

명 nourishment 영양물

2327
reside

[riːsáid] 리-사이드

동 살다, 존재하다

❖ The power of decision resides in the President.
결정권은 대통령에게 있다.

명 resident 주민

2328
- **preserve**

  [prizə́ːrv] 프리저-브

  동 유지하다(=keep), 보존하다
  * preserve historical monuments
    사적을 보존하다

2329
- **persecute**

  [pə́ːrsikjùːt] 퍼-시큐-트

  동 박해하다, 학대하다
  * persecute a religion
    종교를 박해하다
  명 persecution 박해

2330
- **console**

  [kənsóul] 컨소울

  동 위로하다, 위문하다
  * That consoled me for my loss.
    그것이 손실에 대한 위안이 되었다.

2331
- **renounce**

  [rináuns] 리나운스

  동 버리다, 부인하다
  * renounce one's faith
    신앙을 부인하다

2332
- **conceive**

  [kənsíːv] 컨사-브

  동 상상하다, 마음에 품다
  * I cannot conceive how that can be. 어떻게 그렇게 될 수 있는지 상상 못하겠다.
  명 conception 개념

2333
- **inquire**

  [inkwáiər] 인콰이어

  동 묻다, 안부를 묻다, 조사하다
  * I will inquire about it.
    그것을 물어보아야겠다.

핵심단어 | **417**

2334
cancel [kǽnsəl] 캔슬
- 동 취소하다 명 취소
- ❖ cancel an order for the book
  그 책의 주문을 취소하다

2335
confine [kənfáin] 컨파인
- 동 가두다 명 경계, 한도
- ❖ confine a convict in jail
  죄수를 구치소에 가두다
- 명 confinement 감금

2336
allot [əlát] 얼라트
- 동 할당하다
- ❖ A share was allotted to each.
  각자가 몫을 할당받았다.

2337
surmount [sərmáunt] 서마운트
- 동 극복하다, 오르다, 얹다
- ❖ peaks surmounted with snow
  눈 덮인 산봉우리들

2338
launch [lɔ:ntʃ] 론-치
- 동 내보내다, 진수하다, 발사하다
- ❖ The woman is launching a rocket.
  여자가 로켓을 발사하고 있다.

2339
exhibit [igzíbit] 이그지비트
- 동 전람하다, 전시하다 명 전시
- ❖ They are exhibiting strange behavior.
  그들은 이상한 행동을 보이고 있다.
- 명 exhibition 전시회

2340
entreat

[entríːt] 엔트리-트

동 간청하다, 탄원하다

❖ He entreated me for help with his homework.
숙제를 도와 달라고 부탁했다.

2341
deceive

[disíːv] 디시-브

동 속이다, 기만하다

❖ He was deceived into buying such a thing.
그는 속아서 저런 물건을 샀다.
명 deceiver 사기꾼
명 deception 사기, 속임

2342
ascertain

[æ̀sərtéin] 애서테인

동 확인하다

❖ I want to ascertain your wishes.
너의 희망을 확인하고 싶다.

2343
disclose

[disklóuz] 디스클로우즈

동 드러내다, 폭로(적발)하다

❖ His weakness has been disclosed.
그의 약점을 폭로했다.

2344
debate

[dibéit] 디베이트

동 논쟁하다, 토론하다(=discuss)
명 논쟁(=discussion), 토론

❖ He was my opponent in the debate. 그는 나의 논쟁 상대였다.

핵심단어 | **419**

2345
assign
[əsáin] 어사인

동 할당하다

* He assigned work to each man. 그는 각자에게 작업을 할당했다.

명 assignment 할당

2346
combine
[kəmbáin] 컴바인

동 결합시키다, 결합하다

* It is difficult to combine work with pleasure.
  일과 오락을 결합시키기는 어렵다.

명 combination 결합

2347
humiliate
[hju:mílièit] 휴-밀리에이트

동 창피를 주다, 모욕하다

* There was no need to humiliate him. 그를 모욕할 필요는 없었다.

2348
extract
[ikstrǽkt] 익스트랙트

동 뽑다 명 추출물, 발췌

* extract an adequate passage from a book.
  책에서 적절한 1절을 발췌하다

2349
assent
[əsént] 어센트

동 동의하다(=agree) 명 동의

* Germany assented to the British proposal.
  독일은 영국의 제안에 동의하였다.

2350
vow
[vau] 바우

동 맹세하다 명 맹세

* He vowed to work harder in the future. 맹세코 앞으로 더 열심히 하겠다고 말했다.

2351
swell
[swel] 스웰

동 부풀다 명 부풀음

* His face swelled up.
  그의 얼굴은 부어올랐다.

2352
circulate
[sə́:rkjəlèit] 서큘레이트

동 (소문 등이) 퍼지다 순환하다

* The rumor is circulating every day. 그 소문이 날로 퍼지고 있다.
  명 circulation 순환

2353
interrupt
[ìntərʌ́pt] 인터럽트

동 방해하다, 중단하다 명 일시정지

* Am I interrupting you?
  제가 방해가 됐나요?
  명 interruption 방해

2354
determine
[ditə́:rmin] 디터-민

명 요구, 수요 동 요구하다

* Demand determines prices.
  수요가 가격을 결정한다.

핵심단어 | **421**

2355
contemplate
[kɑ́ntəmplèit] 칸템플레이트

동 심사숙고하다

❖ All day he did nothing but contemplate. 하루 종일 그는 오직 생각에만 잠겨 있었다.

명 contemplation 응시

2356
vouch
[vautʃ] 바우취

동 보증하다, 증인이 되다

❖ I cannot vouch for that man.
그 사람은 보증할 수 없다.

2357
sneer
[sniər] 스니어

동 비웃다, 냉소하다

❖ The courtiers sneered at the countryman. 조정의 신하들은 그 시골 사람을 비웃었다.

2358
narrate
[nǽreit] 내레이트

동 이야기하다, 서술하다

❖ Some of the story was narrated in the film.
줄거리의 일부가 영화에서 이야기됐다.

명 narration 화법
명 narrator 이야기하는 사람

2359
degrade
[digréid] 디그레이드

동 타락하다, 격하하다

❖ You will degrade yourself by such an act.
그런 행동은 네 품위를 떨어트린다.

2360
surpass
[sərpǽs] 서패스

- 동 능가하다(=exceed), 초월하다
- He surpasses me in knowledge.
  그는 지식에 있어서 나보다 낫다.

2361
marvel
[máːrvəl] 마블

- 동 놀라다 명 경탄할 만한 일
- I marvel that he could do so.
  그가 그렇게 할 수 있었다니 놀랍다.

2362
render
[réndər] 렌더

- 동 ~이 되게 하다, 주다
- His wealth renders him important.
  돈이 있으니까 그는 행세한다.

2363
embody
[embádi] 엠바디

- 동 구체화하다
- These ideas are embodied in the Constitution.
  이 이념들이 헌법에 구체화되어 있다.
- 명 embodiment 구체화

2364
cope
[koup] 코우프

- 동 맞서다, 대처하다
- cope with difficulties
  곤란을 극복하다
- cope with a task 일을 처리하다

2365
indicate
[índikèit] 인디케이트

동 가리키다, 지적하다

- She indicated the shop.
  그녀는 그 가게를 가리켰다.
- 명 indication 지적

2366
administer
[ædmínəstər] 애드미너스터

동 관리하다, 시행하다, 경영하다

- administer the estate
  남의 재산을 관리하다
- administer an organization
  조직을 운영하다

2367
befall
[bifɔ́:l] 비폴-

동 일어나다, 신변에 닥치다

- A misfortune befell him.
  재난이 그에게 들이닥쳤다.

2368
mature
[mətjúər] 머튜어

동 성숙시키다 형 성숙한(↔immature)

- Experience has matured him.
  경험이 그를 성숙시켰다.
- 명 maturity 성숙

2369
verify
[vérəfài] 베러파이

동 증명하다, 확인하다

- The hypothesis was verified.
  그 가설은 검증되었다
- 명 verification 검증

2370
reflect

[riflékt] 리플렉트

동 반사하다, 반영하다

❖ light reflecting from the water
수면으로부터 반사되는 빛
- 명 reflection 반사
- 부 reflectingly 반사적으로

2371
subside

[səbsáid] 서브사이드

동 (비, 바람이)가라앉다, 부위가 빠지다

❖ The swelling subsided.
부기가 가라앉았다.

2372
obtrude

[əbtrú:d] 업트루-드

동 (생각, 의견 등을)강요하다

❖ obtrude oneself
참견하고 나서다, 주제넘게 굴다

2373
haunt

[hɔ:nt] 혼-트

동 자주가다, 늘 따라다니다

❖ He haunts bars.
그는 주점에 자주 간다.

2374
confront

[kənfrʌ́nt] 컨프런트

동 직면하다, 대조하다

❖ He was confronted with a difficult question.
그는 어려운 문제에 직면하였다.
- 명 confrontation 조우

2375
□ dispense

[dispéns] 디스펜스

[동] 나눠주다, ~없이 지내다

❖ It's so warm today that I can dispense with an overcoat.
오늘은 너무 따뜻해서 외투 없이 지낼 수 있다.

2376
□ persist

[pəːrsíst] 퍼-시스트

[동] 고집하다, 지속하다

❖ He persisted in his project.
그는 자신의 계획을 고집했다.

2377
□ ascend

[əsénd] 어센드

[동] 올라가다(↔descend 내려가다)

❖ The balloon ascended high up in the sky.
기구가 하늘 높이 올라갔다.

2378
□ fulfill

[fulfíl] 풀필

[동] 이행하다, 실행하다, 충족시키다

❖ My prophecy was fulfilled.
내 예언은 실현되었다.
[명] fulfillment 완수

2379
□ ordain

[ɔːrdéin] 오-데인

[동] 명하다, 성직을 주다

❖ be ordained to priesthood
~을 성직에 임명하다

❖ be ordained a priest
신부가 되다

2380
pierce
[piərs] 피어스

동 꿰뚫다, 관통하다

❖ The bullet pierced the wall.
탄환이 벽을 관통했다.

2381
descend
[disénd] 디센드

동 내려오다, 내려가다

❖ She descended the stairs.
그녀는 계단을 내려갔다.

2382
curse
[kəːrs] 커-스

동 저주하다, 매도하다 명 저주

❖ curse at a person ~을 매도하다
❖ under a curse
저주를 받아, 빌미붙어
형 cursed 저주받은

2383
implore
[implɔ́ːr] 임플로-

동 애원하다, 탄원하다

❖ She implored him not to go.
그 여자는 그에게 가지 말라고 애원했다.

2384
avenge
[əvéndʒ] 어벤지

동 복수하다

❖ I will be avenged on you sooner or later. 조만간 네게 복수를 하겠다.

2385
inspect
[inspékt] 인스펙트

동 검사하다, 조사하다

❖ How soon can you inspect my car?
제 차 언제쯤 검사받을 수 있을까요?
명 inspection 조사

핵심단어 | **427**

2386
□ adopt
[ədάpt] 어답트

[동] 채용하다, 양자(양녀)로 삼다

❖ adopt a new method of teaching
새로운 교수법을 채용하다
[명] adoption 입양

2387
□ tremble
[trémbəl] 트렘블

[동] 떨리다, 진동하다(=shake)
[명] 떨림

❖ His voice trembled with anger.
그의 목소리는 노기로 떨렸다.

2388
□ foster
[fɔ́(:)stər] 포스터

[동] 기르다, (성장을)촉진하다
[형] 양육하는

❖ They fostered the orphan.
그들은 그 고아를 길렀다.

2389
□ isolate
[áisəlèit] 아이설레이트

[동] 격리시키다, 고립시키다

❖ The village was isolated by the flood. 그 마을은 홍수로 고립되었다.
[명] isolation 고립

2390
□ confound
[kənfáund] 컨파운드

[동] 혼동하다, 어리둥절하다

❖ The shock confounded her.
충격으로 그녀는 어리둥절해 했다.

2391
□ submit
[səbmít] 서브미트

[동] 복종시키다, 제출하다

❖ submit to authority
권위에 복종하다

❖ submit a report 보고서를 제출하다

[명] submission 제출

2392
□ eliminate
[ilímənèit] 일리머네이트

[동] 제거하다

❖ She eliminated all errors from the typescript. 그녀는 타이프 원고에서 잘못된 곳을 모두 삭제했다.

[명] elimination 제거

2393
□ abandon
[əbǽndən] 어밴던

[동] 버리다

❖ abandon one's plan
계획을 포기하다

[명] abandonment 포기

2394
□ indulge
[indʌ́ldʒ] 인덜지

[동] 탐닉하다, 제멋대로 하게 하다

❖ He indulges in heavy drinking.
그는 술을 너무 마신다.

[형] indulgent 제멋대로 하는

2395
□ dwell
[dwel] 드웰

[동] 살다, 거주하다(=inhabit)

❖ My uncle dwells in the country.
내 삼촌은 시골에 사신다.

[명] dwelling 주소

[명] dweller 거주자 주민

2396
□ **refresh**

[rifréʃ] 리프레쉬

동 상쾌하게 하다, 새롭게 하다

* refresh a fence
  칠을 해서 울타리를 새것처럼 만들다
  명 refreshment 원기회복

2397
□ **quote**

[kwout] 쿼트

동 인용하다, 예시하다

* This instance was quoted as important.
  이 예가 중요한 것으로 인용되었다.

2398
□ **cease**

[siːs] 시-스

동 중지하다 명 중지

* The rain has ceased.
  비가 그쳤다.

2399
□ **prevail**

[privéil] 프리베일

동 보급되다, 우세하다

* Such ideas prevail these days.
  그런 생각들이 우세하다.
  명 prevalence 유행

2400
□ **beckon**

[békən] 베컨

동 (손짓따위로)부르다, 신호하다

* He beckoned me to come nearer.
  그는 나에게 더 가까이 오라고 손짓했다.

2401
□ **collapse**

[kəlǽps] 컬랩스

동 붕괴하다, 무너지다, 쓰러지다

* The buildings are collapsing.
  건물들이 붕괴되고 있다.

2402
censure
[sénʃər] 센셔

동 비난(하다)

- The policy is loudly censured.
그 방침에 대한 비난의 소리가 높다.

2403
establish
[istǽbliʃ] 이스태블리시

동 설립하다, 확립하다

- They plan to establish an art institute.
그들은 미술 협회를 설립할 계획이다.

2404
convey
[kənvéi] 컨베이

동 나르다, 전하다, 양도하다

- Air conveys sound.
공기는 소리를 전한다.

2405
manage
[mǽnidʒ] 매니지

형 관리하다, 이럭저럭 ~하다

- He managed to get over the dilemma.
그는 그 난국을 그럭저럭 극복했다.

2406
assume
[əsjúːm] 어슘-

동 추정하다(=presume)

- Let's assume what he says to be true. 그가 말하는 것을 진실이라고 가정하자.
- 명 assumption 가정

2407
steer
[stiər] 스티어-

동 조종하다, 나아가다

- She steered herself around the corner. 그녀는 모퉁이를 돌아갔다.

2408
repent
[ripént] 리펜트

동 후회하다

❖ You will repent for it later.
나중에 가서 후회할 것이다.

2409
adjust
[ədʒʌ́st] 어저스트

동 적응시키다, 조정하다

❖ The man is adjusting the equipment. 남자가 장비를 조정하고 있다.
명 adjustment 적응

2410
mar
[mɑːr] 마-

동 상하게 하다

❖ My pride was much marred by his words.
그의 말로 내 자존심이 크게 상했다.

2411
rescue
[réskjuː] 레스큐-

동 구하다 명 구조

❖ rescue a drowning child
물에 빠진 아이를 구출하다.

2412
apprehend
[æ̀prihénd] 애프리헨드

동 이해하다, 염려하다

❖ It is a matter much to be apprehended.
그럴 염려가 다분히 있다.

2413
□ depress

[diprés] 디프레스

[동] 억압하다, 우울하게 하다

❖ Her death **depressed** him.
그는 그녀의 죽음으로 완전히 풀이 죽었다.

[명] depression 억압

2414
□ vary

[vɛ́əri] 베(어)리

[동] 변화하다, 변경하다

❖ The weather **varies** hourly.
날씨는 매시간 바뀌다

2415
□ confess

[kənfés] 컨페스

[동] 자백하다, 자인하다

❖ He **confessed** his failure to his parents.
그는 실패를 부모에게 털어놨다.

2416
□ compensate

[kɑ́mpənsèit] 캄펀세이트

[동] 배상하다, 갚다

❖ He promised to **compensate** me for my loss.
그는 내 손실을 배상하기로 약속했다.

2417
□ kneel

[ni:l] 닐-

[동] 무릎 꿇다, 굴복하다

❖ The man is **kneeling** down.
남자는 무릎을 꿇었다.

2418
avail
[əvéil] 어베일

(동) 쓸모있다, 소용되다 (명) 쓸모, 이익

❖ No advice avails with him.
그에게는 어떤 충고도 소용이 없다.
(형) available 쓸모있는

2419
investigate
[invéstəgèit] 인베스터게이트

(동) 조사하다, 수사하다(=examine)

❖ What did researchers investigate?
연구원들은 무엇을 조사했는가?

2420
demonstrate
[démənstrèit] 데먼스트레이트

(동) 증명하다, 시위하다

❖ He demonstrated that the earth is round.
그는 지구가 둥글다는 것을 증명했다.
(명) demonstration 논증, 시위운동

2421
restrain
[ri:stréin] 리스트레인

(동) 억제하다(=hold back), 제한하다

❖ restrain a child from doing mischief
아이가 장난을 못하게 하다

2422
disturb
[distə́:rb] 디스터-브

(동) 방해하다, 어지럽히다

❖ I hope I'm not disturbing you.
폐가 안 되겠습니까.
(명) disturbance 소란 소동

2423
boast
[boust] 보우스트

(동) 자랑하다

❖ He boasts of being rich.
그는 부자라고 자랑하고 있다.

2424
□ preach

[priːtʃ] 프리–치

[동] 설교하다, 전도하다

❖ She preached a sermon to me.
그녀는 나에게 설교했다.

2425
□ pant

[pænt] 팬트

[동] 헐떡이다, 갈망하다

❖ They panted after liberty.
그들은 자유를 갈망했다.

2426
□ stoop

[stuːp] 스툽–

[동] (몸을)구부리다, 굴복하다

❖ She stooped over the journals on the stand. 그녀는 진열대의 잡지 위로 몸을 굽혔다.

2427
□ vanish

[vǽniʃ] 배니시

[동] 사라지다, 자취를 감추다(=disappear)

❖ He vanished into the darkness.
그는 어둠 속으로 사라졌다.

2428
□ muse

[mjuːz] 뮤–즈

[동] 명상하다, 곰곰이 생각하다

❖ I mused over the past memories.
나는 과거의 일을 곰곰이 생각했다.

2429
□ lament

[ləmént] 러멘트

[동] 한탄하다, 슬퍼하다

❖ We lament his death.
우리는 그의 죽음을 한탄한다.

2430
warrant
[wɔ́(ː)rənt] 워런트

동 보증하다 명 허가증, 증명서, 보증

❖ Diligence is a sure warrant of success.
근면은 성공의 확실한 보증이다.

2431
profess
[prəfés] 프러페스

동 공언하다, 고백하다

❖ He professed to have no connection with that affair.
그는 그 사건과 관계가 없다고 공언했다.

2432
incline
[inkláin] 인클라인

동 기울이다, 마음이기울다 명 경사, 비탈

❖ He is inclining toward my view.
그는 나의 의견으로 기울어지고 있다.

2433
retire
[ritáiər] 리타이어

동 물러나다, 은퇴하다

❖ I retired to my room.
나는 내 방으로 물러갔다.
동 resign 직위 등을 사임하다

2434
influence
[ínfluəns] 인플루언스

동 영향력, 영향을 미치다(=affect)

❖ Don't let me influence your decision. 네 결정에 내가 영향을 미치지 않도록 해라.

2435
fade
[feid] 페이드

형 (색이)바래다, 시들다

❖ You'll never ever fade.
당신의 아름다움은 결코 바래지 않을거예요.

2436
□ **kindle** [동] 불을 붙이다

[kíndl] 킨들

❖ Kindle not a fire that you cannot put out.
끌 수 없는 불은 지피지 말라.

2437
□ **abolish** [동] 폐지하다

[əbάliʃ] 어발리쉬

❖ The death penalty should be abolished. 사형은 폐지되어야 한다.

2438
□ **stretch** [동] 잡아늘이다, 퍼지다 [명] 뻗기

[stretʃ] 스트레치

❖ He stretched the rope tight.
밧줄을 팽팽히 잡아당겼다.

2439
□ **languish** [동] 원기가 없어지다, 시들다

[lǽŋgwiʃ] 랭귀쉬

❖ The flowers languished from lack of water.
그 꽃들은 수분 부족으로 시들었다.

2440
□ **insist** [동] 주장하다, 고집하다

[insíst] 인시스트

❖ She insisted that the book was hers. 그녀는 그 책이 자기 것이라고 주장했다.

2441
□ **confer** [동] 수여하다, 상담하다, 의논하다

[kənfə́ːr] 컨퍼–

❖ They conferred at great length last night.
그들은 지난밤 오래도록 상의했다.

2442
attribute
[ətríbjuːt] 어트리뷰-트

동 ~의 탓으로 하다 명 속성, 특성

❖ Mercy is an attribute of God.
자비는 신의 속성이다.

2443
acknowledge
[æknálidʒ] 액날리지

동 인정하다, 알리다

❖ He did not acknowledge having been defeated.
그는 자기의 패배를 인정하지 않았다.
명 acknowledgement 인정

2444
uphold
[ʌphóuld] 업호울드

동 지지하다, 돕다, 단언하다

❖ Do you uphold the codes of Ethics?
당신은 도덕률을 지지합니까?

2445
illustrate
[íləstrèit] 일러스트레이트

동 예증하다, 설명하다, 그림을 넣다

❖ The chart illustrates how the body works. 그림은 신체의 기능을 설명하고 있다.

2446
discard
[diskáːrd] 디스카-드

동 버리다, (옷을) 벗어버리다

명 버림받은 것

❖ Remove the skins from the tomatoes and discard them.
토마토에서 껍질을 벗겨내고 그것을 버리시오.

2447
□ generate

[dʒénərèit] 제너레이트

[동] 낳다, 발생시키다(=produce)

❖ Friction generates heat.
마찰하면 열이 생긴다.

2448
□ negotiate

[nigóuʃièit] 니고우쉬에이트

[동] 교섭하다, 협상하다

❖ negotiate a bill of exchange
환어음을 돈으로 바꾸다
[명] negotiation 교섭, 협상

2449
□ disdain

[disdéin] 디스데인

[동] 경멸하다 [명] 경멸, 모멸

❖ She disdains flattery.
그녀는 아첨을 경멸한다.

2450
□ survey

[səːrvéi] 서–베이

[동] 둘러보다, 개관하다, 조사하다

❖ survey TV viewers
TV 시청자를 조사하다

2451
□ excel

[iksél] 익셀

[동] 능가하다, 빼어나다

❖ He excels others in character.
그는 인격이 남보다 뛰어나다.
[형] excellent 우수한 [명] excellence 우수

2452
□ portray

[pɔːrtréi] 포–트레이

[동] 그리다, 묘사하다

❖ This painting portrays the death of Nelson.
이 그림은 넬슨의 죽음을 그리고 있다.
[명] portrayal 그리기, 초상

2453
prescribe
[priskráib] 프리스크라이브

동 규정하다, 명령하다, 처방하다

* He always prescribes to us what to do.
  그는 항상 우리들에게 해야 할 바를 지시한다.

2454
mold
[mould] 모울드

동 틀에 넣어 만들다   명 틀, 성질

* The bell smith poured the metallic liquid into the bell mold.
  종 만드는 대장장이는 금속 액체를 종 틀에 부었다.

2455
reform
[ri:fɔ́:rm] 리―폼―

동 개혁하다, 개정하다   명 개혁

* reform the criminal codes
  형법을 개정하다.
  명 reformation 개선, 개혁

2456
contend
[kənténd] 컨텐드

동 다투다, 논쟁하다

* He contended with his friends about trifles. 그는 친구들과 하찮은 일로 논쟁하였다.
  명 contender 경쟁자

2457
involve
[inválv] 인발브

동 포함하다, 감싸다

* Clouds involved the mountain top. 구름이 산꼭대기를 감쌌다.

2458
anticipate
[æntísəpèit] 앤티서페이트

동 기대하다, 예상하다

- We anticipated a good time at the party. 우리는 파티에서 재미있는 시간을 가질 것으로 예상했다.

  명 anticipation 예감

2459
intrude
[intrúːd] 인트루-드

동 침입하다, 밀어넣다, 끼어들다

- Don't intrude yourself on her privacy.
  그녀의 사생활에 끼어들지 마시오.

2460
possess
[pəzés] 퍼제스

동 소유하다, 가지고 있다

- He is possessed of a large fortune.
  그는 큰 재산을 소유하고 있다.

2461
publish
[pʌ́bliʃ] 퍼블리시

동 발표하다, 출판하다

- They published 50 titles last year.
  작년에 그들은 50가지를 출판했다.

  명 publication 발표
  명 publisher 출판업자

2462
contrive
[kəntráiv] 컨트라이브

동 연구해내다, 고안하다, 꾸미다

- The company contrived a new kind of engine.
  그 회사는 신형 엔진을 고안했다.

2463
□ **accompany**

[əkʌ́mpəni] 어컴퍼니

동 동반하다, 수반하다

❖ He was accompanied by his family. 그는 가족을 동반했다.

2464
□ **taint**

[teint] 테인트

동 더럽히다 명 오염

❖ Korean fish are tainted, too.
국산 생선도 오염되었다.

2465
□ **regulate**

[régjəlèit] 레귤레이트

동 규정하다, 조절하다

❖ regulate the traffic
교통을 정리하다
❖ regulate the temperature
온도를 조절하다

2466
□ **operate**

[ápərèit] 아퍼레이트

동 작동하다, 수술하다

❖ Elevators are operated by electricity.
엘리베이터는 전기로 움직인다.
명 operation 가동, 수술

2467
□ **torment**

[tɔ́ːrment] 토-멘트

동 고문하다, 괴롭히다 명 고문, 고통

❖ be tormented with violent headaches
심한 두통으로 괴로워하다

2468
discharge
[distʃɑ́ːrdʒ] 디스**차**-지

(동) 짐을 부리다, 석방하다, 면제하다

❖ discharge from a debt
채무를 면제하다

2469
abide
[əbáid] 어바이드

(동) 살다, 머무르다

❖ She took up her abode in the country. 그녀는 시골에 살았다.

2470
consent
[kənsént] 컨센트

(동) 동의하다, 승낙하다 (명) 동의, 승낙

❖ They wrung consent from us.
그들은 우리에게 억지로 동의하게 했다.

2471
condemn
[kəndém] 컨뎀

(동) 비난하다, (형을)선고하다

❖ He was condemned.
그는 유죄 판결을 받았다.
(명) condemnation 비난

2472
presume
[prizúːm] 프리줌-

(동) 상상하다, 생각하다

❖ I presume (that) you are right.
당신 말이 옳다고 생각합니다.

2473
tend
[tend] 텐드

(동) ~ 로 향하다, ~ 하는 경향이 있다

❖ He tends toward selfishness.
그는 이기적인 경향이 있다.
(동) tend on 시중들다

2474
exceed
[iksíːd] 익사-드

동 넘다, 초과하다

❖ Gold exceeds silver in value.
금은 은보다 값어치가 있다.
명 excess 초과   형 excessive 과도한

2475
perplex
[pərpléks] 퍼플렉스

동 당황하게 하다

❖ His strange silence perplexes me.
그의 기묘한 침묵이 나를 당황하게 한다.
형 perplexing 당황하게 하는

2476
defy
[difái] 디파이

동 도전하다, 무시하다

❖ Are you defying my authority?
나의 권위에 도전하는 것이냐?

2477
entitle
[entáitl] 엔타이틀

동 권리(자격)를 주다

❖ At the age of 20 we are entitled to vote.
20세에 우리는 투표권이 부여된다.

2478
disregard
[dìsrigáːrd] 디스리가-드

동 무시하다(=ignore), 경시하다
명 무시, 경시

❖ She disregarded my warnings.
그녀는 나의 경고를 무시했다.

2479
paralyze
[pǽrəlàiz] 패럴라이즈

(동) 마비시키다, 무력케 하다

❖ The general strike paralyzed the whole country.
총파업으로 전국의 기능이 마비되었다.
(명) paralyzation 무력화

2480
beware
[biwɛ́ər] 비웨어

(동) 조심하다

❖ You must beware of strangers.
낯선 사람에게는 조심하여야 한다.

2481
lure
[luər] 루어

(동) 유혹하다

❖ Don't let money lure you into a job you don't like.
돈에 유혹되어 좋아하지도 않는 직업을 갖지 마라.

2482
usher
[ʌ́ʃər] 어셔

(동) 안내하다 (명) 수위, 접수원

❖ The usher called the police.
안내원이 경찰을 불렀다.

2483
summon
[sʌ́mən] 서먼

(동) 소환하다, 용기를 내다

❖ summon up one's courage
용기를 내다

❖ summon parliament
의회를 소집하다

2484
attach

[ətǽtʃ] 어태치

(동) 붙이다(↔detach 떼다)

- A curse is attached to this sword.
  이 검에는 어떤 저주가 붙어 있다.
- (명) attachment 부착

2485
reject

[ridʒékt] 리젝트

(동) 거절하다, 거부하다

- reject the offer of a better job
  보다 나은 일의 제안을 거절하다
- (명) rejection 거절

2486
ascribe

[əskráib] 어스크라이브

(동) (원인을)~으로 돌리다

- The failure was ascribed to his fault.
  실패의 책임이 그에게로 돌아갔다.

2487
correspond

[kɔ̀ːrəspánd] 코-러스판드

(동) 일치하다, 교신하다

- His words and actions do not correspond.
  그의 말과 행동은 일치하지 않는다.
- (명) correspondence 일치

2488
astound

[əstáund] 어스타운드

(동) 깜짝 놀라게 하다

- I was astounded to hear the news. 그 소식을 듣고 경악하였다.

2489
perish

[périʃ] 페리쉬

동 없어지다, 죽다, 소멸하다(=die)

- perish in battle 전사하다
- a country perishes 나라가 망하다

2490
vex

[veks] 벡스

동 초조하게 하다, 괴롭히다

- Don't vex the cat.
  고양이를 괴롭히지 마라.

2491
endow

[endáu] 엔다우

동 증여하다, 부여하다

- We are all endowed with a conscience. 우리 모두에게는 양심이 부여되어 있다.

2492
multiply

[mʌ́ltəplài] 멀터플라이

동 증가하다, (수를)곱하다

- Rats multiply rapidly.
  쥐는 빨리 번식한다.

2493
thrive

[θraiv] 스라이브

동 번영하다, 무성하다

- Bank business is thriving.
  은행업은 번창하고 있다.

2494
repose

[ripóuz] 리포우즈

동 휴식, 쉬다, 쉬게 하다

- Repose yourself for a while.
  잠시 누워 쉬십시오.

2495
dispose

[dispóuz] 디스포우즈

동 처리하다, 배치하다

❖ She disposed the furniture as she liked. 그녀는 가구를 자기 취향대로 배치했다.
명 disposal 처분

2496
overlook

[òuvərlúk] 오우버룩

동 간과하다

❖ We can't overlook his wild words.
우리는 그의 폭언을 간과할 수 없다.

2497
resemble

[rizémbəl] 리젬블

동 ~와 닮다, 공통점이 있다

❖ The brothers resemble each other in taste.
형제는 취미 면에서 서로 닮았다.

2498
prohibit

[prouhíbit] 프러히비트

동 금지하다

❖ The use of cribs is prohibited.
자습서 사용은 금지되어 있다.
명 prohibiter 금지자

2499
subdue

[səbdjú:] 섭듀-

동 정복하다, 억제하다

❖ Napoleon subdued much of Europe. 나폴레옹은 유럽의 상당 부분을 정복했다.

2500
□ **compose**

[kəmpóuz] 컴포우즈

(동) 작곡하다, 구성하다

❖ The team is composed of ten players. 그 팀은 열 명의 선수로 구성되어 있다.

(명) composition 구성

2501
□ **grudge**

[grʌdʒ] 그러지

(동) 아까워하다, ~하기를 싫어하다

❖ I grudge you nothing.
너에겐 무엇을 주어도 아깝지 않다.

2502
□ **recollect**

[rèkəlékt] 레컬렉트

(동) 회상하다, 생각해내다

❖ I recollect having heard the melody.
그 멜로디를 들은 것이 생각난다.

2503
□ **reinforce**

[rìːinfɔ́ːrs] 리-인포-스

(동) 보강하다, 강화하다

❖ reinforce a wall with mud
진흙으로 벽을 보강하다

(명) reinforcement 강화

2504
□ **quit**

[kwit] 큇

(동) 떠나다, 그만두다

❖ I gave him money to be quit of him. 그에게 돈을 주고 손을 끊었다.

2505
□ **forbid**

[fərbíd] 퍼비드

(동) 금하다

❖ The school forbids us to go to the theater.
학교에서는 극장 출입을 금하고 있다.

2506
☐ stroll
[stroul] 스트로울

동 한가롭게 거닐다 명 산책

❖ stroll about in the suburbs
교외를 한가롭게 거닐다

2507
☐ secure
[sikjúər] 시큐어

동 획득하다, 보증하다 형 안전한

❖ secure the copyright
판권을 획득하다

명 security 안전

2508
☐ discriminate
[diskrímənèit] 디스크리머네이트

동 구별하다 형 식별력 있는

❖ Don't discriminate others.
다른 사람을 차별하지 말거라.

명 discrimination 차별

2509
☐ burst
[bə:rst] 버스트

동 폭발하다, 파열하다 명 폭발, 파열

❖ A volcano burst into eruption.
화산이 폭발했다

2510
☐ accuse
[əkjú:z] 어큐즈

동 고발하다, 비난하다

❖ They accused him for his selfishness.
그들은 그의 이기주의를 비난했다.

명 accusation 규탄

2511
☐ refrain
[rifréin] 리프레인

동 ~을 그만두다 명 (노래의)후렴

❖ That refrain is impressive.
저 노래의 후렴은 인상 깊다.

2512
- **reveal**

  [rivíːl] 리빌-

  동 드러내다(↔conceal 숨기다)

  ❖ They began to reveal their true selves. 그들은 자기네 본성을 드러내기 시작했다.

  형 revealable 드러낼 수 있는

2513
- **sustain**

  [səstéin] 서스테인

  동 떠받치다, 부양하다, 견디다

  ❖ The breakwater sustained the shocks of waves.
  그 방파제는 파도의 충격을 잘 견뎠디.

  명 sustentation 지지

2514
- **overtake**

  [òuvərtéik] 오우버테이크

  동 ~을 뒤따라잡다, 덮치다

  ❖ I ran to overtake him.
  그는 그를 따라잡기 위해 뛰었다.

2515
- **restrict**

  [ristríkt] 리스트릭트

  동 제한하다, 한정하다

  ❖ be restricted within narrow limits
  좁은 범위에 제한되다

2516
- **stir**

  [stəːr] 스터-

  동 분발시키다, 휘젓다

  ❖ He is stirring the soup in the pot. 그는 냄비에 스프를 휘젓고 있다.

2517
- **execute**

  [éksikjùːt] 엑시큐-트

  동 실시하다, 성취하다, 처형하다

  ❖ execute a person as a murderer
  ~을 살인자로 처형하다

2518
□ ultimate [형] 최후의, 궁극적인

[ʌ́ltəmit] 얼터밋

❖ win the ultimate victory
최후의 승리를 거두다
[부] ultimately 결국, 마침내

2519
□ irresistible [형] 억제할 수 없는

[ìrizístəbəl] 이리지스터블

❖ He felt an irresistible impulse to cry out at the sight.
그는 그 광경을 보고 큰 소리로 외치고 싶은 억누를 수 없는 충동을 느꼈다.

2520
□ notable [형] 주목할 만한, 유명한

[nóutəbəl] 노우터블

❖ The area is notable for its pleasant climate. 그 지역은 상쾌한 날씨로 주목할 만하다.

2521
□ sensible [형] 지각 있는, 현명한

[sénsəbəl] 센서블

❖ That is very sensible of him.
그렇다니 그는 퍽 똑똑한 사람이다.

2522
□ trustworthy [형]신뢰(신용)할 수 있는, 확실한

[trʌ́stwə̀ːrði] 트러스트워시

❖ He is a trustworthy man
그는 신뢰할 만한 사람입니다.

2523
□ initial [형] 처음의, 최초의 [명] 머리글자

[iníʃəl] 이니셜

❖ She wrote her initials.
그녀는 자기 이름의 머리글자를 썼다.

2524
potent
[póutənt] 포우턴트

휑 강력한, 유력한

❖ This is a potent point.
이것은 유력한 논지이다.

2525
barren
[bǽrən] 배런

휑 불모지(↔fertile 비옥한)

❖ Do you know about Barren Island? 불모의 섬을 아시나요?

명 barrenness 메마름

2526
ignoble
[ignóubəl] 이그노블

휑 천한, 비열한

❖ To betray a friend is ignoble.
친구를 배신하는 것은 비열하다.

2527
annual
[ǽnjuəl] 애뉴얼

휑 해마다의

❖ A birthday is an annual event.
생일은 연례행사이다.

2528
solemn
[sáləm] 살럼

휑 엄숙한, 근엄한

❖ They performed a solemn ceremony.
그들은 엄숙한 의식을 거행했다.

2529
dismal
[dízməl] 디즈멀

휑 음울한, 적적한

❖ He is always in the dismals.
그는 항시 음침하다.

핵심단어 | **453**

2530
□ manifest

[mǽnəfèst] 매너페스트

[형] 명백한 [동] 명시하다

❖ The evidence manifests the guilt. 그 증거로 유죄가 명백해지다.

2531
□ notorious

[noutɔ́:riəs] 노우토-리어스

[형] 소문난, 악명이 높은

❖ a notorious rascal 소문난 악당

❖ be notorious for
~으로 악명이 높다

2532
□ precise

[prisáis] 프리사이스

[형] 정확한, 정밀한

❖ the precise meaning 정확한 의미

[부] precisely 정확하게

2533
□ harsh

[hɑ:rʃ] 하-시

[형] 거친, 가혹한

❖ The punishment was harsh.
처벌은 가혹했다.

2534
□ eccentric

[ikséntrik] 익센트릭

[형] 별난, 괴벽스러운 [명] 괴짜

❖ There is something eccentric in his composition.
그의 성질에는 좀 별난 데가 있다.

[명] eccentricity 남다름

2535
□ sublime

[səbláim] 서브라임

[형] 숭고한, 웅대한 [명] 숭고함

❖ There is but one step from the sublime to the ridiculous. 숭고함과 우스꽝스러움은 종이 한 장 차이이다.

2536
predominant
[pridάmənənt] 프리다머넌트

형 뛰어난, 우세한

- Hangeul is the most predominant language in the world. 한글은 세계에서 가장 뛰어난 언어이다.
- 명 preeminence 탁월

2537
spontaneous
[spɑntéiniəs] 스판테이니어스

형 자발적인, 자연적인

- They made a spontaneous offer of assistance.
  그들은 자발적인 지원을 제의했다.

2538
gradual
[grǽdʒuəl] 그래주얼

형 점진적인

- a gradual change 점진적 변화
- make gradual progress
  점차 진보하다

2539
immemorial
[ìmimɔ́ːriəl] 이미모-리얼

형 태고의, 먼 옛날의

- from time immemorial 태고부터
- time immemorial 오랜 옛날

2540
voluntary
[vɑ́ləntèri] 발런테리

형 자발적인, 임의의

- voluntary workers
  자진해서 일하는 사람들

2541
pathetic
[pəθétik] 퍼세틱

형 측은한, 불쌍한

- He was very pathetic.
  그는 정말 불쌍했다.

핵심단어 | **455**

2542
serene

[sirí:n] 시린-

형 고요한, 화창한

❖ She looked as calm and serene as she always did.
그녀는 항상 그래왔듯이 차분하고 조용해 보였다.

2543
constant

[kánstənt] 칸스턴트

형 불변의(↔variable 변하기 쉬운), 지속적인(=continual)

❖ He was in constant pain.
그는 끊임없는 통증에 시달렸다.

2544
liberal

[líbərəl] 리버럴

형 개방적인, 자유로운

❖ She was born into the liberal intelligentsia. 그녀는 자유주의적인 지식인 계급에서 태어났다.
명 liberty 자유

2545
male

[meil] 메일

형 남성의(↔female 여성의)

❖ a male dog 수캐
❖ male and female roles
남녀의 역할

2546
constructive

[kənstrʌ́ktiv] 컨스트럭티브

형 건설적인, 적극적인

❖ She welcomes constructive criticism.
그녀는 건설적인 비판을 환영한다.
형 construct 건설하다

2547
concise
[kənsáis] 컨사이스

형 간결한

- Make your answers clear and concise.
  대답은 명료하고 간결하게 하시오.

2548
inferior
[infíəriər] 인피(어)리어

형 하급의, 열등한 사람

- He is inferior to me in scholarship.
  그는 학문에는 나보다 열등하다.

2549
sanitary
[sǽnətèri] 새너테리

형 위생의, 보건상의

- sanitary science 공중 위생학
- sanitary fittings 위생 설비, 화장실

2550
stately
[stéitli] 스테이틀리

형 위엄이 있는, 당당한

- the stately periods of Churchill
  처칠의 당당한 명문

2551
destructive
[distrʌ́ktiv] 디스트럭티브

형 파괴적인, 해로운

- a habit destructive to health
  건강에 해로운 습관

2552
proficient
[prəfíʃənt] 프러피션트

형 숙달한, 능숙한

- She is proficient at German.
  그녀는 독일어에 숙달되어 있다.

핵심단어 | **457**

2553
□ petty
[péti] 페티

[형] 작은

❖ His sister is petty.
그의 여동생은 작다.

[부] pettily 인색하게

2554
□ moral
[mɔ́(:)rəl] 모-럴

[형] 도덕적인, 정신적인, 교훈

❖ She is an extremely moral woman.
그녀는 아주 도덕적인 여인이다.

[명] morality 도덕 윤리
[부] morally 도덕적으로

2555
□ perpendicular
[pə̀ːrpəndíkjələr] 퍼-펀디큘러

[형] 수직의

❖ a perpendicular line 수직선
❖ Perpendicular style 수직식양식

2556
□ technical
[téknikəl] 테크니컬

[형] 기술적인, 전문의

❖ We can learn technical knowledge in books. 우리는 서적에서 전문 지식을 배울 수 있다.

[명] technique 기술

2557
□ tropical
[trɑ́pikəl] 트라피컬

[형] 열대의, 몹시 더운(=muggy)

❖ tropical plants 열대식물
❖ tropical climates 열대성 기후

2558
delicate
[délikət] 델리컷

형 미묘한, 민감한, 허약한
- a delicate difference 미묘한 차이
- in delicate health 병약하여

2559
simultaneous
[sàiməltéiniəs] 사이멀테이니어스

형 동시의, 동시에 존재하는
- simultaneous interpretation 동시 통역
- a simultaneous interpreter 동시통역사

2560
superfluous
[suːpə́rfluəs] 수-퍼플뤄스

형 여분의, 남는
- Superfluous wealth can buy superfluities only.
  남아도는 부로는 사치품만 사게 할 뿐이다.

2561
ambiguous
[æmbígjuəs] 앰비쥬어스

형 애매모호한, 막연한, 모호한
- That sentence is ambiguous.
  그 문장은 애매하다.

2562
medieval
[miːdíːvəl] 미-디-벌

형 중세의
- Medieval Europeans had their great cathedrals. 중세 유럽인들은 거대한 성당을 만들었다.

2563
keen [ki:n] 킨-
형 날카로운, 민감한
※ This knife has a keen edge.
이 칼은 날이 날카롭다.

2564
contemporary [kəntémpərèri] 컨템퍼레리
형 현대의, 동시대의(=modern), 명 동시대의 사람
※ He was contemporary with Lincoln.
그는 링컨과 동시대의 인물이었다.

2565
prominent [prámənənt] 프라머넌트
형 눈에 띄는, 저명한
※ Many a prominent man was purged from public office.
많은 저명한 사람들이 공직에서 추방되었다.

2566
eminent [émənənt] 에머넌트
형 저명한, 뛰어난
※ He is an eminent philosopher and mathematician.
그는 저명한 철학자이자 수학자이다.

2567
neutral [njú:trəl] 뉴-트럴
형 중립의, 중성의
※ The country remained neutral in the war.
그 나라는 전쟁에서 중립을 유지했다.
명 neutrality 중립

2568
indispensable
[ìndispénsəbəl] 인디스펜서블

형 없어서는 안 되는(=necessary)

❖ an indispensable member of the staff 스태프에 절대 필요한 일원

2569
sacred
[séikrid] 세이크리드

형 신성한, 성전의

❖ Marriage is sacred.
결혼은 신성한 것이다.
명 sacredness 신성 불가침

2570
prodigal
[prάdigəl] 프라디걸

형 낭비하는, 방탕한

❖ He took up a luxurious and prodigal lifestyle. 그는 사치가 극에 달하는 방탕한 생활을 했다.

2571
gloomy
[glú:mi] 글루-미

형 어두운, 우울한

❖ the gloomy depth of the forest
어두운 숲속
❖ a gloomy prospect 암담한 전망

2572
prudent
[prú:dənt] 프루-던트

형 사려 깊은, 신중한

❖ You must be more prudent in future about what you do.
앞으로는 좀더 행동을 신중히 해야 되겠다.

2573
resolute
[rézəlùːt] 레절루-트

혱 결심이 굳은, 단호한

❖ He was resolute in carrying out his plan.
계획을 실현할 결의가 확고하였다.

2574
feudal
[fjúːdl] 퓨-들

혱 봉건적인

❖ The custom can be traced back to the feudal period.
그 풍습의 기원은 봉건 시대부터 시작된다.

2575
partial
[páːrʃəl] 파-셜

혱 부분적인, 불공평한

❖ a partial judge 불공평한 재판관
❖ a partial eclipse of the sun 부분 일식

2576
juvenile
[dʒúːvənəl] 쥬-버널

혱 소년(소녀)의, 나이어린

❖ a juvenile adult 나이 많은 소년
❖ a juvenile part 어린이 역

2577
instructive
[instrʌ́ktiv] 인스트럭티브

혱 교훈적인, 유익한

❖ The book is entertaining and instructive.
그 책은 재미도 있고 교훈적이기도 하다.

2578
sullen
[sʌ́lən] 설런

형 뚱한, 시무룩한 명 언짢음

❖ He kept a sullen silence.
그는 뿌루퉁하니 말이 없었다.

2579
fertile
[fə́ːrtl] 퍼틀

형 비옥한(↔barren 불모의)

❖ The soil here is fertile.
이곳은 땅이 비옥하다.

2580
abnormal
[æbnɔ́ːrməl] 애브노멀

형 비정상적인

❖ They strike me as abnormal.
그들은 이상하게 느껴진다.

명 abnormality 변칙

2581
accurate
[ǽkjərit] 애큐어릿

형 정확한, 빈틈없는

❖ His account is very accurate.
그의 설명은 매우 정확하다.

2582
stout
[staut] 스타우트

형 튼튼한, 뚱뚱한

❖ She became stout as she grew older.
그녀는 나이가 들면서 뚱뚱해졌다.

2583
engaging
[engéidʒiŋ] 엔게이징

형 매력있는, 애교있는

❖ an engaging smile 매력적인 미소

핵심단어 | 463

2584
rational
[ræʃənl] 래셔늘

(형) 합리적인, 이성적인

❖ Man is a rational animal.
인간은 이성적인 동물이다.

2585
external
[ikstə́ːrnəl] 익스터-널

(형) 외부의 (명) 외면

❖ a medicine for external use
외용약
❖ judge by externals
외관으로 판단하다

2586
righteous
[ráitʃəs] 라이쳐스

(형) 바른, 공정한

❖ a righteous act 정리에 맞는 행동
❖ a righteous man 옳은 사람

2587
unanimous
[juːnǽnəməs] 유-내너머스

(형) 만장일치의, 이의 없는

❖ with unanimous applause
만장의 박수 갈채로

2588
exquisite
[ikskwízit] 익스퀴지트

(형) 정교한, 우아한

❖ She has exquisite taste.
그녀는 취미가 우아하다.

2589
decent
[díːsnt] 디-슨트

(형) 고상한, 상당한, 버젓한

❖ I'm after a decent job.
남과 같은 버젓한 직장을 구하고 있다.

2590
sterile
[stéril] 스테릴

형 메마른, 불모의, 헛된

* The field is too sterile to yield anything.
이 밭은 메말라서 아무것도 할 수 없다.

2591
affirmative
[əfə́ːrmətiv] 어퍼-머티브

형 긍정적인(↔negative 부정적인)

* Two negatives make an affirmative.
이중 부정은 긍정이 된다.

2592
legal
[líːɡəl] 리-걸

형 법률상의(↔illegal 불법의), 합법적인

* the legal profession 법조
* a legal reserve 법정 준비금

2593
transient
[trǽnʃənt] 트랜션트

형 덧없는, 일시적인

* Man's life is as transient as dew.
사람의 목숨은 이슬처럼 덧없는 것이다

2594
enormous
[inɔ́ːrməs] 이노-머스

형 엄청난, 거대한

* an enormous sum of money
거액의 돈
  부 enormously 엄청나게

2595
conservative
[kənsə́ːrvətiv] 컨서버티브

형 보수적인(↔progressive 진보적인)

* His views are conservative.
그의 의견은 보수적이다.

2596
rigid

[rídʒid] 리지드

혱 단단한, 엄격한(=strict, stiff)

* There's a very rigid social hierarchy in their society.
  그들의 사회에는 매우 엄격한 사회 계급 제도가 있다.

2597
disinterested

[disíntəristid] 디신터리스티드

혱 사심없는, 공평한

* The umpire makes disinterested decisions.
  그 심판은 공평한 판정을 내린다.

2598
radical

[rǽdikəl] 래디컬

혱 근본적인, 급진적인

* a radical difference
  근본적인 차이점
* a radical party 급진파

2599
bold

[bould] 보울드

혱 대담한

* make bold to do
  대담하게도 ~하다

2600
diverse

[divə́ːrs] 디버스

혱 다양한, 다른

* Diverse opinions were expressed at the meeting.
  모임에서는 다양한 의견들이 나왔다.

2601
sinister

[sínistər] 시니스터

형 불길한, 사악한

❖ The rumor has a sinister sound.
그 소문에는 불길한 느낌이 있다.

2602
magnificent

[mægnífəsənt] 매그니퍼선트

형 웅대한, 장엄한

❖ The king had a magnificent palace.
그 왕은 장엄한 궁전을 갖고 있었다.

명 magnificence 장엄

2603
previous

[prí:viəs] 프리-비어스

형 앞의, 이전의

❖ He demanded a reversal of a previous decision. 그는 예전의 결정을 뒤집을 것을 요구했다.

2604
stern

[stə́:rn] 스턴-

형 엄한, 엄격한 명 고물

❖ a stern father 엄격한 아버지
❖ stern on 고물을 이쪽으로 돌리고

2605
quaint

[kweint] 퀘인트

형 진기한, 기이한

❖ He has a quaint way of speaking.
그는 말투가 기이하다.

2606
absorb

[əbsɔ́:rb] 업소-브

동 흡수하다, 열중하다

❖ The dry earth absorbs water.
마른 대지가 물을 흡수한다.

명 absorption 흡수

2607
crude

[kruːd] 크루드

- 형 천연그대로의, 거친 명 원료
- ❖ crude reality 있는 그대로의 현실

2608
queer

[kwiər] 퀴어

- 형 별난, 기묘한
- ❖ I felt queer. 기분이 묘했다.
- 부 queerly 기묘하게

2609
standard

[stǽndərd] 스탠더드

- 형 표준의, 모범적인 명 표준, 모범
- ❖ the standard language 표준어
- ❖ come up to the standard 표준에 달하다

2610
sane

[sein] 세인

- 형 제정신의, 온전한
- ❖ No sane person would support him. 제정신인 사람이라면 그를 지지하지 않을 것이다.
- 명 sanity 제정신

2611
sagacious

[səgéiʃəs] 서게이셔스

- 형 현명한, 영리한
- ❖ be sagacious 지혜롭다
- ❖ a sagacious lawyer 명민한 변호사

2612
prone

[proun] 프로운

- 형 납작해진, ~에 걸리기 쉬운
- ❖ I am prone to all kinds of infections.
  나는 각종 감염에 걸리기가 쉽다.

2613
□ tranquil
[trǽŋkwil] 트랭퀼

[형] 조용한, 평온한

- a tranquil sea 고요한 바다
- a tranquil life 평온한 생활

2614
□ current
[kə́ːrənt] 커-런트

[형] 유행의, 현재의

- He's averaging 38. 5 during his current streak. 그는 평균 38. 5 득점을 올리고 있습니다.

[부] currently 일반적으로

2615
□ plausible
[plɔ́ːzəbəl] 플로-저블

[형] 그럴듯한

- a plausible alibi
그럴듯한 알리바이
- sound plausible
그럴듯하게 들리다

2616
□ genuine
[dʒénjuin] 제뉴인

[형] 진짜의, 순수한

- the genuine breed of bulldog
순종 불독

[부] genuinely 진정으로

2617
□ fatal
[féitl] 페이틀

[형] 숙명적인, 치명적인(=mortal)

- He suffered a fatal blow.
그는 치명적인 타격을 받았다.

2618
□ **commonplace**

[kάmənplèis] 카먼플레이스

형 평범한, 진부한

❖ The beauty of today becomes commonplace tomorrow.
오늘날의 미모는 내일은 평범한 것이 되고 말 것이다.

2619
□ **reverse**

[rivə́:rs] 리버-스

형 반대의, 거꾸로 된 동 역전시키다
명 반대

❖ It is the reverse of kindness.
그건 친절이라기보다는 그 반대이다.

부 reversely 거꾸로, 반대로

2620
□ **vague**

[veig] 베이그

형 막연한(=unclear), 어렴풋한

❖ Anne was very vague about her plans for the future.
앤은 미래 계획에 관해 아주 막연했다.

2621
□ **artificial**

[à:rtəfíʃəl] 아-터피셜

형 인공적인(↔natural 자연의)

❖ Artificial languages are not useful for us.
인공언어들은 우리에게 유용하지 않다.

명 artifact 인공물

2622
□ **fluent**

[flú:ənt] 플루-언트

형 유창한, 거침없는

❖ She's always been a very fluent public speaker. 그녀는 언제나 매우 유창한 연설가였다.

부 fluently 유창하게

2623
severe
[sivíər] 시비어

[형] 엄격한, 격렬한

He is severe with his children.
그는 자식들에게 엄격하다.

2624
individual
[ìndəvídʒuəl] 인더비주얼

[형] 개인적인, 개개의 [명] 개인

She wears very individual clothes. 그녀는 매우 개인적인 취향의 옷을 입는다.

2625
slender
[sléndər] 슬렌더

[형] 가느다란(=thin), 호리호리한(=slim)

The drink sells in a bottle with a slender neck. 그 음료수는 목이 가느다란 병에 담겨 팔린다.

2626
tolerable
[tάlərəbəl] 탈러러블

[형] 참을 수 있는, 상당한, 꽤 좋은

His arrogance is no longer tolerable. 그의 거만한 태도는 더 이상 참을 수 없다.

2627
wretched
[rétʃid] 레치드

[형] 불쌍한, 비참한, 야비한

He lives a very wretched life.
그는 매우 딱한 생활을 하고 있다.

2628
abound
[əbáund] 어바운드

[동] 풍부하다

abound in color 색채가 풍부하다
[명] abundance 부유

2629
□ remote
[rimóut] 리**모**우트

[형] 먼, 먼곳의

- He lives in the remote country from the city. 그는 도시에서 멀리 떨어진 시골에 산다.

[부] severely 심하게

2630
□ sovereign
[sɑ́vərin] **사**버린

[형] 최고의, 주권을 가진 [명] 주권자

- Who was the sovereign of Great Britain then?
당시 영국의 주권자가 누구였나?

[부] sovereignly 특히

2631
□ deliberate
[dilíbərèit] 딜**리**버**레**이트

[형] 신중한, 계획적인 [동] 숙고하다

- The making of a player is a deliberate process.
한 명의 선수를 만들어 내는 것은 아주 신중한 과정입니다.

2632
□ strenuous
[strénjuəs] 스트**레**뉴어스

[형] 활기찬, 분투하는

- make strenuous efforts
분투하다, 힘껏 노력하다

2633
□ robust
[roubʌ́st] 로우**버**스트

[형] 건장한, 튼튼한

- He is in robust health.
그는 건장한 사람이다

2634
mechanical
[məkǽnikəl] 머캐니컬

형 기계의

* A mechanical arm is unloading the truck. 기계의 팔이 트럭에서 짐을 부리고 있다.

2635
staple
[stéipəl] 스테이플

형 주요한 명 주요산물

* staple food 주식(主食)
* staple commodities 중요한 상품

2636
ample
[ǽmpl] 앰플

형 충분한

* We had ample time at our disposal. 우리는 시간이 충분했다.

  명 ampleness 풍부함

2637
futile
[fjú:tl] 퓨-틀

형 효과없는, 헛된(↔useful 유용한)

* Attempts to convince him are futile. 그를 설득시키는 것은 쓸데없는 짓이다.

2638
elastic
[ilǽstik] 일래스틱

형 탄력있는, 신축성이 있는(=flexible)

* A rubber band is elastic. 고무 밴드는 신축성이 있다.

2639
due
[dju:] 듀-

형 당연한, 도착예정인, 지불할 시기

* The train is due at two. 기차는 2시에 도착할 예정이다.

2640
akin
[əkín] 어킨

형 동족의, 동류의

- A buffalo is akin to an ox.
  들소는 황소와 비슷하다.

2641
upright
[ʌ́pràit] 업라이트

형 똑바른(=vertical), 정직한

- She is past 70, yet upright in her carriage.
  그녀는 70세가 넘었는데도 아직 자세는 꼿꼿하다.
- 부 uprightly 똑바로

2642
trying
[tráiiŋ] 트라이잉

형 괴로운, 고된

- in trying circumstances
  곤경에 처하여
- be trying to the health
  몸에 나쁘다

2643
savage
[sǽvidʒ] 새비지

형 야만스러운, 잔인한

- a savage temper 잔인한 성격
- a savage blow 무참한 일격

2644
raw
[rɔː] 로-

형 날것의, 미숙한

- Whereas I'll cook food in winter, I'll eat it raw in summer.
  나는 겨울에는 음식을 익혀 먹지만 여름에는 날것으로 먹는다.
- 명 rawness 생것

2645
eternal

[itə́ːrnəl] 이터-널

형 영원한

- eternal chatter 끝없는 지껄임
- 명 eternity 영원

2646
cordial

[kɔ́ːrdʒəl] 코-지얼

형 진심의, 마음에서 우러나오는

- Relations between the two leaders are said to be cordial.
  두 지도자 사이의 관계는 진심에서 우러나온 관계라고들 한다.

2647
wicked

[wíkid] 위키드

형 사악한

- He was wicked and dishonest.
  그는 사악하고 부정직했다.
- 부 wickedly 심술궂게

2648
moderate

[mɑ́dərət] 마더럿

형 적당한, 온화한(=mild), 중용의

- Temperate climate is a moderate climate. 그러나 온화한 기후란 적당한 온도의 기후를 말한다.

2649
unique

[juːníːk] 유-니-크

형 유일한, 독특한

- a unique copy of an ancient manuscript
  고대 필사본의 유일한 사본
- 명 uniqueness 특이함

핵심단어 | **475**

2650
obscure
[əbskjúər] 업스큐어

형 분명치 않은, 흐릿한(=vague)

- I saw an obscure figure.
  나는 흐릿한 사람 그림자를 보았다.
  - 부 obscurely 어둡게

2651
coarse
[kɔːrs] 코-스

형 조잡한, 야비한

- Why you pick that coarse?
  왜 그렇게 조잡한 걸 골라?
  - 동 coarsen 거칠게 하다

2652
hideous
[hídiəs] 히디어스

형 무서운, 섬뜩한

- What if her husband were in fact a hideous monster?
  그녀의 남편이 실제로 무서운 괴물이라면 어떡하겠어요?

2653
sheer
[ʃiər] 쉬어

형 순전한, 얇은

- This dogma is a sheer nonsense.
  이 교리는 순전히 엉터리다.

2654
dominate
[dámənèit] 다머네이트

동 통치하다, 지배하다(=control)

- The party is dominated by its right wing.
  그 정당은 우익계가 지배한다.
  - 형 dominant 지배하는

2655
vehement

[víːəmənt] 비-어먼트

형 열정적인, 맹렬한

- vehement language
  극렬한 언사
- keen vehement competition
  심한 경쟁

2656
stable

[stéibl] 스테이블

형 안정된, 견고한 명 외양간

- Lock the stable door after the horse has bolted.
  소 잃고 외양간 고치다.

2657
intricate

[íntrəkit] 인트러키트

형 뒤얽힌, 복잡한

- The plot of this story is very intricate.
  이 소설의 줄거리는 복잡하다.

2658
transparent

[trænspɛ́ərənt] 트랜스페어런트

형 투명한, 명료한

- Window glass is transparent.
  유리창은 투명하다.

  명 transparency 투명

2659
hardy

[háːrdi] 하-디

형 튼튼한, 강건한

- This is very hardy.
  이것은 매우 튼튼하다.

2660
ardent

[á:rdənt] 아던트

형 열렬한, 열심인

* I've never met such an ardent pacifist as Terry. 나는 테리처럼 열렬한 평화주의자는 만나 본 적이 없다.

2661
swift

[swift] 스위프트

형 신속한

* be as swift as an arrow
화살처럼 빠르다

2662
royal

[rɔ́iəl] 로이얼

형 왕의, 왕위의, 위엄있는

* Royal blood flows in his veins.
그의 몸에는 왕족의 피가 흐르고 있다.

2663
venerable

[vénərəbəl] 베너러블

형 존경할 만한, 유서 깊은

* She is a very venerable friend.
그녀는 정말 존경스러운 친구입니다.

2664
surplus

[sə́:rplʌs] 서—플러스

형 과잉의 명 잉여(↔deficit 적자)

* surplus wheat 잉여 밀
* a surplus population 과잉 인구

2665
vivid

[vívid] 비비드

형 생생한, 발랄한

* a vivid blue 선명한 파란색
* a vivid personality
활발한 성격의 사람

2666
solid
[sάlid] 살리드

휑 단단한 명 고체(↔liquid 액체)

- a solid body 고체
- a man of solid build
  체격이 단단한 사람

2667
compatible
[kəmpǽtəbəl] 컴패터벌

휑 적합한, 양립할 수 있는(↔ incompatible 호환성이 없는)

- His interests are not compatible with mine. 그의 이해(체害)는 나의 이해와 양립하지 않는다.

2668
liable
[láiəbəl] 라이어블

휑 ~하기 쉬운, 책임이 있는

- be liable to catch cold
  감기에 잘 걸리다
- be liable for damage
  손해에 대한 책임이 있다

2669
singular
[síŋgjələr] 싱귤러

휑 단수의(↔plural 복수의), 이상한

- a singular event 기괴한 사건
- a woman of singular beauty
  보기 드문 미인

2670
rural
[rúərəl] 루(어)럴

휑 시골의, 전원의(↔urban 도시의)

- I prefer rural life.
  나는 전원생활이 더 좋다.

핵심단어 | 479

2671
arrogant

[ǽrəgənt] 애러건트

형 거만한(↔modest 겸손한)

❖ I resent his being too arrogant.
그가 너무 오만한 것이 불쾌하다.

2672
swear

[swɛər] 스웨어

동 맹세하다, 선서하다

❖ She swore to tell the truth.
그녀는 진실을 말할 것을 맹세했다.

2673
weary

[wíəri] 위어리

형 피로한, 싫증나는

❖ weary eyes 피곤한 눈
❖ a weary journey 지루한 여행

2674
discreet

[diskríːt] 디스크리-트

형 분별있는, 사려깊은, 신중한

❖ She is very discreet.
그녀는 매우 신중하다.

2675
obstinate

[ábstənit] 압스터니트

형 완고한(=stubborn), 고집센

❖ obstinate resistance to
~에 대한 완강한 저항
❖ as obstinate as a mule
몹시 고집불통인

2676
informal

[infɔ́ːrməl] 인포-멀

형 비공식의

❖ Our meetings are informal.
저희 회의는 비공식 행사입니다.

2677
□ **stubborn**

[stʌ́bərn] 스터번

형 완고한, 고집센

- a stubborn resistance
  완강한 저항
- bend stubborn heart
  완고한 마음을 휘다

2678
□ **exotic**

[igzátik] 이그자틱

형 외국의, 이국풍의 명 외래품

- It was an exotic bloom.
  그것은 이국적인 꽃이었다.

2079
□ **complacent**

[kəmpléisənt] 컴플레이션트

형 자기 만족의

- They become complacent if things are easy. 그들은 일이 쉬워지면 자기만족에 빠진다.

2680
□ **sly**

[slai] 슬라이

형 교활한, 장난기 있는

- a sly dog 교활한 녀석
- sly humor 장난스런 익살

2681
□ **daring**

[dέəriŋ] 데어링

형 대담한, 용감한 명 대담무쌍

- She made a daring remark.
  그녀는 대담한 발언을 했다.

2682
□ **dense**

[dens] 덴스

형 짙은, 빽빽한

- a dense fog 짙은 안개
- a dense population 조밀한 인구

핵심단어 | **481**

2683
□ acute
[əkjúːt] 어큐-트

형 날카로운

❖ She can make acute judgments.
그녀의 판단력은 날카롭다.
명 acuteness 날카로움

2684
□ whimsical
[hwímzikəl] 휨지컬

형 변덕스러운, 묘한

❖ He is so whimsical.
그는 변덕이 심하다.

2685
□ sober
[sóubər] 소우버

형 진지한, 냉정한, 술마시지 않은

❖ It requires sober reflection.
그 일은 진지하게 생각할 필요가 있다.

2686
□ frugal
[frúːgəl] 프루-걸

형 검소한, 알뜰한

❖ lead a frugal life 알뜰하게 살다
❖ a frugal farm family 알뜰한 농가

2687
□ corrupt
[kərʌ́pt] 커럽트

형 썩은 동 타락시키다

❖ corrupt flesh 부패된 고기
❖ corrupt society 사회를 타락시키다
명 corruption 타락

2688
□ imperative
[impérətiv] 임페러티브

형 명령적인, 긴급한

❖ This is an imperative sentence.
이것은 명령문이다.

2689
stiff
[stif] 스티프

형 굳은, 뻣뻣한

❖ He wore a stiff collar.
그는 뻣뻣한 칼라의 옷을 입었다.
형 stiffen 딱딱하게 하다

2690
threat
[θret] 스렛

형 협박, 위협

❖ It was an explicit threat.
그것은 명백한 위협이었다.

2691
wholesome
[hóulsəm] 호울섬

형 건전한, 건강에 좋은

❖ Jogging is a wholesome exercise.
조깅은 건강에 좋은 운동이다.

2692
aggressive
[əgrésiv] 어그레시브

형 공격적인(↔submissive), 적극적인

❖ Some dogs are naturally aggressive.
어떤 개들은 천성적으로 공격적이다.
명 aggressiveness 공격성

2693
ripe
[raip] 라이프

형 익은, 숙성한(↔unripe 덜 익은)

❖ He is ripe in the business.
그 일에 매우 숙달되어 있다.

2694
shrewd
[ʃru:d] 쉬루-드

형 영리한, 빈틈없는

❖ a shrewd guess 예리한 추측
❖ shrewd in business
장사에 빈틈없는

핵심단어 | **483**

2695
Arctic

[á:rktik] 아-크틱

(형) 북극의(↔Antarctic 남극)

- There is little life in the Arctic.
  북극에는 생물이 거의 없다.

2696
destitute

[déstətjùːt] 데스터튜트

(형) 빈곤한, ~이 결핍한

- After a few months, he became destitute. 몇 달 후 그는 빈곤해졌다.

2697
credulous

[krédʒələs] 크레절러스

(형) (남의 말을)잘 믿는, 속기 쉬운

- I am a warm-hearted and wavering and credulous and simple-minded person.
  난 우유부단하고 남을 잘 믿으며 단순합니다.

2698
invalid

[ínvəlid] 인벌리-드

(형) 허약한 (명) 병자

- The invalid is losing.
  그 병자는 쇠약해지고 있다.

2699
remarkable

[rimáːrkəbəl] 리마-커블

(형) 현저한, 두드러진

- a remarkable discovery
  주목할 만한 발견
- a remarkable change
  현저한 변화

2700
□ tight

[tait] 타이트

[형] 단단한, 빈틈없는, 팽팽한

❖ A line is tight. 줄이 탱탱하다.

2701
□ punctual

[pʌ́ŋktʃuəl] 펑(크)추얼

[형] 시간을 잘 지키는, 꼼꼼한

❖ be punctual in the payment of one's rent 집세를 꼬박꼬박 내다

[명] punctuality 기간

2702
□ parallel

[pǽrəlèl] 패러렐

[형] 평행의, 유사한

❖ The roads are parallel to each other. 길들이 서로 평행하게 나있다.

2703
□ adequate

[ǽdikwit] 애디퀴트

[형] 적당한, 충분한

❖ The water supply here is adequate. 이곳의 물 공급은 충분하다.

[명] adequateness 충분함

2704
□ abrupt

[əbrʌ́pt] 어브럽트

[형] 갑작스러운

❖ make an abrupt appearance 갑자기 나타나다

❖ come to an abrupt end 갑자기 끝나다

2705
□ dissolute

[dísəlùːt] 디설루트

[형] 방탕한, 타락한

❖ Dissolute creatures, the lot of them. 그들 중 대다수가 방탕한 생물들입니다.

2706
devoid
[divɔ́id] 디보이드

® ~이 전혀 없는

❖ Their apartment is devoid of all comforts.
그들의 아파트는 설비가 전혀 없다.

2707
innumerable
[injúːmərəbəl] 이뉴-머러블

® 무수한

❖ He has invented innumerable excuses.
그는 무수한 변명들을 만들어냈다.

2708
mutual
[mjúːtʃuəl] 뮤-튜얼

® 상호의(=reciprocal), 공동의

❖ mutual respect 상호 존경
❖ our mutual friend 서로의 친구

2709
periodical
[pìəriádikəl] 피(어)리아디컬

® 정기간행의, 정기간행물

❖ The periodical highlights is the most recent developments in IT. 정기간행물 특집기사는 최근의 정보산업 발달에 관한 것이다.

2710
earnest
[ə́ːrnist] 어-니스트

® 열심인, 진지한 ® 진심

❖ in good earnest 진지하게
❖ an earnest worker
성실히 일하는 사람

2711
capricious
[kəpríʃəs] 커프리셔스

형 변덕스러운

❖ She's very capricious.
그녀는 아주 변덕스럽다.

2712
splendid
[spléndid] 스플렌디드

형 화려한, 훌륭한

❖ It was a splendid parade.
그것은 화려한 행진이었다.

명 splendor 훌륭함

2713
steadfast
[stédfæst] 스테드패스트

형 확고한, 부동의

❖ He was steadfast to his principles.
그는 끝까지 주의를 일관했다.

2714
inevitable
[inévitəbəl] 이네비터블

형 피할 수 없는, 필연적인

❖ resignation to the inevitable
피할 수 없는 것의 감수

2715
shabby
[ʃǽbi] 섀비

형 초라한, 추레한

❖ He was so shabby-looking that at first I thought him a hobo.
그는 아주 초라한 모습이어서 처음에 나는 그를 부랑자로 생각했다.

2716
perpetual
[pərpétʃuəl] 퍼페튜얼

형 영원한, 끊임없는

❖ a perpetual stream of visitors
그칠 사이 없는 손님들의 방문

2717
timid
[tímid] 티미드

형 겁많은, 소심한(=cowardly)
- a timid manner 주저하는 태도
- as timid as a rabbit 몹시 겁많은

2718
drastic
[dræstik] 드래스틱

형 강렬한, 맹렬한, 대담한
- The change was drastic.
  변화는 맹렬[과감]했다.

2719
reckless
[réklis] 렉클리스

형 무모한, 분별없는
- He is reckless but very good.
  그는 무모하지만 훌륭하다.
  (부) recklessly 무모하게

2720
durable
[djúərəbəl] 듀어러블

형 오래 견디는, 튼튼한
- I like whatever is durable.
  나는 무엇이든 오래 견디는 것을 좋아한다.

2721
vertical
[vɜ́ːrtikəl] 버-티컬

형 수직의(↔horizontal 수평의)
- vertical motion 상하 운동
- out of the vertical
  수직으로부터 벗어나

2722
numerous
[njúːmərəs] 뉴-머러스

형 다수의, 수많은
- Numerous islands stud the bay.
  수많은 섬들이 그 만에 산재해 있다.

2723
dreary
[dríəri] 드리어리

형 쓸쓸한, 황량한

❖ How dreary nature would be!
자연은 얼마나 쓸쓸할까!

2724
sole
[soul] 소울

형 유일한, 혼자의 명 발바닥 구두의 밑창

❖ the sole survivor 유일한 생존자
❖ feme sole 독신녀

2725
rapid
[rǽpid] 래피드

형 속도가 빠른, 신속한, 급속한(=fast)

❖ a rapid worker
민첩하게 일하는 사람
부 rapidly 빠르게

2726
outstanding
[àutstǽndiŋ] 아웃스탠딩

형 눈에 띄는, 우수한(=excellent)

❖ The man is outstanding.
남자가 눈에 띈다.

2727
conspicuous
[kənspíkjuəs] 컨스피큐어스

형 유난히 눈에 띄는, 현저한

❖ There was no conspicuous road sign in that highway.
그 도로에는 눈에 들어오는 도로 표지가 없었다.

2728
vast
[væst] 배-스트

형 막대한, 광대한

❖ a vast sum of money 거액의 돈
❖ a vast expanse of desert
광대한 사막

핵심단어 | **489**

2729
fundamental

[fʌ̀ndəméntl] 펀더멘틀

형 근본적인 명 원리, 원칙

- That is a fundamental change in politics.
  그것은 정치상의 근본적인 변화이다.

2730
erroneous

[iróuniəs] 이로우니어스

형 틀린, 잘못된

- It is glaringly erroneous.
  그것은 분명히 틀렸다.

2731
inborn

[ínbɔ́ːrn] 인본-

형 타고난, 선천적인

- That statesman has an inborn ability to lead the masses.
  저 정치가는 대중을 이끄는 타고난 재능을 가지고 있다.

2732
intense

[inténs] 인텐스

형 강렬한

- an intense light 강렬한 빛
- an intense gale 맹렬한 강풍

2733
brisk

[brisk] 브리스크

형 활발한

- Trade is brisk. 상황이 활발하다.

2734
immense

[iméns] 이멘스

형 막대한

- The woman left an immense fortune.
  그 여자는 막대한 재산을 남겼다.

2735
vile 〔형〕 비열한, 험한

[vail] 바일
- vile weather 험한 날씨
- What vile weather! 지독한 날씨군!

2736
alert 〔형〕 빈틈없는 〔명〕 경계 〔동〕 경고하다

[ələ́ːrt] 얼러-트
- The three cats are alert and watchful.
  세 마리의 고양이가 경계를 하고 있다.
- 〔부〕 alertly 민첩하게

2737
essential 〔형〕 본질적인, 중요한(=crucial), 근본적인(=key)

[isénʃəl] 이센셜
- an essential difference 본질적 차이
- the essential character 본질적 형질

2738
primitive 〔형〕 원시의 〔명〕 원시인

[prímətiv] 프리머티브
- a primitive society 원시 사회
- a primitive country 미개국

2739
pensive 〔형〕 생각에 잠긴, 구슬픈

[pénsiv] 펜시브
- She was in a pensive mood.
  그녀는 생각에 잠긴 분위기에 빠졌다.

2740
figurative
[fígjərətiv] 피겨러티브

형 비유적인, 화려한

❖ a figurative use of a word
낱말의 비유적인 용법

2741
obvious
[ábviəs] 압비어스

형 명백한 명료한(=clear, obvious)

❖ The set of his mind was obvious.
그의 마음은 명백했다.

2742
forlorn
[fərlɔ́ːrn] 퍼로온

형 고독한, 쓸쓸한, 버림받은

❖ He felt forlorn and helpless on the death of his wife.
부인이 죽어서 그는 외로웠다.

2743
superficial
[sùːpərfíʃəl] 수-퍼피셜

형 표면의, 외면의

❖ a superficial wound 외상
❖ a superficial resemblance
외견상의 유사

2744
distinct
[distíŋkt] 디스팅(크)트

형 명백한, 명확한

❖ There are distinct differences between the two.
그 둘 사이에는 명백한 차이가 있다.

2745
idealist
[aidíːəlist] 아이디얼리스트

형 이상주의적인, 관념론적인

❖ He was a young and idealistic lecturer.
그는 젊고 이상주의적인 강사였다.

2746
appropriate
[əpróuprièit] 어프로우프리에이트

형 적절한(=suitable), 타당한(=proper)

- Your clothes are not appropriate for the party.
  네 옷은 파티용으로는 적당하지 않다.
- 명 appropriation 충당
- 부 appropriately 적절하게

2747
brilliant
[bríljənt] 브릴리언트

형 빛나는, 훌륭한

- a brilliant performance 멋진 연주
- The chest was full of brilliant gold. 보석 상자는 빛나는 금으로 가득 차 있다.

2748
divine
[diváin] 디바인

형 신성한, 비범한 명 성직자

- divine beauty 성스러운 아름다움
- the divine Being 신, 하느님

2749
gorgeous
[gɔ́ːrdʒəs] 고-저스

형 화려한, 멋진

- a gorgeous meal 훌륭한 음식
- 부 gorgeously 호화롭게

2750
subtle
[sʌ́tl] 서틀

형 미묘한, 엷은

- a subtle humor 미묘한 유머
- a subtle smile 엷은 미소

2751
tedious
[tíːdiəs] 티-디어스

형 지루한, 싫증나는

❖ I was bored stiff by his long tedious talk.
그의 지루한 이야기에 아주 질렸다.

2752
indebted
[indétid] 인데티드

형 은혜를 입고있는, 부채가 있는

❖ He owns himself indebted.
그는 자신이 은혜를 입었다고 말한다.

2753
imprudent
[imprúːdənt] 임프루-던트

형 뻔뻔스러운, 염치없는, 경솔한

❖ He was impudent enough to ask me for a holiday.
그는 뻔뻔스럽게도 내게 휴가를 달라고 했다.

2754
undaunted
[ʌndɔ́ːntid] 언돈-티드

형 굽히지 않는, 용감한

❖ He pushed on undaunted by a single failure. 그는 한 번의 실패에 굴하지 않고 맹진했다.

2755
approximate
[əpráksəmèit] 어프락서메이트

형 대략의

❖ He made off with approximately $500. 그는 대략 500달러를 털어서 도망쳤습니다.

2756
pertinent
[pə́ːrtənənt] 퍼-터넌트

- 형 적절한, 타당한
- ❖ What he proposes is most pertinent to the matter in hand.
  그의 제의는 이 사건에 가장 적절하다.

2757
maximum
[mǽksəməm] 맥서멈

- 형 최대의(↔minimum 최소의)
- ❖ the maximum water stage
  최고 수위
- ❖ maximum temperature
  최고 기온

2758
indifferent
[indífərənt] 인디퍼런트

- 형 무관심한 명 무관심한 사람
- ❖ She is indifferent to politics.
  그녀는 정치에 대해 무관심하다.

2759
abstract
[æbstrǽkt] 앱스트랙트

- 형 추상적인(↔concrete 구체적인)
- ❖ Her works are abstract art.
  그녀의 작품들은 추상 예술이다.
- 부 abstractly 추상적으로

2760
vacuum
[vǽkjuəm] 배큐엄

- 형 진공의 명 진공
- ❖ The loss left a vacuum in his heart. 상실감으로 그의 마음에 구멍이 생겼다.
- 명 vacuum cleaner 진공청소기

핵심단어 | **495**

2761
ordinary

[ɔ́:rdənèri] 오-더네리

형 평범한(↔extraordinary), 정규의

❖ An ordinary business envelope.
평범한 서류봉투이다.

2762
vulgar

[vʌ́lgər] 벌거

형 저속한, 상스러운

❖ a vulgar fellow 저속한 사내
❖ use vulgar language
상스럽게 말하다

2763
concrete

[kánkri:t] 칸크리-트

형 구체적인(↔abstract 추상적인)

❖ Her plan is very concrete.
그녀의 계획은 매우 구체적이다.

2764
timely

[táimli] 타임리

형 때맞춘, 적시의

❖ timely hit 적시 안타
❖ a timely warning 적시의 경고

2765
flexible

[fléksəbəl] 플렉서블

형 구부리기 쉬운, 유연한

❖ In children, these muscles are still flexible. 아이들에게 이러한 근육들은 아직 유연합니다.
명 flexibility 유연성

2766
frivolous

[frívələs] 프리벌러스

형 경박한, 경솔한

❖ Frivolous attitude won't help you in this profession. 경솔한 태도는 이 직업에는 도움이 되지 않는다.

2767
preferable
[préfərəbəl] 프레퍼러블

형 차라리 나은, 더 바람직한

❖ Death is preferable to dishonor.
수모를 당할 바엔 차라리 죽는 편이 낫겠다.

2768
prompt
[prɑmpt] 프람프트

형 신속한, 즉시의

❖ They were prompt to volunteer.
그들은 즉시 지원했다.

2769
profound
[prəfáund] 프러파운드

형 깊이가 있는, 심오한

❖ make a profound study
~을 깊이 연구하다
명 profundity 깊음   profoundly 깊이

2770
genial
[dʒíːnjəl] 지-니얼

형 따뜻한, 친절한

❖ Our neighbor has a genial personality.
우리 이웃은 친절한 인품을 지녔다.

2771
colloquial
[kəlóukwiəl] 컬로우퀴얼

형 구어(체)의

❖ It was a colloquial expression.
그것은 구어체 표현이었다.

2772
clumsy
[klʌ́mzi] 클럼지

형 어색한, 모양 없는

❖ I am clumsy with you.
난 너랑 있으면 어색해.

2773
□ **gallant**

[gǽlənt] 갤런트

형 용감한, (여자에게) 상냥한 명 호남자

- a gallant sight 장관
- play the gallant 호남자인 체하다

2774
□ **supreme**

[səprí:m] 서프림-

형 최고의, 최종의

- He is the supreme commander.
  그가 최고 사령관이다.
- 명 supremacy 우위

2775
□ **insolent**

[ínsələnt] 인설런트

형 오만한, 무례한

- You insolent fellow!
  이 무례한 녀석!

2776
□ **vacant**

[véikənt] 베이컨트

형 텅빈, 멍한

- There are no vacant seats on this train.
  이 열차에는 빈자리가 없다.
- 부 vacantly 멍하니

2777
□ **haughty**

[hɔ́:ti] 호-티

형 거만한, 건방진

- He has a haughty bearings.
  그는 태도가 거만하다.

2778
naked
[néikid] 네이키드

형 나체의, 벌거벗은

❖ I would go naked than wear fur. 모피를 입고 다니느니 벌거벗고 다니겠다.
  분 nakedly 적나라하게

2779
reluctant
[rilʌ́ktənt] 릴럭턴트

형 달갑지 않은, 내키지 않는

❖ She seemed reluctant to go with him. 그녀는 그와 함께 가는 게 내키지 않는 것 같았다.

2780
indolent
[índələnt] 인덜런트

형 게으른, 나태한

❖ He was a fat and indolent person.
그는 뚱뚱하고 나태한 사람이었다.

2781
imperial
[impíəriəl] 임피어리얼

형 제국의, 황제의, 훌륭한

❖ the imperial army 제국의 육군
❖ imperial tea 질좋은 차

2782
trivial
[tríviəl] 트리비얼

형 시시한, 하찮은

❖ I am not concerned with such trivial matters. 나는 그런 하찮은 문제에는 관심이 없다.

2783
astray
[əstréi] 어스트레이

⑱ 길을 잃어, 길을 잘못 들어

❖ The gate is open and all the cows have gone astray.
문이 열려 있어 모든 소들이 흩어져 모두 길을 잃었다.

2784
ruthless
[rúːθlis] 루-슬리스

⑱ 무자비한, 무정한

❖ a ruthless tyrant 무자비한 폭군
❖ ruthless persecution 부당한 박해

2785
atomic
[ətámik] 어타믹

⑱ 원자력의

❖ A new atomic age is aborning.
새로운 원자력 시대가 출현하려 하고 있다.

2786
apparent
[əpǽrənt] 어패런트

⑱ 명백한, 외관상의

❖ That's an apparent reason.
그것은 표면상의 이유에 불과하다.

2787
sceptical
[sképtikəl] 스켑티컬

⑱ 회의적인

❖ I was sceptical over "what sue said" 나는 수가 말한 것에 대해 회의적이었다.

2788
□ **feminine**

[fémənin] 페머닌

형 여성의(↔masculine 남성의)

❖ It was a feminine voice.
그것은 여자 목소리였다.

2789
□ **awkward**

[ɔ́ːkwərd] 오-쿼드

형 어설픈, 귀찮은

❖ It's an awkward business.
그것은 귀찮은 일이다.

2790
□ **consistent**

[kənsístənt] 컨시스턴트

형 변함없는, 시종일관된

❖ The issue of the assessment is our consistent policy. 과세의 문제는 우리의 일관된 정책이다.

2791
□ **deficient**

[difíʃənt] 디피션트

형 부족한, 불충분한

❖ She is deficient in common sense. 그녀는 상식이 부족하다.

2792
□ **intent**

[intént] 인텐트

형 열중한 명 의지

❖ He is too intent on making money to think any thing else.
그는 돈벌이에 열중한 나머지 딴 일을 돌보지 않는다.

2793
□ **attentive**

[əténtiv] 어텐티브

형 주의 깊은, 친절한

❖ She is very attentive.
그 여자는 아주 자상하다.

2794
□ incessant

[insésənt] 인세슨트

(형) 끊임없는, 간단없는

* We had incessant rain last month. 지난달에는 끊임없이 비가 왔었다.

(부) incessantly 끊임없이

2795
thorough

[θə́ːrou] 서-로우

(형) 철저한, 완벽한

* He is a thorough vegetarian.
  그는 철저한 채식주의자이다.

2796
□ myriad

[míriəd] 미리어드

(형) 무수한 (명) 무수

* a myriad activity 다채로운 활동
* a myriad of stars 무수한 별들

2797
□ scanty

[skǽnti] 스캔티

(형) 부족한, 인색한

* scanty means 얼마 안 되는 자력
* be scanty of ~이 적다

2798
□ athletic

[æθlétik] 애슬레틱

(형) 체력의, 운동의

* Our athletic meeting was very interesting.
  우리 운동회는 매우 재미있었다.

(명) athletics 운동경기

2799
tender
[téndər] 텐더
- 형 부드러운, 상냥한 명 돌보는 사람
- His voice was tender.
  그의 목소리는 부드러웠다.

2800
ingenious
[indʒíːnjəs] 인지니어스
- 형 교묘한, 발명의 재능이 있는
- It was an ingeniously set trap.
  그것은 교묘히 짜인 함정이었다.

2801
legitimate
[lidʒítəmit] 리지터미트
- 형 합법적인, 정당한
- His claim was quite legitimate.
  그의 요구는 아주 정당한 것이었다.

2802
incurable
[inkjúərəbəl] 인큐어러블
- 형 고칠수 없는, 불치의
- be pronounced incurable
  불치의 병임을 선고받다

2803
absolute
[ǽbsəlùːt] 앱설루-트
- 형 절대적인(↔relative 상대적인)
- I have absolute trust in him.
  나는 그를 절대적으로 믿는다.

2804
inherent
[inhíərənt] 인히어런트
- 형 타고난, 고유의
- It is an inherent part of human nature to avoid pain.
  고통을 피하려는 인간의 성질은 타고난 것이다.
- 부 inherently 선천적으로

2805
extravagant

[ikstrǽvəgənt] 익스트래버건트

형 사치스러운, 터무니없는

- He indulges himself in extravagant tastes and habits. 그는 사치스러운 취미와 습성에 젖어 있다.

2806
infinite

[ínfənit] 인퍼니트

형 무한의

- an infinite quantity 무한대
- an infinite of possibilities 무한한 가능성

명 infinity 무한

2807
naughty

[nɔ́ːti] 노-티

형 장난꾸러기인, 행실이 나쁜

- I was quite a naughty boy when I was his age. 나도 저맘때는 무척 장난꾼이었다.

2808
wistful

[wístfəl] 위스트펄

형 탐내는 듯한, 생각에 잠긴

- She looked with wistful eyes at the dolls in the window. 그녀는 쇼윈도의 인형을 탐나는 듯이 쳐다보았다.

2809
lofty

[lɔ́ːfti] 로프티

형 매우 높은, 거만한

- He said in a lofty tone. 그는 거만하게 말했다.

2810
meager 〔형〕 여윈, 빈약한

[míːgər] 미-거

- She was a small, meager woman.
  그녀는 작고 빈약한 여자였다.

2811
aloof 〔부〕 따로, 떨어져서

[əlúːf] 얼루-프

- She stood aloof from the rest of the group. 그녀는 그룹의 나머지 사람들에게서 떨어져 서있었다.

2812
possibly 〔부〕 아마, 어쩌면

[pásəbli] 파서블리

- cannot possibly do it
  도저히 할 수 없다
- as soon as I possibly can
  어떻게든 되도록 빨리

2813
barely 〔부〕 겨우, 간신히, 거의~않다

[bέərli] 베얼리

- He showed barely any interest in it. 그는 그것에 거의 관심을 보이지 않았다.

  〔형〕 bare 발가벗은

2814
practically 〔부〕 거의, 실제로

[præktikəli] 프랙티컬리

- There is practically nothing left. 사실상 아무 것도 남아 있지 않다.

2815
presently
[prézəntli] 프레즌틀리

(부) 이내, 곧

❖ The professor will be back presently.
교수님은 곧 돌아올 것이오.

2816
till
[til] 틸

(부) ~할 때까지 (전) ~까지

❖ He waited till I returned.
그는 내가 돌아올 때까지 기다렸다.

2817
concerning
[kənsə́ːrniŋ] 컨서-닝

(전) ~에 관하여

❖ We made inquiries concerning his past.
그의 과거에 관해서 조사를 했다.

2818
despite
[dispáit] 디스파이트

(전) ~에도 불구하고(=in spite of)

❖ They went for a walk despite the rain. 그들은 비가 오는 데도 불구하고 산책을 나갔다.

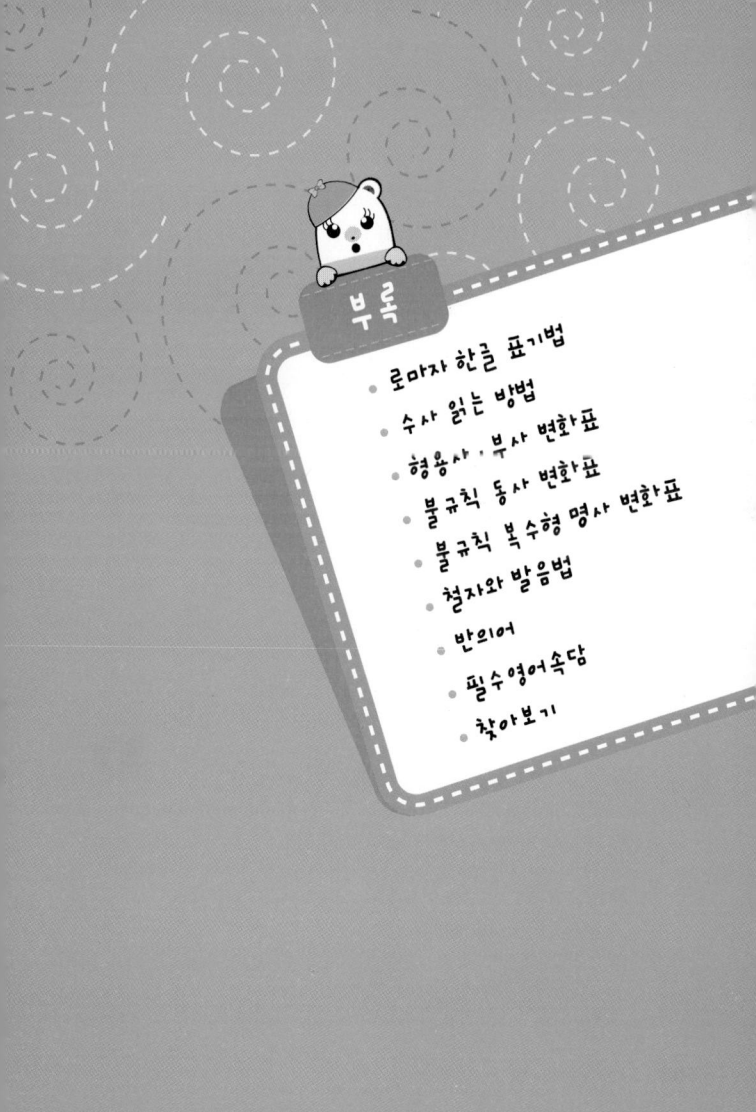

부록

- 로마자 한글 표기법
- 수사 읽는 방법
- 형용사, 부사 변화표
- 불규칙 동사 변화표
- 불규칙 복수형 명사 변화표
- 철자와 발음법
- 반의어
- 필수영어속담
- 찾아보기

로마자 한글 표기법

1. 모음

국어	ㅏ	ㅓ	ㅗ	ㅜ	ㅡ	ㅣ	ㅐ	ㅔ	ㅚ	ㅑ	ㅕ	ㅛ	ㅠ	ㅒ	ㅖ	ㅘ	ㅙ	ㅝ	ㅞ	ㅟ	ㅢ
표기법	a	eo	o	u	eu	i	ae	e	oe	ya	yeo	yo	yu	yae	ye	wa	wae	wo	we	wi	ui

2. 자음

국어	ㄱ	ㄲ	ㅋ	ㄷ	ㄸ	ㅌ	ㅂ	ㅃ	ㅍ	ㅈ	ㅉ	ㅊ	ㅅ	ㅆ	ㅎ	ㅁ	ㄴ	ㅇ	ㄹ
표기법	g/k	kk	k	d/t	tt	t	b/p	pp	p	j	jj	ch	s	ss	h	m	n	ng	r/l

3. 국어의 새 로마자표기법 용례

❶ ㄱ, ㄷ, ㅂ, ㅈ은 k, t, p, ch에서 g, d, b, j로 통일
ex) 부산 : Pusan → Busan, 대구 : Taegu → Daegu
(단 ㄱ, ㄷ, ㅂ이 받침에 올 때는 k, t, p로 / 곡성 → Gokseong, 무극 → Mugeuk)

❷ ㅋ, ㅌ, ㅍ, ㅊ은 k', t', p', ch'에서 k, t, p, ch로 변경
ex) 태안 : T'aean → Taean, 충주 : Ch'ungju → Chungju

❸ ㅅ은 sh와 s로 나눠 적던 것을 s로 통일
ex) 신라 : Shilla → Silla, 실상사 : Shilsangsa → Silsangsa

❹ 발음상 혼동의 우려가 있을 때 음절 사이에 붙임표(-)사용
ex) 중앙 : Jung-ang

❺ 성과 이름은 띄어쓰고 이름은 붙여쓰되 음절 사이에 붙임표 사용 허용
ex) 송나리 : Song Nari(또는 Song Na-ri)
(단 이름에서 일어난 음운변화는 무시 : 김복남 Kim Boknam)

수사 읽는 방법

기 수	서 수
1 / one	1st / first
2 / two	2nd / second
3 / three	3rd / third
4 / four	4th / fourth
5 / five	5th / fifth*
6 / six	6th / sixth
7 / seven	7th / seventh
8 / eight	8th / eighth*
9 / nine	9th / ninth*
10 / ten	10th / tenth
11 / eleven	11th / eleventh
12 / twelve	12th / twelfth*
13 / thirteen	13th / thirteenth
14 / fourteen	14th / fourteenth
15 / fifteen	15th / fifteenth
20 / twenty	20th / twentieth*
21 / twenty-one	21st / twenty-first
30 / thirty	30th / thirtieth
40 / forty*	40th / fortieth*
50 / fifty	50th / fiftieth
100 / one hundred	100th / hundredth

- hundred, thousand, million 등은 앞에 복수의 수가 올 때 복수형으로 하지 않음.
ex) two hundred / three thousand
- hundred, thousand 등이 복수형으로 쓰이면 「수백」, 「수천」의 뜻을 갖는다.
ex) Thousands of people live near the lake.

수사 읽는 방법

1. 정수
23 -- twenty-three
99 -- ninety-nine
452 -- four-hundred (and) fifty-two
3,891 -- three-thousand eight-hundred (and) ninety-one
　　　= thirty-eight hundred (and) ninety-one
2,001 -- two thousand (and) one

2. 분수 (분자 : 기수, 분모 : 서수로 읽되, 특히 분자가 복수일 때는 분모에 's'를 붙임)
1/3 -- a third　　　　2/3 -- two-thirds
1/2 -- a(one) half
1/4 -- a(one) quarter　3/4 -- three quarters

3. 소수 (정수 : 일반적인 방법, 소수이하 : 한 자리씩)
3.14 -- three point one four
26.43 -- twenty-six point four three
0.195 -- zero point one nine five

4. 연도 (뒤에서 두 자리씩 끊어 읽는다)
1999 -- nineteen ninety-nine
2000 -- (the year) two thousand (cf. Y2K)
2002 -- two thousand (and) two

5. 월일, 시각
April 6 -- April six = April (the) sixth
　　　　　　　　　= the sixth of April
3:00 -- three o'clock (sharp)
3:15 -- three fifteen = a quarter past three
3:30 -- three thirty = a half past three
3:45 -- three forty-five = a quarter to four

6. 전화 번호(한 자리씩 끊어 읽는다)

443-2868 -- four four three two eight six eight
712-9200 -- seven one two nine two o[ou] o[ou]
       = seven one two nine two double o[ou]

7. 기타

Lesson 4 -- Lesson four = the fourth lesson (4과)
Track 2 -- Track two = the second track (2번 트랙, 2번 홈)
Gate 34 -- Gate thirty-four (34번 탑승구)
World War II -- World War two
         = the second World War (2차 세계대전)
Elizabeth II -- Elizabeth the second (엘리자베스 2세)

형용사 · 부사 변화표

뜻	원급	비교급	최상급
추운	cold	colder	coldest
소수의	few	fewer	fewest
아주 큰	great	greater	greatest
넓은, 큰	large	larger	largest
바쁜	busy	busier	busiest
쉬운	easy	easier	easiest
큰	big	bigger	biggest
나쁜, 아픈	bad, ill	worse	worst
좋은, 잘	good, well	better	best
많은	many, much	more	most
적은, 작은	little	less	least
멀리, 먼	far	farther(거리) farthest	further(정도) furthest

불규칙 동사 변화표

뜻	현 재	과 거	과거 분사
…이다	am, are, is	was, were(are)	been
…이 되다	become	became	become
시작하다	begin	began	begun
불다	blow	blew	blown
부수다	break	broke	broken
가져오다	bring	brought	brought
건축하다	build	built	built
사다	buy	bought	bought
잡다	catch	caught	caught
오다	come	came	come
자르다	cut	cut	cut
하다	do, does	did	done
마시다	drink	drank	drunk
운전하다	drive	drove	driven
먹다	eat	ate	eaten
느끼다	feel	felt	felt
찾아내다	find	found	found
잊다	forget	forgot	forgotten, forgot
얻다	get	got	gotten, got
주다	give	gave	given
가다	go	went	gone
가지다	have, has	had	had
듣다	hear	heard	heard
지키다	keep	kept	kept
놓다	lay	laid	laid
떠나다	leave	left	left
빌려주다	lend	lent	lent
눕다	lie	lay	lain
잃어버리다	lose	lost	lost
만들다	make	made	made
만나다	meet	met	met
지불하다	pay	paid	paid
놓다, 두다	put	put	put
읽다	read	read[red]	read[red]
달리다	run	ran	run
말하다	say	said	said

뜻	현재	과거	과거 분사
보다	see	saw	seen
보내다	send	sent	sent
흔들다	shake	shook	shaken
보여주다	show	showed	shown
노래하다	sing	sang	sung
앉다	sit	sat	sat
잠자다	sleep	slept	slept
냄새를 맡다	smell	smelt, smelld	smelt, smelled
말하다	speak	spoke	spoken
소비하다	spend	spent	spent
서다	stand	stood	stood
훔치다	steal	stole	stolen
수영하다	swim	swam	swum
잡다, 얻다	take	took	taken
가르치다	teach	taught	taught
말하다	tell	told	told
생각하다	think	thought	thought
이해하다	understand	understood	understood
이기다	win	won	won
쓰다	write	wrote	written

불규칙 복수형 명사 변화표

뜻	단수	복수
어린이	child	children
발	foot	feet
신사	gentleman	gentlemen
거위	goose	geese
남자	man	men
생쥐	mouse	mice
양	sheep	sheep
이	tooth	teeth
아내	wife	wives
여자	woman	women

1. 자음

알파벳	발음기호	보기
b	[b]	banish, bush, buzz
c	[k]	cake, corn, cane
c	[s]	rice, mice, pencils, difference,
d	[d]	diploma, discount, reduce
f	[f]	flank, flash, knife
g	[?]	ghost, gift, grape, grim
g	[j]	giraffe, cage, generous, gentle, ginger
h	[h]	hospital, husband, heave
j	[dʒ]	juice, join, jerk
k	[k]	kangaroo, kettle, lake
l	[l]	log, logics, lash
m	[m]	microscope, mean, magnet
n	[n]	notion, norm, neutral
p	[p]	ponder, pillar, prudent, stop
q	[k]	quick, quiet, quiver
r	[r]	rest, rabbit, recover, guitar
s	[s]	dress, mouse, house, socks
s	[z]	hose, nose, house, boys
t	[t]	tuttle, tax, foot
ch	[tʃ]	cheap, chatter, chief
th	[ð]	these, therefore, thence
th	[θ]	thoughtful, tooth, throng
v	[v]	vigor, vine, drive
w	[w]	waterfall, wave, wheat
x	[k] [ʃ] [z] [éks]	ox, Xerox, X-RAY,
z	[z]	zebra, zigzag, zone

2. 모음

알파벳	발음기호	보기
단모음 a	[æ]	can, trap, rabbit
장모음 a	[ei]	rain, bait, tray, race
단모음 e	[e]	met, get, men, net
장모음 e	[i:] -/ea/ʒ /ee/	peek, sweet, wheel, team, read
단모음 i	[i]	pin, rip, spin, pillar, pillow
장모음 i	[ai]	kite, ride, pilot, slide
단모음 o	[o] [ɑ]	hot, rock, socks, sorrow
장모음 o	[ou]-/o/ʒ /oa/	bone, boat, toast, soak
단모음 oo	[u]	book, look, hood, foot
장모음 oo	[u:]	school, pool, boots, zoo
단모음 u	[ʌ]	ultimate, umbrella, unable, cup
장모음 u	[ju:]	mule, fuse, unity, universal
반모음 y	[j]	yacht, yearn, yawn

반의어

absent 결석의	present 출석의
absence 결석	presence 출석
absolute 절대적인	relative 상대적인
abstract 추상적인	concrete 구체적인
active 능동적인	passive 수동적인
add 더하다	subtract 감하다
advance 전진하다	retreat 후퇴하다
affirmative 긍정적인	negative 부정적인
amateur 초보자	professional 전문가
ancestor 선조	descendant 자손
analysis 분석	synthesis 종합
antipathy 반감	sympathy 동정
Arctic 북극	Antarctic 남극
arrive 도착하다	depart 출발하다
arrival 도착	departure 출발
artificial 인공의	natural 자연의
ascend 올라가다	descend 내려가다
ascent 상승	descent 하락
attach 붙이다	detach 떼다
barren 불모의	fertile 비옥한
bitter 쓴	sweet 달콤한
borrow 빌리다	lend 빌려주다
cause 원인	effect 결과
comedy 희극	tragedy 비극
conceal 숨기다	reveal 나타내다
conservative 보수적인	progressive 진보적인
construction 건설	destruction 파괴
consume 소비하다	produce 생산하다

consumption 소비	production 생산
decrease 감소하다	increase 증가하다
deduce 연역하다	induce 귀납하다
deduction 연역	induction 귀납
deficit 적자	surplus 흑자
demand 수요	supply 공급
discourage 낙담시키다	encourage 격려하다
divorce 이혼	marriage 결혼
dynamic 동적인	static 정적인
ebb 썰물	flow 밀물
emigrate (타국으로) 이주하다	immigrate 타국에서의 이주자
emigrant (타국으로의) 이민	immigrant 타국에서의 이민
empty 비어있는	full 가득한
entrance 입구	exit 출구
even 짝수의	odd 홀수의
exclude 제외하다	include 포함하다
expenditure 지출	revenue 수입
explicit 명시된	implicit 암시적인
export 수출하다	import 수입하다
exterior 외부의	interior 내부의
fail 실패하다	succeed 성공하다
failure 실패	success 성공
fat 살찐	thin 마른
female 여성	male 남성
feminine 여자다운	masculine 남자다운
former 전자의	latter 후자의
gain 얻다	lose 잃다
gain 이익	loss 손실

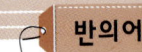
반의어

guilty 유죄의	innocent 무죄의
guilt 유죄	innocence 무죄
heaven 천국	hell 지옥
hope 희망	despair 절망
horizontal 수평의	vertical 수직의
huge 거대한	tiny 작은
income 수입	outgo 지출
inferior 하급의	superior 상급의
liquid 액체의	solid 고체의
loose 풀린	tight 단단히 맨
majority 다수	minority 소수
major 다수의	minor 소수의
maximum 최대	minimum 최소
negative 소극적인, 부정의	positive 적극적인, 긍정의
object 객관	subject 주관
objective 객관적인	subjective 주관적인
optimism 낙관주의	pessimism 비관주의
plural 복수의	singular 단수의
poverty 빈곤	wealth 부유
practice 실행	theory 이론
private 사적인	public 공공의
prose 산문	verse 운문
punishment 벌	reward 상
quality 질	quantity 양
quiet 조용한	noisy 시끄러운
rural 시골의	urban 도시의
thick 두껍다	thin 얇다
virtue 미덕	vice 악덕

필수영어속담

A burnt child dreads the fire.	자라보고 놀란 가슴 솥뚜껑 보고 놀란다.
A cat has nine lives.	쉽사리 죽지 않는다.
A friend in need is a friend indeed.	어려울 때 친구가 진정한 친구이다.
A guilty conscience needs no accuser.	도둑이 제 발 저린다.
A heavy purse makes a light heart.	지갑이 든든하면 마음이 가벼워진다.
A leopard can't change its spots.	본성은 고치지 못한다.
A little knowledge is dangerous.	선무당이 사람 잡는다.
A miss is as good as a mile.	오십 보 백 보.
A pie in the sky.	그림에 떡.
A piece of cake.	누워 떡먹기.
A poor musician blames his instrument.	서툰 직공이 연장을 탓한다.
A rolling stone gathers no moss.	구르는 돌에는 이끼가 끼지 않는다.
A sound mind in a sound body.	건강한 신체에 건전한 정신.
A trouble shared is a trouble halved.	함께 한 고통은 반으로 준다.
A watched pot never boils.	일을 서두르지 마라.
Absence makes the heart grow fonder.	안 보면 그립게 된다.
Actions speak louder than words.	행동이 말보다 낫다.
After the storm comes the calm.	태풍이 지나가면 고요함이 따른다.
All roads lead to Rome.	모든 길은 로마로 통한다.
Bad news travels fast.	발 없는 말이 천리 간다.
Barking dogs seldom bite.	짖는 개는 물지 않는다.
Beggars must not be choosers.	거지가 찬밥 더운밥 가릴 수 없다.
Better be alone than in bad company.	나쁜 친구와 있느니 혼자 있는게 낫다.
Birds of a feather flock together.	같은 깃털을 가진 새끼리 모인다.
Call a spade a spade.	이실직고하다.

필수영어속담

Cast not your pearls before swine.	돼지에게 진주를 던지지 마라.
Charity begins at home.	자비는 가정에서 시작된다.
Climbing a tree to catch a fish.	고기를 잡으러 나무에 오른다.
Clothes make the man.	옷이 날개다.
Cut your coat according to your cloth.	분수에 맞게 살아라.
Dead men tell no tales.	죽은 자는 말이 없다.
Don't count your chickens before they hatch.	병아리가 부화되기 전에 세지 마라.
Don't put all your eggs in one basket.	한 사업에 모든 것을 걸지 마라.
Easier said than done.	행하는 것보다 말하기가 쉽다.
Easy come, easy go.	쉽게 얻은 것은 쉽게 잃는다.
Empty sacks will never stand upright.	수염이 석자라도 먹어야 양반.
Empty vessels make the greatest noise.	빈 수레가 요란하다.
Even Homer sometimes nods.	원숭이도 나무에서 떨어질 때가 있다.
Every dog has his day.	쥐구멍에도 볕들 날이 있다.
Every Jack has his Jill.	짚신도 짝이 있다.
Everything comes to those who wait.	모든 것은 기다리는 자에게 온다.
Fine feathers make fine birds.	옷이 날개다.
Haste makes waste.	서두르면 일을 망친다.
He that thieves an egg will thieve an ox.	바늘 도둑이 소도둑 된다.
Health is better than wealth.	건강이 재산보다 낫다.
Heaven helps those who help themselves.	하늘은 스스로 돕는 자를 돕는다.
Honesty is the best policy.	정직은 최선의 방책이다.
Ignorance is bliss.	모르는 게 약이다.
It takes two to make a quarrel.	손뼉도 마주쳐야 소리난다.
Laughter is the best medicine.	웃음은 명약이다.

Let sleeping dogs lie.	잠자는 개를 내버려 두라.- 긁어 부스럼
Like father, like son.	그 아버지에 그 아들.
Likes attract, dislikes repel.	끼리끼리 모인다.
Little strokes fell great oaks.	열 번 찍어 안 넘어가는 나무 없다.
Lock the stable door after the horse has bolted.	소 잃고 외양간 고친다.
Make hay while the sun shines.	기회를 놓치지 마라.
Many go out for wool and come home Shorn them selves.	혹 떼러 갔다가 혹 붙이고 온다.
Many hands make light work.	백짓장도 맞들면 낫다.
Men and melons are hard to know.	열 길 물속은 알아도 한 길 사람 속은 모른다.
Might is right.	힘이 곧 정의이다.
Misfortune never comes alone.	불행은 겹쳐오기 마련이다.
Money makes money.	돈이 돈을 번다.
Never put off till tomorrow what you can do today.	오늘에 할 일을 내일로 미루지 마라.
No news is good news.	무소식이 희소식이다.
Nothing ventured, nothing gained.	호랑이 굴에 가야 호랑이를 잡는다.
One swallow does not a summer make.	성급히 판단하지 마라.
Opportunity only knocks once.	기회는 한 번만 온다.
Reap what you sow.	뿌린 대로 거두리라.
Speak of the devil and he will appear.	호랑이도 제말 하면 온다.
Rome was not built in a day.	로마는 하루 아침에 이루어지지 않았다. - 大器晩成
Stabbed in the back.	믿는 도끼에 발등 찍힌다.

필수영어속담

Step by step one goes far.	천리길도 한 걸음부터.
Still waters run deep.	조용한 물이 깊이 흐른다.
Strike while the iron is hot.	기회를 놓치지 마라.
The crow thinks its own bird white.	고슴도치도 제 새끼는 귀여워한다.
The early bird catches the worm.	일찍 일어나는 새가 벌레를 잡는다.
The good pills are hard to swallow.	좋은 약은 입에 쓰다.
The grass is greener on the other side of the fence.	남의 떡이 더 커 보인다.
The longest way round is the shortest way home.	바쁠수록 돌아가라.
The news spreads fast.	발 없는 말이 천리 간다.
The sparrow near a school sings a primer.	서당개 삼 년이면 풍월을 읊는다.
The walls have ears.	낮말은 새가 듣고 밤말은 쥐가 듣는다.
There is no smoke without fire.	아니 땐 굴뚝에 연기 나랴.
Three women make a market.	여자 셋이 모이면 접시가 깨진다.
Time heals all wounds.	시간이 약이다.
Tomorrow never comes.	오늘 일을 내일로 미루지 마라.
Too many cooks spoil the broth.	요리사가 많으면 국을 망친다.
United we stand, divided we fall.	뭉치면 살고, 흩어지면 죽는다.
Water off a duck back.	쇠귀에 경 읽기.
Where there is a will, there is a way.	뜻이 있는 곳에 길이 있다.
While there is life, there is hope.	생명이 있는 한 희망이 있다.
You should not burn the candle at both ends.	낭비하지 마라.

Index
찾아보기

Index

A

abandon 429
abide 443
able 233
abnormal 463
abolish 437
abound 471
above 84
abroad 297
abrupt 485
absent 81
absolute 503
absorb 467
abstract 495
absurd 292
abuse 64
academic 188
accelerate 414
accept 181
access 254
accident 24
accommodate 378
accompany 442
accomplish 405
accordance 355
account 165
accumulate 397
accurate 463
accuse 450
accustom 391
ache 67
achieve 185
achievement 376
acknowledge 438
acquaint 399
acquire 135
across 199
act 231
activity 156
actual 294
actually 198
acute 482
adapt 280
add 222
addition 375
address 165
adequate 485
adhere 387
adjust 432
administer 424
admiral 29
admiration 334
admire 184
admit 279
adolescence 319
adopt 428
adoration 336
adorn 395
adult 158
advance 231
advanced 194
advantage 369
adventure 157
adversity 340
advertisement 259
advice 161
advise 10
advocate 383
affair 154
affect 284
affection 251
affirmative 465
afford 276
afraid 236
after 84
afterward 148
against 84
age 87
aggressive 483
agony 332
agree 222
agriculture 361
ahead 241
aid 366
aim 231
air 243
airport 209
akin 474
alarm 212
alert 491
algebra 332
alien 195
alive 142
allot 418
allow 125
allowance 360
allude 412
allure 415
ally 278
almost 241
alone 236
along 199
aloof 505
aloud 197
alphabet 57
already 197
alter 273
alternative 269
although 199
altogether 84
always 242
amateur 41
amaze 411
amazing 191
ambiguous 459
ambition 250
among 151
amount 156
ample 473
amuse 124
anachronism 354
analogy 340
analysis 343
anarchy 311
ancestor 24
ancient 195
angle 168
angry 236
anguish 351
animal 121
animate 397
annihilate 412
anniversary 340
annoy 135
annual 453
another 80
answer 187
anticipate 441
antipathy 327
antiquity 320
anxious 74
anyway 149
apart 241
apartment 119
apology 306
apparatus 363
apparent 500
appeal 284
appear 221
appetite 25
applause 310
apply 275
appoint 396
appointment 159
appreciate 69
apprehend 432
approach 272
appropriate 493

approve 274
approximate 494
architecture 243
arctic 484
ardent 478
area 166
argue 283
arise 286
aristocracy 365
arithmetic 358
armament 358
army 88
arrest 179
arrive 226
arrogant 480
art 200
article 351
artificial 470
artist 117
ascend 426
ascertain 419
ascribe 446
ashamed 289
ask 230
asleep 196
aspect 339
aspire 407
assemble 413
assent 420
assert 415
assign 420
assimilate 400
assist 271
associate 398
assume 431
astonish 61
astound 446
astray 500
astronomy 359
athlete 28

athletic 502
atom 39
atomic 500
attach 446
attack 174
attain 300
attempt 272
attend 182
attention 163
attentive 501
attitude 259
attract 61
attractive 79
attribute 438
audience 269
aunt 122
author 268
autumn 98
avail 434
avenge 427
average 173
aviation 318
avoid 283
awake 135
award 287
aware 287
away 81
awe 333
awkward 501

B

back 146
background 104
backward 151
badly 148
bait 304
balance 32

ball 266
balloon 116
banish 406
bar 90
barbarian 313
barely 505
bark 16
barometer 358
barren 453
barrier 358
base 39
basement 39
basis 262
bathroom 112
battle 167
bay 99
beach 206
bean 205
bear 46
beast 168
beat 181
beauty 164
because 100
beckon 430
become 131
bedroom 118
bedside 110
beef 105
beer 104
befall 424
before 152
beg 125
beggar 210
begin 186
beguile 397
behalf 303
behave 179
behavio(u)r 347
behind 242
behold 400

believe 225
belong 127
below 151
belt 209
bend 180
benefactor 303
benefit 246
bent 325
besides 199
bestow 386
bet 220
betray 415
better 406
between 84
beware 445
bewilder 412
beyond 131
bid 399
bike 101
bill 210
biography 263
biology 29
biology 378
birth 114
bit 91
bite 218
blame 277
blanket 109
bless 178
blind 136
bliss 327
block 88
blood 51
bloom 269
blow 226
board 207
boast 434
body 208
bold 466
bomb 267

bond 345
bone 205
bookstore 105
booth 96
border 213
boredom 331
boring 192
borrow 68
boss 331
bother 66
bottle 208
bottom 205
bound 137
bow 125
bowl 59
brain 172
brake 16
branch 44
brave 78
bravery 371
break 227
breathe 221
bribe 381
bridge 111
brief 239
bright 233
brilliant 493
bring 223
brisk 490
British 113
broadcast 267
bronze 249
brown 120
brute 374
bubble 97
budget 346
bug 204
build 225
burden 158
burn 220

burst 450
bury 218
bush 44
business 102
busy 237
but 297
butterfly 103
buy 218

C

cage 92
calamity 332
calculate 411
call 12
calling 317
calm 78
campaign 261
canal 47
cancel 418
cancer 245
candidate 306
candle 200
capable 289
capacity 258
capital 171
capricious 487
captain 96
capture 204
care 164
career 259
careful 143
careless 146
caricature 349
carry 224
carve 63
case 255
cash 100

cast 306
castle 257
castle 38
casual 293
catastrophe 372
catch 174
category 265
cause 157
caution 374
cave 165
cease 430
ceiling 207
celebrate 176
cell 254
cemetery 32
censure 431
center 100
century 44
ceremony 165
certain 235
chain 50
challenge 55
chance 166
change 93
channel 345
chaos 349
character 92
charge 65
charity 267
charming 77
chase 62
chat 230
cheap 140
check 117
cheek 87
cheer 69
chemistry 268
cherish 223
chest 50
chew 184

chief 55
chivalry 345
choice 291
choose 219
chopstick 103
circle 170
circulate 421
circumstance 261
citizen 88
civil 290
civilization 246
claim 175
clap 182
class 8
classify 272
classmate 118
clean 140
clear 140
cleave 45
clerk 88
clever 139
client 170
cliff 329
climate 167
climb 222
cling 384
close 130
closet 89
cloth 111
cloudy 237
clue 159
clumsy 497
coal 107
coarse 476
coast 50
coeducation 44
coil 102
coin 105
coincide 411
collapse 430

collect 178
college 95
colloquial 497
colo(u)r 18
colony 329
colorful 141
comb 107
combine 420
come 11
comedy 203
comfort 20
command 394
commence 397
comment 348
commerce 364
commit 392
commodity 333
common 195
commonplace 470
communicate 285
communication 21
communism 370
community 89
company 47
compare 273
comparison 161
compatible 479
compel 407
compensate 433
compete 404
competent 72
competition 155
complacent 481
complain 180
complete 72
complex 291
complicate 413
compose 449
composer 37
comprehend 409

compromise 370
compulsory 73
conceal 399
concede 401
conceit 327
conceive 417
concentrate 185
conception 367
concerning 506
concert 48
concise 457
conclusion 360
concrete 496
condemn 443
condition 117
conduct 337
confer 437
conference 258
confess 433
confidence 362
confident 235
confine 418
confirm 275
conflict 342
conform 404
confound 428
confront 425
confuse 387
congratulate 385
congress 251
conquest 356
conscience 306
conscious 296
consent 443
consequence 265
conservative 465
consider 185
consistent 501
console 417
conspicuous 489

conspiracy 354
constant 456
constitution 301
constructive 456
consult 252
consume 275
consumer 116
contact 120
contagion 336
contain 286
contemplate 422
contemporary 460
contempt 343
contend 440
contest 31
continent 37
continue 221
contract 314
contradict 383
contrary 74
contrast 325
contribute 396
contrive 441
control 159
controversy 340
convenience 366
convenient 238
convention 344
conversation 118
convert 394
convey 431
convince 281
cook 11
cookie 88
cool 237
cooperate 69
cope 423
copy 108
cordial 475
corn 200

correct 195
correctly 240
correspond 446
corrupt 482
cost 50
cottage 351
cotton 91
cough 207
counsel 266
count 129
countenance 368
country 213
couple 104
courage 172
course 52
courtesy 315
cousin 209
cover 123
cow 46
cowardice 352
crack 33
cradle 245
craft 263
crash 62
crazy 190
create 176
creature 250
credit 378
credulous 484
creed 326
creek 110
crew 53
cricket 90
crime 307
criminal 382
crisis 322
criticism 361
crop 47
cross 184
crowd 119

찾아보기 **527**

crown 106
crude 468
cruelty 323
crust 329
cry 18
cultivate 389
culture 154
cure 217
curiosity 302
curious 189
current 469
curse 427
custom 159
cut 18
cute 188

D

damage 27
dance 18
danger 30
dangerous 188
daring 481
dark 237
data 52
date 209
daughter 96
dawn 171
day 266
dead 193
deal 66
dear 137
death 57
debate 419
debt 26
decade 249
decay 326
deceive 419

decent 464
decide 220
deck 90
declare 61
decline 390
decorate 176
decrease 23
decree 353
deep 234
deer 111
defeat 274
defect 316
defense 249
defiance 365
deficient 501
definition 338
defy 444
degrade 422
degree 162
delay 228
deliberate 472
delicate 459
delicious 189
delight 175
deliver 134
demand 116
democracy 161
demonstrate 434
dense 481
depart 135
department 93
departure 244
depend 181
dependent 240
deplore 403
deposit 277
depress 433
deprive 409
derive 411
descend 427

describe 60
desert 38
deserve 60
design 159
desire 54
despair 360
despise 396
despite 506
destiny 309
destitute 484
destroy 67
destructive 457
detach 407
detail 368
detect 277
detective 34
determine 421
develop 186
device 252
devil 34
devoid 486
devote 286
dialect 356
dialog 23
diameter 338
diary 171
dictator 301
dictionary 204
die 17
differ 281
different 236
difficult 236
diffuse 388
dig 219
digestion 265
dignity 350
diligent 191
diminish 410
dine 20
dinningroom 98

diplomacy 316
direction 155
dirty 191
disappear 132
disappoint 176
disaster 344
discard 438
discern 414
discharge 443
disciple 361
discipline 348
disclose 419
discourse 337
discover 133
discreet 480
discriminate 450
discuss 63
disdain 439
disease 210
disgrace 257
disguise 328
disgust 379
dish 211
dishonest 144
disillusion 309
disinterested 466
dislike 231
dismal 453
dismiss 282
disorder 305
dispense 426
disperse 386
display 287
dispose 448
dispute 341
disregard 444
dissolute 485
dissolve 389
distance 119
distinct 492

distinguish 134
distress 336
distribute 398
district 376
disturb 434
ditch 53
dive 127
diverse 466
divide 229
divine 493
do 13
doctrine 331
document 382
doll 111
dollar 114
domain 349
domestic 240
dominate 476
donation 352
doom 369
doubt 212
download 187
downstairs 8
downtown 109
draft 369
drag 66
drastic 488
draw 221
dream 107
dreary 489
drink 107
drive 133
drop 213
drought 304
drown 182
drudgery 323
drugstore 103
drum 91
dry 141
due 473

dull 138
dumb 232
durable 488
during 243
duty 93
dwell 429
dye 49

E

each 145
eager 193
early 143
earn 68
earnest 486
earth 85
easy 72
eat 15
eccentric 454
economy 266
ecstasy 357
edge 161
education 20
effect 154
effect 247
efficiency 305
effort 22
either 138
elastic 473
elder 138
election 32
electricity 160
elegance 308
elegy 377
element 342
elementary 74
eliminate 429
eloquence 355

else 198
emancipate 386
embark 406
embarrass 409
embassy 381
embody 423
embrace 387
emerge 399
emergency 120
emigrant 319
eminent 460
emotion 253
emphasis 323
employ 232
empty 191
enchant 408
encounter 275
end 216
endeavor 304
endow 447
endure 132
enemy 52
energy 202
enforce 382
engage 124
engagement 301
engaging 463
engineer 205
enjoy 226
enormous 465
enough 234
enter 10
enterprise 351
entertain 391
entertainment 95
enthusiasm 363
entire 189
entitle 444
entrance 217

entreat 419
entrust 386
envelope 166
environment 214
envy 325
epidemic 339
epoch 373
equal 137
equator 363
equip 401
eraser 57
erroneous 490
error 39
escape 70
especially 198
essay 357
essential 491
establish 431
estate 345
esteem 391
estimate 282
eternal 475
ethics 254
event 166
everything 347
evidence 268
evil 72
evolution 253
exact 289
exactly 241
exaggerate 399
examination 56
example 202
exceed 444
excel 439
excellent 188
except 178
excess 381
exchange 174
excite 229

exclude 389
excuse 226
execute 451
exempt 395
exercise 160
exertion 324
exhaust 286
exhibit 418
exist 229
existence 264
exit 44
exotic 481
expansion 355
expect 227
expedition 338
expense 247
expensive 192
experience 154
experiment 245
expert 367
explain 217
explanation 355
explode 61
exploit 300
explore 176
export 232
expose 413
express 238
expression 204
expressway 56
exquisite 464
extend 415
extent 303
external 464
extinguish 398
extract 420
extravagant 504
extreme 294

F

fable 261
face 14
facility 257
fact 169
factor 312
factory 173
faculty 328
fade 436
fail 224
faint 290
fair 192
faith 249
fall 231
fallacy 339
fame 243
familiar 194
famine 330
famous 196
fancy 262
fantasy 253
fare 162
fascinate 287
fast 137
fat 233
fatal 469
fate 373
fatigue 328
fault 43
favor 264
favorite 188
fear 117
feast 25
feat 366
feather 41
feature 403
feed 182
feel 13
feeling 96

fellow 8
feminine 501
fence 51
fertile 463
feudal 462
fever 170
few 234
fiction 367
field 247
fierce 76
fight 224
figurative 492
figure 156
fill 224
finally 197
finance 327
financial 145
find 230
fine 144
finish 175
fire 46
firm 76
first 215
fit 238
fix 134
flame 49
flashlight 107
flat 197
flatter 402
flavor 375
flaw 345
flesh 253
flexible 496
flight 166
float 180
flood 168
flourish 408
flow 125
fluent 470
fluid 359

flute 104
fly 187
focus 206
fog 98
foliage 379
folk 168
follow 68
folly 310
food 8
fool 119
foolish 139
forbear 408
forbid 449
force 55
foreign 78
foreigner 169
forest 203
forget 187
forgive 69
forlorn 492
form 216
formerly 151
forsake 383
fortitude 369
fortunately 82
fortune 263
forward 242
foster 428
foundation 22
fountain-pen 35
frame 271
frank 288
frankly 83
free 293
freedom 122
French 113
fresh 191
friction 369
friend 121
friendly 193

530 | 3-Step 왕초보 영단어

fright 374
frighten 68
frivolous 496
frog 210
front 211
frugal 482
fruit 113
frustration 330
fry 8
fuel 367
fulfill 426
full 239
fun 112
function 48
fund 244
fundamental 490
funeral 29
funny 78
fur 206
furnish 404
furniture 27
further 83
fury 302
futile 473
future 203

G

gain 125
gallant 498
gallery 42
game 121
garage 42
garbage 256
gather 225
gay 235
gaze 62
general 71
generalization 304
generate 439
generation 271
generosity 361
genial 497
genius 305
genuine 469
geometry 334
germ 331
German 113
gesture 163
get 70
ghost 94
giant 46
gift 200
giraffe 58
give 69
glacier 305
glad 194
glance 358
globe 261
gloomy 461
glory 22
go 12
goal 207
god 101
good 290
gorgeous 493
government 29
grab 63
grade 30
gradual 455
graduate 168
grain 57
grammar 95
grand 136
grandfather 9
grasp 414
grass 212
gratitude 305
grave 74
gravitation 380
gravity 367
gray 81
great 196
greed 334
greedy 75
greet 272
greeting 28
grief 312
ground 209
group 104
grow 227
growth 342
grudge 449
grumble 273
guarantee 284
guard 45
guess 223
guest 42
guide 186
guide 217
guilty 290
gun 212
gym 117

H

habit 157
hall 169
halt 64
hand 119
handkerchief 9
handle 90
handshake 101
handsome 137
handy 146
hang 126
happen 223
happy 146
hard 80
hardly 82
hardship 264
hardy 477
harm 269
harmful 192
harmony 255
harsh 454
harvest 164
haste 311
hastily 83
hate 68
hatred 336
haughty 498
haunt 425
have 19
haven 318
hawk 58
hay 46
hazard 355
head 277
headache 46
heal 384
health 203
hear 69
heart 170
heat 98
heathen 379
heaven 168
heavy 142
heed 376
height 216
heir 309
hell 353
help 279
heredity 310
heritage 246
hero 44

hesitate 60
hide 222
hideous 476
hindrance 309
hire 203
historian 320
history 203
hit 226
hobby 36
hold 227
hole 212
holiday 206
hollow 71
holy 295
homage 327
home 265
homesick 136
hometown 102
honest 138
honesty 373
honor 155
hop 218
hope 174
horizon 162
horn 55
horror 356
hospital 93
hospitality 318
host 204
hostility 329
however 199
howl 64
huge 77
human 295
humble 288
humiliate 420
hunger 53
hungry 193
hunt 187
hunter 101

hurry 225
hurt 220
husband 96
hut 49
hydrogen 26
hygiene 353
hypocrisy 338
hypothesis 339

I

iceberg 97
idea 202
idealist 492
identity 368
idle 145
ignoble 453
ignorance 245
ignore 275
ill 79
illustrate 438
image 329
imagination 252
imagine 219
imitation 377
immediately 82
immemorial 455
immense 490
imperative 482
imperial 499
implement 370
implore 427
imply 279
import 175
important 235
impose 400
impossible 240
impoverish 401

impress 133
impression 269
imprison 300
improve 387
imprudent 494
impulse 314
inability 374
inborn 490
incessant 502
incident 217
incline 436
include 62
income 262
increase 173
incurable 503
indebted 494
indeed 242
independence 381
independent 73
indicate 424
indifferent 495
indignation 346
indispensable 461
individual 471
indolent 499
indoor 195
induce 398
indulge 429
industrial 197
industry 214
inevitable 487
infancy 335
infect 388
inferior 457
infinite 504
inflict 391
influence 436
inform 280
informal 480
information 25

ingenious 503
inhabit 283
inherent 503
inherit 385
initial 452
injure 384
inner 196
inning 32
innocent 296
innumerable 486
inquire 417
insect 45
inside 120
insight 359
insist 437
insolent 498
inspect 427
inspiration 377
instance 215
instead 241
instinct 247
institution 251
instructive 462
instrument 156
insult 59
insurance 267
intellect 245
intelligence 378
intense 490
intent 501
intercourse 348
interest 161
interesting 236
interfere 383
international 190
interpret 285
interrupt 421
intimate 73
intoxicate 395
intricate 477

introduce 177
intrude 441
invade 183
invader 38
invalid 484
invent 178
invert 403
invest 285
investigate 434
invite 222
involve 440
irresistible 452
irritate 391
isolate 428
issue 341
ivy 86

J

jar 56
jealousy 326
jean 91
jewel 42
job 211
join 126
joke 87
journey 164
joy 48
judge 162
jump 16
junior 29
justice 53
justice 256
justify 389
juvenile 462

K

keen 460
keep 17
kill 17
kind 237
kindergarten 163
kindle 437
kindness 50
knee 201
kneel 433
knock 186
know 225
knowledge 208

L

label 208
labor 255
laboratory 342
lack 122
lade 402
lake 206
lamb 99
lament 435
land 283
landscape 337
language 28
languish 437
lantern 43
last 146
lately 121
later 241
laugh 228
launch 418
laundry 167
law 120
lay 227

layer 248
lazy 239
lead 228
leak 64
leap 124
learn 10
least 143
leave 133
legacy 341
legal 465
legend 265
legislation 317
legitimate 503
leisure 344
lend 131
less 144
lessen 395
lesson 94
let 129
letter 110
liable 479
liberal 456
liberty 20
library 173
license 163
lie 10
life 85
lift 124
light 14
like 134
limit 159
line 121
list 170
listen 19
literate 321
literature 97
live 19
livelihood 367
livingroom 115
load 105

loaf 170
local 194
locate 179
lock 201
lofty 504
log 49
logic 354
lonely 75
long 294
look 14
lose 226
lot 260
loud 233
love 14
low 238
loyal 288
luck 94
lung 254
lure 445
lurk 398
luxury 353

M

machine 200
mad 78
magazine 35
magic 259
magnificent 467
mail 49
main 232
maintain 388
majesty 359
majority 255
make 273
male 456
malice 321
mammal 30

manage 431
manifest 454
mankind 165
manufacture 284
manuscript 348
mar 432
marble 37
march 92
mark 216
marry 130
mars 42
marvel 423
master 201
masterpiece 310
match 43
material 254
mathematics 85
matter 207
mature 424
maxim 361
maximum 495
maybe 242
mayor 113
meadow 256
meager 505
mean 281
measure 269
meat 115
mechanical 473
mechanism 350
medicine 210
medieval 459
meditate 405
medium 248
meet 292
melancholy 322
melt 16
member 120
memory 36
menace 352

mental 80
mention 183
merchandise 312
merchant 162
mercy 171
merit 260
merry 141
metal 45
method 156
metropolis 313
might 31
mild 77
mile 107
military 287
milk 9
million 169
mind 40
mine 318
mingle 401
miniature 343
minister 259
minute 290
miracle 354
mischief 302
miser 355
misery 358
miss 129
mistake 217
mix 230
mixture 365
mob 351
mock 409
mode 364
moderate 475
modern 192
modesty 359
modify 395
moisture 303
mold 440
moment 201

monk 89
monopoly 381
monotony 351
monument 158
moral 458
mortal 345
most 146
mostly 148
motion 214
motive 312
mourn 388
mouse 108
move 282
movement 215
multiply 447
multitude 322
murder 202
muscle 356
muse 435
museum 36
musician 52
mutual 486
myriad 502
mystery 158
myth 258

N

nail 110
naked 499
name 19
narrate 422
narrow 238
nation 167
nationality 344
native 79
nature 50
naughty 504

navigation 321
navy 41
nearly 148
necessary 195
need 118
negative 197
negligence 323
negotiate 439
neighbor 172
neither 144
nephew 58
nerve 372
nervous 196
net 291
neutral 460
nickname 114
niece 58
nightmare 307
noble 74
nobody 350
nod 181
noise 93
normal 189
notable 452
note 315
notice 215
notion 315
notorious 454
nourish 416
novel 97
nuclear 80
nuisance 364
numerous 488
nurse 89
nutrition 334

O

oath 26
obey 219
object 21
obligation 335
oblige 390
oblivion 380
obscure 476
observe 276
obstacle 357
obstinate 480
obtain 67
obtrude 425
obvious 492
occasion 380
occupy 282
occur 67
ocean 85
offend 397
offer 125
office 202
officer 102
official 288
offspring 340
omen 335
once 149
open 11
operate 442
operator 100
opinion 160
opponent 365
opportunity 264
opposite 119
oppress 398
oracle 308
orator 346
orbit 343
ordain 426
order 174

ordinary 496
organ 379
organization 255
orientation 307
origin 260
ornament 403
ostrich 90
otherwise 198
outcome 366
outdoor 239
outer 240
outlook 380
output 356
outside 215
outstanding 489
over 297
overcome 412
overhear 66
overlook 448
overtake 451
owe 64
owl 100
own 235
ox 123

P

pace 311
pain 210
paint 214
pair 115
pal 38
palace 163
pang 343
panic 295
pant 435
parade 28
parallel 485

paralyze 445
pardon 59
parliament 256
part 88
partake 385
partial 462
participate 283
particular 296
party 253
pass 132
passage 326
passenger 164
passion 251
passport 209
past 144
pastime 356
pasture 329
patent 264
pathetic 455
patience 262
patient 71
patriotism 303
pattern 357
pause 30
pay 13
peace 216
peaceful 235
peculiarity 366
peer 338
pencil 9
penetrate 413
pensive 491
pepper 111
perceive 405
perfect 79
perform 70
perfume 342
perhaps 148
peril 365
period 87

periodical 486
perish 447
permanent 293
permit 396
perpendicular 458
perpetual 487
perplex 444
persecute 417
perseverance 377
persist 426
personal 238
personality 346
perspective 362
persuade 382
pertinent 495
pessimist 262
pet 87
petal 40
petty 458
phase 309
phenomenon 320
philosophy 252
phone 13
photographer 97
physical 292
physics 253
pick 224
picture 244
piece 211
pierce 427
piety 317
pigeon 58
pilgrim 28
pill 199
pilot 114
pioneer 371
pitch 213
pity 332
plague 353
plain 291

plan 15	potential 291	prince 55	proposition 340
plane 115	pour 134	principal 71	propriety 336
planet 34	poverty 350	principle 319	prose 303
plant 99	powder 43	print 31	prosecution 348
plate 109	practically 505	prison 51	prospect 377
plausible 469	practice 161	private 75	prosperity 371
play 15	prairie 22	privilege 314	protect 177
playwright 362	praise 184	prize 97	protest 352
plea 347	pray 67	probably 149	proud 139
pleasant 137	preach 435	problem 42	prove 179
please 10	precede 404	procedure 328	proverb 162
plenty 94	precious 189	proceed 271	provide 281
plot 315	precise 454	process 360	providence 346
plow 413	predecessor 314	prodigal 461	provoke 400
poet 39	predict 282	produce 177	prudent 461
poison 122	predominant 455	profess 436	psychology 343
pole 106	preface 380	professional 240	public 71
policy 251	prefer 184	professor 91	publish 441
polite 193	preferable 497	proficient 457	pull 127
politely 82	prejudice 311	profit 270	pulse 43
pollution 155	preoccupy 392	profound 497	pumpkin 101
pomp 319	prepare 65	program 35	punctual 485
ponder 385	prescribe 440	progress 133	punish 278
poor 70	present 114	prohibit 448	purchase 244
pop 80	presently 506	project 160	pure 291
popular 73	preserve 417	prolong 392	puritan 40
popularity 246	president 36	prominent 460	purpose 160
population 23	press 183	promise 29	pursue 372
port 105	pressure 214	promote 415	push 223
portray 439	presume 443	prompt 497	put 12
position 93	pretend 61	prone 468	puzzle 41
positive 297	pretty 143	pronunciation 30	
possess 441	prevail 430	proof 294	
possible 234	prevent 228	propaganda 321	**Q**
possibly 505	previous 467	proper 147	
post 112	prey 331	properly 83	quaint 467
posterity 338	price 86	property 312	qualify 411
postpone 393	primary 73	prophecy 354	quality 362
potato 109	prime 289	proportion 324	quantity 363
potent 453	primitive 491	proposal 307	

quarrel 86
quarter 105
queer 468
quick 142
quiet 142
quit 449
quite 148
quote 430

R

race 205
radical 466
rage 330
rain 12
raise 129
range 244
rank 302
rapid 489
rapidly 198
rapture 370
rare 290
rat 103
rate 99
rather 83
rational 464
ravage 352
raw 474
ray 302
reach 130
reaction 375
read 280
ready 295
real 143
realize 184
realm 373
reap 400
rear 41

reason 98
rebel 408
rebuild 19
rebuke 403
recall 410
recede 384
receive 219
recently 198
reckless 488
reckon 389
recognize 228
recollect 449
recommend 393
reconcile 395
record 222
recover 228
recreation 271
reduce 229
refer 274
reflect 425
reform 440
refrain 450
refresh 430
refrigerator 33
refuge 308
refuse 65
regard 247
region 347
register 410
regret 201
regular 190
regulate 442
reign 309
rein 23
reinforce 449
reject 446
rejoice 414
relate 279
relative 157
relax 131

relay 32
release 403
reliance 311
relic 316
relief 307
religion 304
religious 72
relish 310
reluctant 499
remain 180
remark 416
remarkable 484
remedy 373
remember 126
remind 182
remote 472
remove 67
render 423
renounce 417
renown 331
repair 229
repeat 182
repel 410
repent 432
replace 178
reply 220
report 70
repose 447
represent 388
reproach 410
reproduce 277
reprove 416
republic 155
reputation 335
require 131
rescue 432
research 274
resemble 448
resent 402
reserve 270

reside 416
resign 394
resistance 364
resolute 462
resort 248
resource 250
resources 25
respect 59
respond 406
response 213
responsibility 122
responsible 194
rest 123
restaurant 102
restore 384
restrain 434
restrict 451
result 200
resume 286
retain 412
retire 436
retort 312
retreat 413
return 128
reveal 451
revenge 372
revenue 353
reverence 326
reverie 364
reverse 470
review 180
revise 394
revival 47
revolt 360
revolution 155
reward 337
rid 177
riddle 167
ride 128
ridicule 369

right 145
righteous 464
rigid 466
ring 9
riot 346
ripe 483
rise 133
risk 261
roar 180
robber 87
robust 472
role 201
roll 127
rope 211
route 86
routine 349
row 86
royal 478
rub 218
rude 239
rudely 82
ruin 25
rule 48
rumo(u)r 326
run 280
rural 479
rush 230
ruthless 500

S

sacred 461
sacrifice 268
sad 141
safe 147
safely 150
sagacious 468
sage 379

sail 213
sale 113
salt 57
salute 393
same 79
sample 94
sand 92
sane 468
sanitary 457
satellite 270
satire 337
satisfaction 254
savage 474
save 126
saw 57
say 286
saying 33
scale 307
scanty 502
scar 31
scare 62
scatter 135
scene 59
scent 257
sceptical 500
schedule 86
scheme 315
scholar 34
school 268
science 56
scope 314
score 30
scorn 347
scratch 62
scream 177
scrutiny 313
sculpture 24
search 63
seat 207
seclude 394

secret 216
secretary 34
section 22
secure 450
see 11
seed 106
seek 285
seem 11
seize 280
seldom 150
select 60
selfish 296
sell 278
semester 32
send 59
senior 71
sense 204
sensible 452
sensitive 75
sentence 36
sentence 272
separate 292
serene 456
series 26
serious 77
sermon 333
servant 172
serve 132
set 18
settle 279
settler 33
several 142
severe 471
shabby 487
shade 47
shadow 53
shake 127
shame 258
shape 169
share 215

sharp 232
sheep 102
sheer 476
sheet 89
shell 101
shelter 370
shine 126
shock 92
shoot 127
shore 206
short 144
shortage 350
shortcoming 320
should 9
shoulder 58
shout 68
show 11
shower 41
shrewd 483
shrink 405
shrug 63
shut 131
shy 288
sick 143
side 249
siege 357
sigh 183
sight 173
sign 54
significance 328
silent 81
silk 91
silly 75
similar 189
simple 139
simultaneous 459
sin 306
since 149
sincerely 81
sincerity 316

sing 20
single 77
singular 479
sinister 467
sink 220
sit 17
site 37
situation 22
skate 13
skill 36
skin 244
skyscraper 362
slang 348
slave 33
slavery 372
sleep 132
slender 471
slide 66
slight 295
slip 175
slumber 337
sly 481
smart 76
smell 225
smile 15
smoke 118
snake 112
snare 341
sneer 422
sniff 63
snow 15
soar 408
sob 278
sober 482
social 190
society 246
soft 239
soil 248
sojourn 336
solace 324

solar 76
soldier 52
sole 489
solemn 453
solid 479
solitude 304
solution 23
solve 70
somebody 256
sometime 149
somewhere 150
son 121
soothe 385
sophomore 27
sore 76
sorrow 169
sort 122
sound 117
source 21
sovereign 472
sow 124
space 56
spade 34
spare 287
speak 14
special 78
specialize 276
species 301
specimen 334
spectacle 325
speculate 390
speech 54
spell 246
spend 129
sphere 375
spirit 28
splendid 487
spoil 276
spontaneous 455
sport 250

spot 33
spread 230
spring 281
spur 366
square 164
squirrel 53
stable 477
stadium 35
stage 39
stair 54
stamp 116
stand 276
standard 468
standpoint 361
staple 473
stare 177
start 278
starve 284
state 95
stately 457
statue 251
statue 27
stature 310
status 319
stay 130
steadfast 487
steady 193
steal 219
steep 289
steer 431
stem 37
step 205
sterile 465
stern 467
stethoscope 26
stick 208
stiff 483
stifle 407
stimulus 320
sting 414

stir 451
stomach 171
stone 109
stoop 435
stop 135
store 110
stormy 140
stout 463
straight 74
strain 379
strange 233
strategy 308
stream 94
strenuous 472
stress 31
stretch 437
strict 297
stride 407
strife 311
strike 183
stripe 43
stroll 450
structure 263
struggle 61
stubborn 481
study 243
stuff 247
stumble 416
stupid 190
subdue 448
subject 21
subjective 294
sublime 454
submit 429
subscribe 382
subside 425
substance 347
substitute 136
subtle 493
suburb 40

subway 98
succeed 185
success 214
successful 234
succession 325
such 233
suck 66
suddenly 147
suffer 65
sufficient 293
suffrage 330
sugar 208
suggest 134
suitcase 48
sullen 463
sum 390
summary 313
summit 328
summon 445
sunrise 106
sunset 123
sunshine 106
superficial 492
superfluous 459
superstition 24
supper 110
supplement 344
supply 174
support 186
suppose 218
suppress 390
supreme 498
sure 79
surface 160
surmount 418
surpass 423
surplus 478
surprise 128
surrender 333
surround 178

survey 439
survive 60
suspect 273
suspend 384
sustain 451
swear 480
sweat 16
sweet 138
swell 421
swift 478
swim 12
swing 185
sword 35
symbol 154
symmetry 318
sympathy 376
symptom 374
system 21

T

tact 341
tail 112
taint 442
take 60
talent 260
talk 19
tame 229
taste 172
tax 49
teach 18
tear 116
technical 458
technology 362
tedious 494
teenager 89
telephone 114
tell 279

temper 324
temperament 354
temperance 349
temperature 27
temple 95
temporary 289
tempt 274
tend 443
tendency 257
tender 503
tension 375
term 270
terrible 136
territory 376
test 17
testimony 317
textile 378
thank 17
theater 38
theme 256
theory 317
thermometer 158
thief 52
thin 196
think 15
thirst 332
thirsty 80
thorough 502
though 243
threat 483
thrift 250
thrive 447
throat 40
throb 390
throne 270
throng 392
throw 128
thumb 173
ticket 202
tide 371

tidy 293
tie 129
tight 485
tightly 82
till 506
timber 339
timely 496
timid 488
tiny 77
tire 12
tired 81
together 83
token 373
tolerable 471
toll 320
tomb 172
tongue 51
tool 35
tooth 109
torch 37
torment 442
torture 350
touch 130
tough 192
tourist 108
toward 242
towel 103
tower 111
town 112
trace 335
track 45
tradition 20
traffic 27
tragedy 258
train 248
trait 249
traitor 321
tranquil 469
transact 383
transform 409

transient 465
transition 376
transmit 387
transparent 477
transport 397
trap 330
travel 118
treachery 327
treason 322
treasure 25
treat 181
treaty 368
tremble 428
tremendous 296
trend 324
trespass 402
trial 266
tribe 371
trick 166
trifle 323
trim 401
trip 54
triumph 21
trivial 499
tropical 458
trouble 31
trousers 55
truce 363
true 140
trumpet 54
trust 51
trustworthy 452
truth 171
try 16
trying 474
tumult 332
turkey 103
turn 128
turtle 99
twice 149

twilight 302
twin 45
type 163
typical 295
tyranny 375

U

ultimate 452
umbrella 211
unable 147
unanimous 464
uncle 116
undaunted 494
undergo 391
understand 131
undertake 386
unemployment 357
unhappy 75
uniform 26
unify 285
union 260
unique 475
unity 23
universe 157
unless 152
unlike 142
unnecessary 147
unprecedented 335
uphold 438
upright 474
upset 179
upsidedown 145
urge 392
usage 322
use 14
useful 145
useless 237
usher 445

usually 150
utility 370
utilize 393
utmost 316
utter 402

V

vacant 498
vacation 38
vacuum 495
vague 470
vain 76
valley 167
valuable 190
value 374
vanish 435
vanity 323
various 191
vary 433
vast 489
vegetable 108
vehement 477
vehicle 365
vein 359
venerable 478
venture 402
verify 424
verse 371
vertical 488
very 297
vessel 333
vex 447
vice 318
victim 322
victory 123
view 24
view 267
vigor 352

vile 491
village 104
violate 406
violence 341
virtue 316
visible 288
vision 325
visit 13
visitor 10
vital 292
vivid 478
vocation 313
vogue 378
voice 40
volume 317
voluntary 455
vote 212
vouch 422
vow 421
voyage 156
vulgar 496

W

wage 368
wagon 47
wake 221
want 263
war 108
warfare 313
warn 65
warrant 436
waste 183
watch 123
weak 138
wealth 157
weapon 363
wear 124
weary 480

weather 115
wedding 106
weight 48
welfare 248
well 150
well-being 308
wet 136
whether 85
while 85
whimsical 482
whisker 51
whisper 65
whistle 126
whole 194
wholesome 483

wicked 475
wide 139
wife 92
wild 232
will 265
win 128
wink 223
wisdom 252
wise 234
wish 185
wistful 504
withdraw 414
wither 389
withhold 394
within 301

without 84
withstand 393
witness 250
wolf 100
wonderful 141
wood 108
wool 56
word 115
world 252
worry 130
worship 405
worth 24
wound 175
wrap 179
wretched 471

wrong 141

Y

yearn 300
yell 64
yield 404

Z

zeal 368

MEMO

"*An early bird catches the worm*
부지런한 새가 벌레를 잡는다"